한국 거버넌스 사례연구

공동성 · 정문기 엮음

김보미 · 김선아 · 김재근
김진열 · 김진영 · 유민이
이규명 · 이순철 · 장기철

도서출판 대영문화사

머리말

한국 거버넌스는 어떤 양상을 띠고 전개되고 있는가? 이 책은 한국적 맥락에서 진행되고 있는 거버넌스의 다양한 사례를 연구해 한국 거버넌스의 특성(보편성과 특수성)을 분석했다. 한국 거버넌스의 개별 사례 분석을 통한 특수성의 이해가 없이는 보편성을 논의하기 힘들다. 한국의 특수성은 한국의 사례에 한정하기 때문에 기인하는 것이 아니라 한국의 맥락에서 태동 및 형성된 거버넌스의 경험이자 사례이기에 특수성을 가질 확률이 높다. 한국 거버넌스의 특수성에 관한 탐구 및 논의를 통해 중범위적 보편성을 도출하기 위해서는 개별 사례의 축적을 통한 귀납적 접근이 선행되어야 한다. 이를 통해 유사한 맥락의 국가적 상황에서 적용 가능한 논의를 이끌어 내는 것이 보편성의 논의라고 할 것이다. 따라서 이 연구는 한국 거버넌스의 보편성에 대한 논의에 앞서 특수성을 실증적으로 분석한 사례분석들을 담고자 했다.

한국 행정학은 지난 10여 년간 행정학의 패러다임의 논의에서 거버넌스에 대한 새로운 조명과 접근을 활발히 진행했다. 거버넌스의 정의 및 실체 논란에서부터 한국적 맥락에서 거버넌스 논의의 실효성까지 학문 분야별, 분석 수준별, 거버넌스 유형별, 행정 및 정책 사례별, 시대별 논의는 여전히 진행 중이라고 할 수 있다. 하지만 한국적 맥락에서 거버넌스의 특성을 심도있는 사례분석을 통해 체계적으로 논의한 연구는 미흡했다. 또한, 단편적으로 진행되던 거버넌스 사례연구는 거버넌스의 교육을 위한 종합적인 저술로 확대되지 못했다. 거버넌스 연구와 교육에 대한 수요가 증가하는 상황에서 이 책은 유용한 기여를 할 수 있을 것이다.

이러한 문제 인식에 따라 연구자들은 성균관대 국정관리대학원에서 한국 거버넌스에 대한 연구와 강의를 지속해 오고 있다. 한국연구재단의 지원으로 '한국 거버넌스 사례 연구팀'은 한국적 맥락에서 진행되고 있는 공동 목적 및 문제 해결을 위한 거버넌스의 자료 및 사례 축적을 2011년 이후 지속해 오고 있다. 특히, '거버넌스 사례연구'라는 정규 교과목의 편성을 통해 사례 발굴 및 분석을 지속해 왔다. 이를 통해 축적된 연구를 학술지에 게재하는 과정을 통해 학자 및 실무자뿐만 아니라 거버넌스에 관심있는 일반인들에게 전문적이고 심층적인 분석을 제공하고 있다. 이 책은 2013년 한국연구재단 SSK 프로그램의 지원(NRF-2013 S1A3A 2055108)을 받아 편찬한 한국 거버넌스 사례집 시리즈 중 하나이다.

이 책에서 거버넌스의 개념 및 범위는 '누가', '어떻게' 다스리는가로 요약될 수 있다. 이와 관련해 오늘날 널리 사용되는 거버넌스는 범위에 따라 광의적 의미에서 협의적 의미까지 폭넓게 이해된다. 샐러먼(Lester M. Salamon, *The Tools of Goverment: A Guide to the New Governance*, 2002)에 의하면, 광의의 측면에서는 국가가 존립해 온 이후 국가의 존립 목적과 관련한 일체의 행위, 즉 통치 또는 다스림을 포괄한다. 오늘날 거버넌스라는 개념이 새롭게 관심을 받게 된 배경은 국가 주도의 거버넌스 또는 통치로는 해결하기 힘든 공동의 목적 또는 문제 해결이 발생함으로써 기존 정부 주도의 통치에서 사회의 주체들, 즉 시장이나 시민(사회)의 역할을 강조하게 되면서이다. 정부 주도의 계층제적 통치에서 시장이나 시민(사회)가 공동의 목적 달성의 과정에서 점차 역할이 증대하고, 실질적 상호의존성의 가치도 확산되고 있다. 즉, 주체의 측면에서 전통적인 정부의 범위를 넘어선 주요 행위자, 즉 시민, 시민사회, 비영리기구, 시장, 지자체 등을 포함한다. 더불어 거버넌스의 이해에 관련해 '어떻게(how?)'의 문제도 '누가(who)'의 문제 못지않게 다양한 쟁점을 제공한다. '어떻게'와 관련해서는 계층제적-수직적 관계와 자발적-수평적 관계 등 다양한 의사 결정 및 집행 방식을 포함한다.

이와 같은 배경에서 이 책은 한국 거버넌스의 실증 분석을 위해 7편의 사례연구를 담았다. 사례들은 분석 단위 차원에서 국가 및 지방 단위의 국책사업이나 지방시책사업을 다루며, 영역별로는 새만금간척사업, 도시재생, 이동통신시장, 재난구호, 비선호시설(방폐장, 추모시설), 한탄강댐 등 다양한 분야에서 진행된 거버넌스적 논의를 다루고 있다. 시간적 맥락에서는 지방자치 실시 이후 거버넌스의 주체가 중앙에서 지자체 및 시민, 시민사회, 시장 등으로 확대된 상황을 반영했다. 이는 사례의 전개 과정에서 주요 이해당사자의 확대 및 현안의 해결을 위한 갈등의 범위가 증대되었음을 반영하고 있다.

하나의 열매를 맺기 위해서는 협력과 상생이 바탕이 된다. 이 책이 출간되는 과정에서 많은 분의 관심과 지원이 있었다. 참여 집필진뿐만 아니라 성균관대 국정관리대학원의 최문형 양, 김진열 군, 김성민 군, 이명우 군은 편집과 교정의 과정에서 헌신적인 도움을 주었다. 또한 출간에 동의해 주신 대영문화사 임춘환 사장님께 깊은 감사를 드린다.

이 책이 한국 거버넌스의 사례 발굴과 분석을 통해 거버넌스의 이론 발전 및 실무의 이해의 확장에 기여하는 디딤돌이 되기를 바라는 마음이다. 더불어 이와 같은 디딤돌을 토대로 지속적인 성과의 축적으로 한국 거버넌스 이론과 실제의 발전을 통해 한국의 행정과 정책이 궁극적으로 추구하는 삶의 질 향상에 기여하기를 소망한다.

2015년 5월

엮은이 공동성 · 정문기 씀

차 례

제 1 장

새만금간척사업에 나타난 갈등 사례 연구*

김진영 · 공동성**

새만금간척사업은 전라북도 군산시, 옥구군, 부안군 일대의 바다에 방조제 33km를 설치해 28,300ha의 농지와 11,800ha의 담수호를 조성하는 것을 목적으로 한 사업이다. 총 1조 3,064억 원의 예산 규모로 계획된 새만금간척사업은 1991년 11월에 착공되었으며, 2004년에 완공될 예정이었다. 그러나 1996년 시화호 오염문제가 발생하면서 개발로 인한 환경문제의 심각성이 대두되고 환경단체가 성장하면서 새만금간척사업은 논란에 휩싸이게 되었다. 이렇게 대립이 심화되는 과정에서 1999년 1월에는 공사를 잠정적으로 중단했고, 총리실은 민관공동조사단을 구성(1999.5~2000.8)해 새만금간척사업에 대한 재검토를 실시했다. 2001년 5월 순차적 개발을 전제로 하여 새만금간척사업은 재개되었다. 이후 2003년 새만금간척사업 중단을 위한 삼보일배와 서울행정법원의 결정으로 인해 새만금간척사업은 재중단(7월)되었다. 2004년 1월에는 서울고법의 판결에 의해 사업이 재개되었으며, 최종적으로 2006년 3월 16일 대법원의 판결로 사업을 진행하게 되었고, 동년 4월 방조제의 최종 연결공사(물막이공사)를 완료했다. 이후, 2007년 새만금사업 촉진을 위한 특별법이 제정(시행 2008.12.27)되었고, 2008년 10월 내부 토지개발 기본 구상을 변경(농지 30%, 비농지 70%)해 2011년 새만금 종합개발계획의 세부 사업 내용을 최종 확정했다. 현재는 내부 개발에 대한 기본 구상을 확정해 내부 개발을 추진하고 있는 상황이다.

[주제어: 새만금간척사업, 국책사업, 갈등 조정 기제, 지속가능발전위원회]

* 이 사례연구는 2012 한국정책학회 하계학술발표 논문을 수정 · 보완했으며, 이 논문은 2010년 정부(교육과학기술부)의 재원으로 한국연구재단의 지원을 받아 수행한 연구임(NRF-2010-330-B00250).

** 교신 저자.

제 1 절 서론

1 연구 목적과 의의

정책환경이 더욱 복잡해지고 개방화되면서 더욱 많은 행위자가 정책의제 설정, 정책 결정, 정책 집행에 개입하게 되었다. 이에 따라 과거에 비해 정책을 둘러싼 갈등 양상이 더욱 복잡해지고 첨예화되고 있다.

이 연구에서는 정책 갈등의 대표적인 사례라고 할 수 있는 새만금간척사업[1]을 연구 대상으로 하여 갈등의 양상이 어떻게 나타났고, 그 과정에서 각각의 행위자들은 어떠한 행위를 했는지를 살펴보고자 한다.[2] 좀 더 구체적으로는 새만금간척사업의 의제 설정 과정, 정책 결정 및 집행 과정에서 각각의 정책행위자들이 어떻게 갈등 및 옹호 관계를 맺고 있는지를 살펴봄으로써 각 행위자들 간의 협력 관계와 갈등의 양상, 행위자들의 전략, 그리고 협력・갈등 관계의 변화 모습을 살펴볼 것이다. 다음으로는 정책 집행 과정에서 나타나는 협력과 갈등들을 조정하기 위해 어떠한 기제가 작동했는지를 살펴볼 것이다. 이러한 연구는 앞으로 이와 유사한 정책・사업 또는 국책사업에서 사회적 갈등을 최소화하면서 합리적으로 추진할 수 있는 방안을 모색하는 데 도움을 줄 것이다.

---

1) 1991년 11월 16일 농림수산부 고시 제91-36호로 고시된 사업 시행 인가의 공식 사업명은 '새만금간척 종합개발사업'이다. 이 연구에서는 '새만금간척사업'이라는 용어를 사용하도록 한다.

2) 새만금간척사업에 나타난 갈등의 양상은 크게 개발과 보존 간의 갈등이라고 할 수 있다. 그러나 좀 더 깊이 살펴보면, 새만금간척사업의 사례는 개발과 보존이라는 큰 갈등의 틀 안에 다양한 갈등의 양상을 품고 있는 것을 볼 수 있다. 이러한 갈등의 양상으로는, 먼저 정부부처 간의 갈등을 들 수 있다. 초기에는 새만금간척사업의 경제성 여부를 두고, 경제부처(경제기획원)와 농림수산부가 갈등을 보였다. 사업의 집행이 결정되고 집행되는 과정에서는 농림부(구 농림수산부)와 환경부(구 환경처), 해양수산부가 갈등의 모습을 보이게 된다. 다음으로는 중앙정부와 지방정부와의 갈등이다. 간척지의 토지 이용을 두고 농지로 활용해야 한다는 농림부(농업기반공사 포함)와 복합산업단지로의 개발을 꿈꾸는 전라북도의 갈등을 들 수 있다. 세 번째로는 정부와 시민사회와의 갈등이다. 개발 주도 정책의 정부와 환경 보존을 옹호하는 시민・환경단체들이 새만금간척사업의 사례에서 갈등의 모습을 보이게 되었다.

2. 사례의 개요와 연구 범위

새만금간척사업은 전라북도 군산시, 옥구군, 부안군 일대의 바다에 방조제 33km를 설치해 28,300ha의 농지와 11,800ha의 담수호를 조성하는 것을 목적으로 한 사업이다. 총 1조 3,064억 원의 예산 규모로 계획된 새만금간척사업은 1991년 11월에 착공되었으며, 2004년에 완공될 예정이었다. 그러나 1996년 시화호 오염문제가 발생하면서 개발로 인한 환경문제의 심각성이 대두되고 환경단체가 성장하면서 새만금간척사업은 논란에 휩싸이게 되었다. 이렇게 대립이 심화되는 과정에서 1999년 1월에는 공사를 잠정적으로 중단했고, 총리실은 민관공동조사단을 구성(1999. 5~2000.8)해 새만금간척사업에 대한 재검토를 실시했다. 2001년 5월 순차적 개발을 전제로 하여 새만금간척사업은 재개되었다. 이후 2003년 새만금간척사업 중단을 위한 삼보일배와 서울행정법원의 결정으로 인해 새만금간척사업은 재중단(7월)되었다. 2004년 1월에는 서울고법의 판결에 의해 사업이 재개되었으며, 최종적으로 2006년 3월 16일 대법원의 판결로 사업을 진행하게 되었고, 동년 4월 방조제의 최종 연결공사(물막이 공사)를 완료했다. 이후, 2007년 새만금사업 촉진을 위한 특별법이 제정(시행 2008.12.27)되었고, 2008년 10월 내부 토지개발 기본 구상을 변경(농지 30%, 비농지 70%)해 2011년 새만금 종합개발계획의 세부 사업 내용을 최종 확정했다. 현재는 내부 개발에 대한 기본 구상을 확정해 내부 개발을 추진하고 있는 상황이다.

이 사례의 시간적 범위는 새만금간척사업을 구상하는 1971년부터 방조제의 물막이 공사가 완료된 2006년 4월까지로 한다. 먼저 새만금간척사업이 어떻게 구상되고, 정책으로 집행되게 되었는지 그 과정을 살펴본다. 이 단계에서는 어떻게 정치적인 동기들이 정책의 의사 결정에 작용을 하게 되었고, 각각의 정책행위자들이 어떠한 동기를 가지고 행위를 하는지를 살펴볼 것이다. 다음으로는 새만금간척사업을 추진하는 과정에서 나타난 내부개발 구상에서의 갈등을 다룬다. 원래의 정책목표였던 간척을 통한 농지의 개발과 수자원의 개발이 어떻게 복합산업단지 개발을 위한 종합 개발로 바뀌게 되고, 이 과정에서 어떠한 전략을 사용하는지를 살펴보게 될 것이다. 세 번째로는 개발과 보존이라는 갈등에서 이러한 갈등을 조정하기 위한 기제들이 어떻게 작동했는지를 살펴볼 것이다. 전체적으로는 각각의 과정에서 나타나는 정책행위자들의 갈등·협력 유형과 각각의 특징과 함의를 살펴보고자 한다.

새만금간척사업의 경우, 그 사업의 규모가 크고 논쟁의 여지가 많았던 정책이었던 만큼 관련 연구와 문헌은 비교적 충분한 편이다. 이 연구는 기존의 연구, 정부 간행물 및 신문과 법원 판례와 같은 2차 자료에 대한 문헌조사를 통해, 새만금간척사업을 재구성해 각각의 시기에 나타난 주요 행위자들의 행태와 전략를 분석할 것이다.

제 2 절 새만금간척사업의 구상 및 결정·착공 과정

1. 새만금간척사업의 구상

새만금간척사업의 구상은 1971년 농림수산부에 의해 수립된 옥서2단계사업(47천ha)[3)4)]으로 거슬러 올라간다(국무총리실 수질개선기획단, 2001). 이후 농림수산부가 1986년 5월 '서남해안 간척사업 장기개발계획'을 수립하면서 좀 더 구체적인 모습으로 나타나게 되었다. 이 계획은 개별지구 단위로 이루어지던 농업 목적의 간척사업을 종합개발사업으로의 전환을 모색하는 것이었다. 이 계획에는 옥구, 부안, 김제 등 3개 지역의 간척사업을 통합해 그 규모를 확대해 새만금지구 종합개발계획을 구상한다는 내용이 담겨 있었다.[5)6)] 이러한 장기계획에 따라 농림수산부는

3) 1단계로 금강 하구 둑을 건설해 금강 주변의 관개 배수를 개선하고, 2단계로 김제지구 간척을 포함한 김제, 부안, 옥구 등 만경강 주변 농경지에 대한 관개 배수를 개선하는 내용의 옥서지구 농업개발사업계획은 IBRD 협력 차관을 사용하기 위해 구상되었고, 1972년에는 IBRD조사단이 이 사업의 경제성을 직접 평가하기도 했다(서울고등법원 2005.12.21. 선고 2005누4412 판결).

4) 옥서2단계사업에 포함되어 추진되었던 새만금 지역의 간척사업은 옥서지구가 금강지구와 논산지구 등 개별사업으로 분리 추진되면서 사실상 무산되었다(국무총리실 새만금사업추진기획단, 2011: 21).

5) 서울고등법원(2005)의 이 판례에서는 이를 '부안지구 복지농어도 종합개발사업의 구상'이라고 표현하고 있다.

6) 농림수산부 차원에서 추진되었던 '부안지구 복지농어도 종합개발사업'은 당시 장관이 경제부총리로서 정부 예산 편성권을 가지고 있던 경제기획원, 국토 개발계획을 총괄하던 건설부, 환경관리 책임부서인 환경청 등과의 협의를 거친 상태는 아니었다(국무총리실 새만금사업추진기획단, 2011: 4).

이듬해인 1987년 새만금지구에 대한 타당성 조사를 실시했다. 그리고 동년 10월 17일 새만금지구의 타당성조사 내용을 대통령(당시 전두환)에게 보고했고, 대통령은 유관 부처의 합동 검토를 지시하게 된다. 이후 11월 4일 경제부처장관회의에서 종합 검토한 새만금지구 추진 방안 검토 결과를 대통령에게 보고했다(농림수산부・농업진흥공사, 1998: 45).

경제부처장관회의에서 내린 새만금간척사업에 대한 의견은 긍정적인 것은 아니었다. 즉, 새만금 지역에 대한 간척사업은 경제성이 있다는 농림수산부의 검토 의견에 경제기획원은 입장을 달리했다. 경제기획원은 군장(군산-장항)산업단지와 새만금간척사업을 검토한 뒤, 새만금간척사업의 경우에는 경제성이 없다는 의견을 내어놓으면서, 군장산업단지 계획만 추진하기로 했다(국토개발연구원, 1998: 83). 결국 경제기획원의 반대로 인해 새만금간척사업의 추진이 보류된 것이다.

이러한 기간의 추진 과정을 살펴보면, 새만금간척사업의 추진은 농림수산부가 1971년도부터 꾸준히 추진해 온 서남해안 지역에 대한 간척사업의 연장선으로서 구체적인 일정과 계획을 가지고 이루어진 것처럼 보인다. 그러나 문경민(2000)과 이시재(2002)는 새만금간척사업을 구상하게 된 중요한 원인 중의 하나로 전두환 대통령이 제13대 대통령선거를 앞두고 당시 민주정의당 대통령 후보였던 노태우 후보를 지원하기 위한 정치적인 요인을 들고 있다. 이러한 주장의 근거로, 문경민(2000)은 1987년 5월에 서해안 간척사업의 추진계획이 발표되어 7월에 본격적인 타당성조사가 이루어지고 불과 3개월 만인 10월에 타당성조사 결과 내용이 대통령에게 보고되었다는 점에서 찾고 있고, 이시재(2002)는 대통령 선거를 앞두고 전북도민의 표심을 달래고자 하는 의도에서 새만금간척사업의 추진이 시도되었다고 보고 있다.

2. 정책의제로의 등장과 사업의 집행 결정

한편, 경제기획원의 반대로 사업의 추진이 어려울 것으로 보였던 새만금간척사업이 다시 정책의제로 등장한 것은 제13대 대통령 선거 때이다. 1987년 11월 21일 당시 야당이었던 김영삼 대통령 후보는 전주 유세에서 새만금 지구 간척사업을 자신의 공약으로 발표했다. 이에 노태우 후보도 1987년 12월 10일 새만금간척사업의 추진을 자신의 공약으로 발표했다.[7)8)] 하루가 지난 12월 11일 농림수산부 장관은 새만금간척사업의 추진계획을 발표[9)]하게 된다. 이후 공약을 내건 노태우 후보의 당선으로 인해 새만금간척사업은 대통령의 공약사업으로서 집행 단계로 진입하는 계기가 되었다.

그러나, 노태우 후보가 대통령이 당선이 되고 나서도 새만금간척사업이 실제 정책으로 집행되는 데는 많은 시간이 필요했다.[10)] 주관 부처인 농림수산부와 시행청인 농업진흥공사는 사업을 추진하기 위해 노력했지만, 경제기획원이 꾸준히 반대했기 때문이다.

노태우 대통령이 당선된 후, 농림수산부는 1988년 2월 1일 새만금지구 간척지 개발사업 추진계획 수립을 시달했다. 이에 따라 동월 22일에는 농업진흥공사 내에 새만금사업단을 설치해 새만금지구에 대한 기본 조사를 실시했고(농림수산부·농업진흥공사, 1988b: 46; 서울고등법원 2005), 3월 4일 현지에 새만금사업단을 설치해 개소식을 갖고, 1989년 6월에는 기본계획 수립을 완료해 농림수산부에 제출했다(국무총리실 새만금사업추진기획단, 2011: 6). 농림수산부는 건설부 외 8개 부처와의 협의와 의견 수렴을 거쳐, 1989년 11월 6일 새만금간척사업의 기본계획을 확정지었다(국토개발연구원, 1998: 84). 기본계획의 주요 내용은 아래의 박스와 같다.

---

7) 새만금간척사업을 자신의 공약으로 발표하기 한 달 전인 11월 11일, 당시 집권여당인 민주정의당 노태우 후보는 '새로운 서해안 시대를 대비한 개발전략'을 발표했다. 이는 호남을 포함한 서해안 지역을 겨냥한 지역개발 공약을 발표하는 것이었다. 여기에는 서해안고속도로 건설, 군산·장항 광역 산업기지 건설, 중·단기 관광개발계획의 추진 방안 등 각종 개발사업과 공약들이 포함되어 있었다(문경민, 2000: 57-58). 그러나 처음 노태우 후보의 공약에 새만금간척사업은 없었다(이시재, 2002: 236).

8) 한편, 국무총리실 새만금사업추진기획단(2011)에 의하면 농림수산부가 제13대 대통령 선거를 앞두고 새만금간척사업을 차기 정부의 대통령 선거공약사업으로 추진할 수 있도록 건의해 전북지역 선거공약사업으로 채택되었다고 한다.

9) 이러한 발표의 과정에서도 문경민(2000)과 이시재(2002)는 여당의 후보가 새만금사업을 선거공약에 포함시키자 농림수산부가 곧바로 다음날 새만금간척사업의 추진계획을 전격적으로 발표했다고 보고 있다. 참고로, 제13대 대통령 선거의 투표일은 12월 16일이었다.

10) 농림수산부가 새만금 간척지 조성사업의 사업 시행 인가를 고시한 것은 1991년 11월 16일이었고, 이틀 뒤인 11월 18일에 제1공구 방조제공사에 착공했다(국토개발연구원, 1998: 86). 그리고 기공식이 열린 것은 동년 11월 28일이었다. 즉, 노태우 대통령이 취임한 지 3년이 지나도록 공사에 착수하지 못하고 있었던 것이다.

〈새만금간척사업의 기본 계획〉

① 사업 목적: 간척 농지 개발, 수자원 확보, 지역 종합 개발, 복지 농어촌 건설
② 사업 구역: 전라북도 부안군, 김제군, 옥구군의 1도 3군 17읍·면
③ 개발 면적: 40,100ha
- 토지자원 조성 면적 28,300ha : 농업 개발 20,450ha(식량단지 17,950ha, 원예단지 2,500ha), 수산 개발(해수어 및 담수어 양식단지) 2,000ha, 농촌도시 800ha, 도로, 주거 등 기타 면적 5,050ha
- 수자원 조성 면적 11,800ha
④ 주요 시설: 방조제 8조 32.8km, 배수갑문 2개소 470.4m, 저수지 1개소(변산댐), 방수제 6조 138.3km, 양·배수장 13개소, 용·배수로 320km
⑤ 총사업비: 1조 3,000억 원)
⑥ 사업 기간: 1991년부터 2004년까지(14개년)
- 외곽 공사: 1991년 ~ 1998년(8개년)
- 내부 개발: 1999년 ~ 2004년(6개년)
⑦ 사업 시행 주체
- 사업 시행 주관: 농림수산부
- 사업 시행 주체: 농업기반공사
- 지원사업단: 전라북도(용지 매수 및 어업권 보상 업무 담당)

이러한 농림수산부의 적극적인 움직임에도 불구하고, 경제기획원은 여전히 새만금간척사업에 대한 반대 입장을 굽히지 않았다. 경제기획원은 새만금간척사업은 새만금 사업지구와 맞닿아 있는 군장산업단지와 중복 투자이며, 사업 규모가 너무나 방대하고, 예산 조달의 어려움 등으로 경제성이 없다는 이유로 지속적으로 반대했다(문경민, 2000: 62-64; 이시재, 2002: 236). 경제기획원은 새만금간척사업과 관련된 예산을 편성하지 않는 방법으로 자신들의 입장을 고수했다. 이렇게 경제기획원을 비롯한 경제부처의 반대 속에 농림수산위원회(1990년)와 농림수산부(1991년)의 예산편성 요구가 있었지만, 1990년과 1991년의 정부예산에서 새만금간척사업에 관한 예산은 편성되지 않았다.[11]

---

11) 새만금간척사업을 공약으로 제시한 노태우 대통령 후보가 당선된 이후에도 경제기획원은 여전히 사업의 경제성을 문제삼아 예산 삭감 등의 방법을 동원해 반대 입장을 견지하고 있었다. 실제로 1990년 12월 정부예산안 예비심사에서 농림수산위원회가 정부예산안에 계상되지 않았던 새만금간척사업 관련 예산을 포함시키자 예결특위의 계수조정 과정에서 이를 삭제시켰다. 또한 1991년에는

경제부처의 반대로 사업의 추진이 불투명하던 새만금간척사업에 실질적으로 예산이 배정되면서 사업을 추진하게 된 것은 당시 김대중 신민주연합당 총재가 여야 영수회담(1991년 7월 16일)에서 노태우 대통령에게 새만금간척사업의 예산 배정을 촉구해 사업비 200억 원이 추가경정예산에 반영되면서이다(국무총리실 새만금사업추진기획단, 2011: 6; 이시재, 2002: 236; 윤종설, 2007). 여야 영수회담 이후, 1991년 8월 13일 농림수산부는 구 농촌근대화촉진법 제93조에 의해 새만금간척 종합개발사업의 사업시행계획을 수립하고, 농림수산부 장관은 사업 추진 기본 방침을 결정했다. 구 「농촌근대화촉진법」 제93조 제2항의 규정에 의해 사업 시행자는 농림수산부 장관이었고, 공사 시행 · 측량 · 공사 감리는 농업진흥공사가 담당했다. 그리고 사업관리 · 보상 업무 · 지역 개발은 전라북도로 위탁하도록 결정했다(국무총리실 새만금사업추진기획단, 2011: 24).

8월 19일에는 새만금사업 시행계획을 고시(농림수산부 고시 제91-23호)했다.[12] 이 새만금사업 시행계획에 의하면, 사업 시행자는 농림수산부 장관이고, 사업의 목적은 간척 종합 개발과 수자원 개발이라고 규정되어 있었다. 그리고 사업구역은 전라북도 군산시, 부안, 김제, 옥구군이며, 사업 면적(매립 면적)은 40,100ha로서, 사업 개요로는 방조제 33km, 배수갑문 2개소, 토지 개발 28,300ha, 담수호 11,800ha, 관개 배수를 위한 양 · 배수장 13개 소를 건설하기 위해 총사업비 1조 3,000억 원을 투자하는 것으로 되어 있었다(서울고등법원, 2005). 추가경정예산으로 인해 예산이 편성됨에 따라 본격적이 사업에 들어간 새만금간척사업은 11월 16일 사업 시행 인가를 고시(농림부 고시 91-23호)[13]하고, 11월 28일에 기공식[14]을 하게 된다.

농림부가 노태우 대통령의 지시를 받아 농지조성기금 100억 원을 포함해 총 200억 원의 추경예산안을 제출하려 했으나, 이 역시 경제기획원의 반대로 무산되었다(유홍림 · 양승일, 2009: 199-200).

12) 동 고시는 1개월 이상 당해 19개 읍 · 면 · 동에 게시되었고 338명의 열람을 거쳤다. 그러나 이의신청은 1건도 제출되지 않았다고 한다(박준배, 1999: 3). 새만금간척사업의 개발을 옹호하는 입장에서는 이러한 사실을 새만금간척사업이 해당 지역의 주민들로부터 동의를 얻은 정당성을 획득한 사업이었다는 주장의 근거로서 사용하기도 한다. 그러나 이러한 현상은 당시의 사회적 배경과 우리나라의 행정문화 등을 고려할 때, 큰 의미를 부여하는 데는 한계가 있다고 생각된다.

13) 동 사업 시행 인가의 내용은 "사업 시행자(피면허자): 농림수산부 장관, 사업 목적: 농지 조성과 용수 개발을 주목적으로 하는 간척 종합 개발, 사업구역: 전라북도 군산시, 부안군, 김제군, 옥구군(1도 1시 3군 19개 읍면동), 사업 시행 기간: 1991. 11 ~ 2004. 12"로 하고 있고, 사업 면적, 사업 개요, 총사업비는 위 1991년 8월 13일자의 새만금사업 시행계획과 같은 내용이다(서울고등법원 2005). 여기서 관심을 가지고 봐야 할 부분은 바로 사업 목적이 "농지 조성과 용수 개발을 주목적

3. 주요 행위자들의 행태와 전략

1) 대통령 후보들을 포함한 당시의 정치권

1987년 제13대 대통령 선거에서 각 후보들이 새만금간척사업을 자신의 공약으로 하는 것은 정치적으로는 합리적인 선택이었다고 평가된다. 새만금간척사업을 자신들의 공약으로 함으로써 전라북도와 호남권의 표심을 자극할 수 있기 때문이다. 더욱이 당시 전라북도를 포함한 호남권에서 지지가 약했던 노태우 후보와 김영삼 후보의 경우 경제공약으로 전라북도 지역의 지지를 얻으려는 정치적인 유인동기가 매우 강했다고 볼 수 있다. 이러한 것은 당시의 여당 후보였던 노태우 후보가 자신의 원래 공약에는 있지도 않았던 새만금간척사업을 다른 후보(김영삼 후보)의 공약 발표가 있은 지 불과 20일 만에 자신의 공약으로 발표를 하고(문경민, 2000; 이시재, 2002), 이어서 곧바로 정부(농림수산부)가 이에 호응해 새만금사업의 추진계획을 발표하는 모습에서 유추할 수가 있을 것이다. 이러한 모습에 대해 정우송(2011: 77)은 새만금간척사업의 결정을 경제적 타당성과 효과성에 대한 충분한 고려 없이 대선에서 표를 의식한 대중인기영합주의(populism)로 평가하고 있다. 이렇게 당시의 정치권은 자신들의 정치적 목표인 대통령 선거에서의 승리를 위해 새만금간척사업을 선거공약으로 이용하게 된 것이다.

2) 농림수산부

농림수산부는 새만금간척사업의 추진에 가장 적극적이었다.[15] 농림수산부는 농지 확보를 통한 식량 증산과 수자원 개발을 통한 용수 해결을 위해 새만금간척사

으로 하는 간척 종합 개발"이라는 것이다.

14) 이날 기공식에 참석한 노태우 대통령은 '균형 발전의 표상'이라는 제목의 연설을 했다. 이 연설의 내용 중 일부는 "새로 조성될 새만금 평원의 임해공단", "연간 5,000만 톤 하역 능력의 새만금국제공항", "공단과 항만, 농수산단지와 관광시설이 함께 개발" 등의 내용을 담고 있었다. 이는 8월 19일에 고시된 새만금사업 시행계획에 나타난 원래의 사업 목적이었던 간척 종합 개발과 수자원 개발과는 맞지 않는 발언이었다. 이러한 발언은 이후 논란이 되었던 새만금간척사업의 복합산업용지로의 토지이용계획 변경과 관련한 단초를 제공하게 된다.

15) 농림수산부는 1987년 5월 서해안 간척사업계획을 발표하면서 이 사업이 타당성이 있음을 주장했을 뿐만 아니라, 1987년 12월 10일 노태우 후보가 새만금 지구 간척사업을 공약으로 발표하자마자 추진계획을 발표해 집권여당의 대선 후보를 적극적으로 지지했다.

업이 반드시 필요하다고 보았다. 1988년에 작성한 기본계획서(농림수산부 · 농업진흥공사, 1988: 40)에는 새만금간척사업의 필요성 및 기본 방향으로 국토의 과밀화와 경제사회 발전으로 인한 토지 수요 증대에 대처하고, 줄어드는 농지와 한계농지를 대체할 우량 농지를 확보하고, 수자원을 확보해 해안지역의 용수를 해결하고, 국토의 균형 발전 및 생활공간의 확대 등을 이야기하고 있었다.

3) 경제기획원

1961년 7월에 발족해 국무총리 소속하의 중앙행정부서였던 경제기획원은 1980년대에는 부처 간 업무 조정과 예산편성 기능을 담당했다.[16] 새만금간척사업에 대해 경제기획원은 경제적 생산성 및 효과성에 대해 부정적인 입장이었다. 한정된 예산을 가지고 부처 간의 업무 조정과 예산편성을 해야만 하는 경제기획원의 입장에서 새만금간척사업은 시급하거나 중요한 사업이 아니었다. 더욱이 이러한 대규모 간척사업은 장기간에 걸쳐 막대한 예산이 소요될 것으로 예상되었으므로 행정부 내 다른 부처 · 사업의 예산 편성과 자원 배분을 고려해 좀 더 신중하게 투자계획이 고려되어야 했다. 따라서 새만금간척사업에 대해 경제기획원은 상당히 강한 반대 입장을 보였다.

경제기획원은 1987년 11월 4일 경제부처 장관회의에서 새만금사업은 경제성이 없다는 의견을 내놓아 당시 전두환 대통령의 지시에 의해 농림수산부가 작성한 보고서의 의견에 정면으로 반대되는 입장을 보였다. 경제기획원은 막대한 예산을 들여 농지를 조성하는 것보다 식량을 수입하는 것이 더욱 경제적이라는 논리로 새만금사업을 반대했던 것이다(문경민, 2000). 그리고 노태우 후보가 대통령으로 당선된 이후에도 새만금간척사업과 관련된 예산 요청을 전액 삭감하면서 새만금간척사업에 대한 적극적인 반대의 모습을 보여주었다. 비록, 여야 영수회담의 결과로 사업의 추진이 결정(1991년 7월 16일)된 이후에는 이전과 같은 적극적인 반대의 입장을 표명하지는 못했으나, 농지 조성이라는 새만금간척사업의 목표가 농지의 자연 감소를 기존 농지의 생산성을 높여 대응한다는 기본 방침과 일치하지 않는데다 공업단지로 활용한다 하더라도 인접한 군장산업기지와 중복되는 등 거대한 투

16) (구)정부조직법 제23조(법률 제3854호, 1986.12.20 일부 개정).

자 규모에 비해 경제적 실익이 크지 않다는 기존의 주장을 굽히지 않았다(문경민, 2000).

4) 전라북도

새만금간척사업의 해당 자치단체로서 용지 매수 및 보상 업무를 담당했다. 다른 지역에 비해 낙후되어 있다는 인식을 가지고 있는 전라북도와 전라북도 도민들은 이러한 상황을 개선하기 위해서는 중앙정부의 지원이 반드시 필요하다고 생각하고 있었다. 이들에게 새만금간척사업과 같이 대규모 중앙정부의 예산이 투입되는 사업은 지역경제의 발전에 커다란 도움을 줄 것이라는 생각을 가지고 있었다. 따라서 새만금간척사업은 전라북도와 전라북도 주민들의 이해에 부합하는 사업이라고 할 수 있을 것이다(문경민, 2000).

5) 환경처와 환경단체

환경처는 1980년 1월 환경청으로 발족해 1990년에 환경처로 승격되었다. 비록 자신의 고유한 조직 임무가 자연환경 및 생활환경의 보전과 환경오염 방지[17]에 있었지만, 당시 갓 처로 승격이 된 환경처로서는 새만금간척사업을 반대할 권한과 파워가 미비했다고 할 것이다. 환경단체 역시 새만금간척사업이 정책의제로 형성되고 집행되는 초기 단계에 제대로 구축되어 있지 않았기 때문에 이 시기에 환경단체가 참여하기에는 어려움이 많았을 것으로 파악된다.

제3절 새만금간척사업 착공 이후

1. 사업 목적의 전환을 위한 움직임: 농지 · 수자원 개발에서 복합산업단지로

새만금간척사업의 사업 목적은 기본 계획을 수립하고, 사업에 대한 인가를 받을 당시만 해도 농지 조성과 용수 개발이라는 목적이 확실했다. 그러나 이러한 새만

17) (구)정부조직법 제26조(법률 제4268호, 1990.12.27 일부 개정).

금간척사업의 초기 사업 목적은 시간이 경과함에 따라 각 행위자가 자신들의 정치적 입장에 따라서 복합산업단지로의 개발을 주장하면서 변화하기 시작한다. 여기에서는 원래의 사업 목적이었던 농지와 수자원의 개발을 위한 간척 개발이 복합산업단지의 개발을 위한 종합 개발로 바뀌는 모습을 살펴본다.

새만금간척사업이 착공한 지 1여년이 지난 1992년은 제14대 대통령 선거가 있는 해였다. 당시 민주자유당의 김영삼 대통령 후보는 1992년 10월 전주에서 열린 전북지역 대선필승 결의대회에서 새만금간척사업의 적극 추진을 피력했다(문경민, 2000: 206). 이어서, 대통령 선거일(12월 18일)을 열흘 앞둔 전주 유세에서는 새만금간척사업의 조기 완료를 공약했다(국토개발연구원, 1998: 85-86).

이 당시만 해도 새만금간척사업의 목적은 농지 조성과 용지 개발이라는 처음의 사업 목적에 충실했던 것으로 보인다. 문경민(2000: 203)에 의하면, 1991년 당시 농어촌진흥공사가 발간한 각종 홍보물에는 새만금간척사업을 목적을 농작물 재배, 근교 원예 및 수산물 양식에 의한 소득 증대, 관광 개발에 의한 소득 증대, 토지 공급에 따른 사회적 비용 창출, 수자원 개발 등으로 보고 있었다고 한다. 그러나 1993년 「새만금 간척사업의 효과 조기 구현 방안」이라는 연구를 진행한 뒤 보고서의 결과에 따라 종합 개발 쪽으로 방향을 바꿨다고 보고 있다.

전라북도 역시 나름대로 새만금간척사업에 대한 계획을 추진하고 있었다. 새만금간척사업이 농수산 위주의 간척 개발이 아닌 복합산업단지 위주의 종합 개발로 추진되기를 가장 원했던 것은 전라북도였기 때문이다.[18] 1993년 11월 9일 이강년 전북지사는 새만금간척사업 현장을 시찰 나온 이경식 부총리 겸 경제기획원 장관 일행에게 새만금지구를 경제특구로 지정해 줄 것과 다음 연도 예산으로 1천억 원을 추가 배정해 줄 것을 요청했다(동아일보, 1993년 11월 10일 11면 기사).[19] 그리고 이듬해인 2월 15일 농림수산부는 당해 연도 농어촌개발사업의 예산 1조

---

18) 전라북도는 새만금간척사업의 해당 자치단체로서 용지 매수 및 어업권 보상 업무를 담당했다(국토개발연구원, 1998: 84). 다른 지역에 비해 낙후되어 있다는 인식을 가지고 있는 전라북도와 전라북도 도민들은 새만금간척사업을 통한 지역경제의 발전·활성화에 커다란 희망을 가지고 있었다(문경민, 2000).

19) 같은 기사에 "정부는 … 새만금간척지역에 국제공항과 10만 톤급 대형 선박을 댈 수 있는 항만시설을 갖춘 공단 및 배후도시의 건설을 검토 중"이라는 내용과 "전북도는 이에 앞서 이 지역에 공업단지와 함께 국제공항과 항만시설을 건설하는 새만금간척사업 종합개발계획을 마련, 경제기획원, 농림수산부 등에 건의"했다는 내용도 등장한다.

1,616억 원을 확정했는데, 이 중 9백억 원이 새만금방조제 축조에 배정되었다(동아일보, 1994년 2월 16일 11면 기사).

또한 전라북도는 '새만금 국제경제자유지역 조성 방안'이라는 용역을 발주했다(1993년 12월~1994년 8월). 이 용역의 주요 내용은 새만금지구를 복합 개발해 국제경제자유지역으로 조성하자는 것이었다[20](국토개발연구원, 1998: 86-87). 이를 위해 전라북도는 2억 4,100만 원을 연구용역비로 투입했다(박준배, 1999: 150).

이러한 전라북도의 움직임에 대해, 당시 김영삼 대통령은 1995년 2월 18일 새만금 공사 현장을 방문해 새만금사업을 당초의 농토 확장 차원에서 산업거점기지로서의 개발로 전환할 것을 지시하고, 정부의 적극 협조를 주문했다(국토개발연구원, 1998: 87; 박준배, 1999: 150; 경향신문, 1995년 2월 18일 기사). 이로써 새만금간척사업을 복합 개발로 추진하려고 하는 전라북도의 구상은 더욱 현실성을 지니게 되었다.

민선 지자체 시대를 맞이해, 1995년 7월 유종근 도지사가 민선 도지사로 당선되면서,[21] 전라북도는 더욱 적극적으로 새만금간척사업을 본래의 사업 목적이었던 농지 조성과 수자원의 확보에서 복합산업단지로의 전환을 추구하게 되었다.[22] 1996년 4월에는 산업연구원과 새만금 내부종합개발계획에 관한 용역계약을 체결[23]했다(국토개발연구원, 1998: 87). 전라북도는 1997년 5월 20일 동 용역보고서(새만금내부종합개발계획 실행연구보고서)를 근거로 하여, 건설교통부에는 새만금 간척지의 국토종합계획 용도를 식량자원 개발을 위한 간척농지 조성에서 복합산업용지로 변경해 줄 것을 건의하고, 농림부에는 토지이용계획을 조기에 수립해 줄 것을 건의했다. 그리고 청와대, 국무총리, 재경원, 해양수산부, 환경부, 농어촌진

20) 최종 보고(1994년 9월 6일)에서는 산업용지 6,830ha, 도시용지 8,300ha, 농업용지 8,200ha, 항만용지 630ha, 기타 및 유보지 4,370ha로 토지 이용을 배분하는 것으로 나타났다. 이는 1989년 11월 6일 확정된 새만금간척사업의 기본 계획의 토지이용계획(농업개발 20,450ha, 수산 개발(해수어 및 담수어 양식단지) 2,000ha, 농촌도시 800ha, 도로, 주거 등 기타 면적 5,050ha)과 명백한 차이를 보이는 것이었다.

21) 유종근 도지사는 선거 기간 동안 새만금간척사업의 민자 유치를 강력하게 주장했다(이성호, 2008: 64-65).

22) 본래 농수산 중심 개발에서 복합산업단지로 사업계획을 변경할 때는 공유수면매립법, 환경영향평가법에 등에 따라 공유수면매립 기본 계획의 변경, 환경영향평가 등 변경 절차를 거쳐야 한다.

23) 연구용역 기간은 1996년 4월 19일부터 1997년 4월 18일까지 1년의 기간이었으며, 연구용역비로 2억 7,400만 원이 책정되었다(박준배, 1999: 150).

흥공사 등의 관련 기관에 역시 동 용역보고서의 연구 결과를 정책에 반영해 줄 것을 건의했다(박준배, 1999: 150).[24] 동시에 전라북도는 1997년 5월~1997년 12월 기간 중에는 미국 다우코닝사 및 현대제철의 새만금 유치를 위한 접촉을 시도하면서(국토개발연구원, 1998: 87), 새만금간척사업의 사업 목적을 복합산업단지로의 전환을 적극적으로 추진했다.[25]

이렇게 새만금간척사업은 본래의 사업 목적에서 점점 벗어나 종합복합산업단지를 위한 사업으로 변경되어 가고 있었다. 당시 중앙정치권이 새만금간척사업을 어떻게 생각하고 있었는지는 1997년 제15대 대통령 선거에서 각 후보들은 제시한 새만금간척사업과 관련된 공약을 살펴보면 더욱 확실하게 알 수 있을 것이다. 먼저 김대중 후보는 11월 19일 새만금 종합 개발을 공약했다. 여기에는 새만금 내부개발특별법 제정 및 제4차 국토계획에의 반영을 통해 새만금 지역을 아시아·태평양·환황해권의 생산, 교역, 물류 전진기지로 개발할 것이라는 내용을 담고 있다. 이인제 후보 역시 다음날인 11월 20일에 새만금특별법을 제정해 새만금 지역을 복합 기능을 갖춘 신산업지대로 개발한다는 새만금 종합 개발을 공약했다. 마지막으로 11월 27일에 이회창 후보는 새만금 신항만 건설, 방조제의 조기 완공, 복합 개발 등을 공약했다(국토개발연구원, 1998: 87). 각 후보들이 제시하는 공약들의 공통점은 바로 새만금간척사업의 개발 목적과 관련해 기존의 농지 조성과 용수 개발이 아닌 종합복합산업단지로의 개발을 약속[26]하고 있다는 것이다.

---

24) 이러한 전라북도의 행위는 국가계획으로 확정되지도 않은 전라북도의 자체적인 구상안을 정부에 요구했다는 점에서 문제가 있을 수 있다. 즉, 전라북도는 새만금간척사업의 계획을 수정할 권한이 없다는 것이다. 새만금간척사업에서 사업 시행 주관 부처는 농림수산부이고, 사업 시행 주체는 농업기반공사였다. 전라북도가 새만금간척사업에서 맡은 역할을 용지 매수 및 어업권 보상 업무만을 위임받았을 따름이다.

25) 국가 주도의 국책사업에 이렇게 지방정부가 적극적으로 다른 방향으로 추진해 나간 것은 당시의 기준으로 볼 때에는 매우 이례적인 일이라고 할 수 있다. 이렇게 전라북도가 중앙정부(농림부)의 정책 목적과는 다른 방향으로 나아갈 수 있었던 동력은 지역발전 담론에 기반을 둔 지역 성장(옹호) 연합의 지지와 지원이 있었기에 가능한 일이었다(박순열, 2009; 이성호, 2008).

26) 이러한 것은 선거 당시 새정치국민회의의 공약사업에 나타난, 새만금 종합개발사업에 관한 내용을 보면 더욱 뚜렷이 알 수 있다. 새정치국민회의는 "① 농지 위주가 아닌 복합산업용지로 개발하고, ② 새만금 담수호의 수질을 개선하면서, ③ 국제투자자유지역으로 지정 개발하며, ④ 새만금 신항만, 새만금 국제공항, 새만금~광양 간 고속도로 건설, 새만금~김제~전주~진안~김천~대구~포항을 연결하는 동서횡단철도 등의 각종 SOC 시설을 확충할 수 있도록 제4차 국토종합계획과 군장광역권개발계획 등 국가계획에 반영"할 것을 발표했다(박준배, 1999: 150-151).

2. 주요 행위자들의 행태와 전략

1) 대통령과 여당

이전까지의 새만금간척사업의 착수 단계에서는 정치권이 새만금간척사업에 대해 전체적으로 찬성했지만 이 시기에서는 정치권이 여당과 야당으로 분리되어 여당은 새만금간척사업에 찬성하는 입장을, 야당은 반대하는 입장을 취하게 된다. 대통령과 여당의 경우 새만금간척사업이 대통령 자신의(당시 김대중 대통령) 정치적 기반인 호남 지역의 발전과 민심을 끌어들이기 위해 어렵게 성사시킨 새만금간척사업을 자신들이 집권한 시점에서 곧바로 포기할 수 없었다. 특히 1997년 11월 대통령 선거 당시 새정치국민회의 김대중 대통령 후보는 새만금내부개발특별법 제정 및 4차 국토계획 반영을 통한 새만금 지역을 아태・환황해권의 생산・교역・물류의 전진기지로 개발할 것을 공약했기 때문에 간척사업을 중단하기는 쉽지 않았다. 그러나 대통령과 여당은 새만금간척사업에 반대하는 환경시민단체와 국민들의 목소리도 정책에 반영해야 했다. 따라서 새만금간척사업을 추진할 유인은 있었으나, 여론의 동향을 살펴볼 필요도 있었다.

2) 농림부

1996년 8월 8일 해양수산부가 발족하면서 농림수산부는 농림부와 해양수산부로 나뉘게 되었다. 따라서 농림부는 수산 분야를 제외한 농산・잠업・식량・농지・수리 및 축산에 관한 모든 업무를 맡아보게 되었다. 새만금간척사업의 기본적인 핵심 목적은 식량 안보와 농지의 확보(남상민, 2005)이다. 이러한 생각 아래 농림부는 여전히 간척사업을 통한 농지의 확보가 식량 증산과 식량 안보 차원에서 매우 중요하다고 판단하고 있었다.

그러나 농산물 시장의 개방, 쌀 소비량의 감소 등으로 인한 휴경농지의 확대라는 당시의 상황은 간척사업을 통한 농경지 확보라는 새만금간척사업의 기본 목적마저 위태롭게 하고 있었다(남상민, 2005). 더욱이 1996년 해양수산부가 분리되면서 행정부 내부에서의 영향력이나 비중이 다른 부처에 비해 낮아진 상황에서 농림부는 자신들이 주관해 오던 새만금간척사업을 지속적으로 시행함으로써 자신의 영향력을 유지하려고 더욱 노력했다.

이러한 모습은 일련의 법정 공방의 과정에서 잘 나타나고 있다. 2003년 7월 서울행정법원이 사업의 잠정 중단 결정을 내리자 당시 농림부 장관은 이에 반발하며 사직서를 제출했고, 농림부는 서울고등법원에 집행정지 결정을 취소해 달라며 항고(유홍림 · 양승일, 2009: 210)하는 모습을 보인다. 이후에도 농림부는 법원 쟁송 과정에 적극 개입하게 된다.

3) 전라북도

전라북도는 도민의 삶의 질 향상과 지역경제 활성화를 통한 도의 발전을 목적으로 한다. 새만금간척사업과 관련해서는 용지 보상과 어업 보상 업무를 위임받았다. 전라북도의 경우, 이전에는 그 영향력이 적었으나 1995년 유종근 씨가 도지사로 당선되면서 영향력이 커지게 되었다.

새만금간척사업의 중간 단계 행위자라고 볼 수 있는 전라북도는 농지 확보를 통한 식량 증산과 서해안의 항만 개발이 지역의 발전에 중요하다고 판단했다. 전라북도는 지역 개발이라는 프레임 속에서 시작된 새만금간척사업의 정치적 성격을 좀 더 극대화시킴으로써 정책 변동의 가능성을 최소화하는 역할을 수행했다(남상민, 2005). 특히 1995년 이후 지방자치제가 본격적으로 실시되면서 전라북도 도지사와 전라북도 의회의원 등은 다음 선거를 위해서라도 반드시 새만금간척사업을 지켜내야 했다. 유종근 도지사는 도지사로 당선되면서 새만금 내부종합계발계획을 구체화하기 위한 노력을 기울이고, 1999년에는 민관공동조사단의 구성을 제의(문경민, 2000)하는 등 전라북도는 개발옹호집단의 핵심 주체(남상민, 2005)로 활약하게 된다.

4) 야당

이 당시 야당인 한나라당의 경우, 1997년 대통령선거(이회창 후보)에서는 새만금 신항만 건설, 방조제의 조기 완공 및 복합 개발 등의 새만금 관련 공약을 제시했다. 그러나 전북 지방은 자신들의 지지 기반도 아니었고, 환경단체를 포함한 여론은 새만금사업에 대해 반대하는 분위기였기 때문에 1998년부터 당시 야당이었던 한나라당은 새만금간척사업의 재검토를 주장했다.

5) 환경부

1994년 12월 환경처에서 부로 승격한 환경부는 자연환경 및 생활환경의 보전과 환경오염 방지에 관한 사무를 자신의 주목적으로 한다. 국책사업이라는 이유로 새만금간척사업에 소극적인 대응[27]을 해왔던 환경부는 시화호 사건 이후 환경단체들에 의해 새만금간척사업이 사회적 의제로 부각되고, 대통령직 인수위원회의 지적에 따라 1998년 4월 감사원이 새만금간척사업에 대한 특별감사에 돌입(윤종설, 2007)하는 등과 같은 외부적 환경 요인의 변화로 점차 환경 보호에 대한 자신들의 목소리를 내기 시작[28]했다. 그리고 1997년에는 람사르협약(Ramsar Convention)에 가입하고 1998년에는 습지보전법을 제정하는 등의 모습을 보이면서 보전옹호연합으로서 자리를 잡기 시작한다.

6) 해양수산부

1996년 8월 농림수산부로부터 분리되어 발족한 해양수산부는 수산, 해운, 항만, 해양의 환경보전 · 조사 · 자원 개발, 해양과학기술 연구 · 개발 및 해난심판에 관한 사무를 관장했던 중앙행정기관이다.[29] 해양수산부는 조직의 모태였던 해운항만청의 신항만 개발정책과 갯벌을 포함한 해양환경의 보전이라는 상반되는 조직 목표를 동시에 추진해야 했다. 그러나 1998년 10월 새만금 신항만사업이 전면 유보된 이후부터 새만금간척사업으로 사라지는 해양자원의 가치와 갯벌의 보호를 강조하며, 새만금간척사업을 반대하는 입장에 서게 되었다(남상민, 2005).

7) 환경단체

환경단체는 시화호 사건 이후 강력하게 등장한 행위자라고 볼 수 있다. 이들은 무분별한 간척사업을 막아 갯벌을 보호하고 해양생태계를 복원해야 한다는 신념을 중심으로 정책집단을 형성해, 새만금간척사업을 반대하는 구체적인 활동을 전개해 나갔다. 환경단체는 새만금간척사업으로 인해 생기는 농지의 가치보다 갯벌

---

27) 환경부는 1989년 환경처였을 당시 환경영향평가에 대해 합의했기 때문에, 새만금간척사업에 대해 강력하게 반대할 수 있는 입장만은 아니었다.

28) 1998년 10월 환경부는 수질환경의 차원에서 새만금호 수질개선 대책이 미흡하다는 입장을 공식으로 표명한다.

29) (구)정부조직법 제41조(법률 제5153호, 1996.8.8 일부 개정).

과 수서생물의 서식지 등 환경 가치를 더 크게 판단했다.

1997년 11월부터 환경단체는 새만금사업 반대운동에 개입(남상민, 2005; 윤종설, 2007: 105)하기 시작했다.[30] 시민사회 및 환경단체는 특히 1998년 1월 대통령직 인수위원회가 새만금간척사업을 김영삼 정권의 3대 부실사업[31]으로 규정한 것을 계기로 새만금간척사업에 대한 반대 입장을 명확하게 제시했다. 대통령직 인수위원회의 발표 이후, 1월 14일 전북환경운동연합이 새만금사업 재검토를 주장하는 성명을 발표(국무총리실 새만금사업추진기획단, 2011: 35)하면서 본격적인 환경단체의 활동이 시작되었다. 2월 2일에는 세계 습지의 날을 계기로 녹색연합·환경운동연합이 갯벌살리기 등 습지 보전을 위한 운동에 본격적으로 참여할 것임을 선언했고, 3월 6일에는 환경운동연합이 새만금사업의 중단·재검토를 논의하기 위해 민관합동조정위원회를 구성할 것을 요구했다(국무총리실 새만금사업추진기획단, 2011: 34-35; 문경민, 2000: 214-217).

제 4 절 개발과 보존을 둘러싼 갈등: 갈등 조정 기제

여기에서는 새만금간척사업을 둘러싸고 벌어지는 개발과 보존의 갈등 전개와 이를 조정하기 위한 시도들을 살펴보고자 한다. 새만금간척사업에 대한 본격적인 문제 제기의 시작은 외부적인 사건으로 발생했다. 1996년 6월 29일 수자원공사는 시화호의 오염된 물을 방류하고 시화호를 해수로 채우게 된다. 일명 '시화호 사건'[32]을 계기로 환경단체들이 이와 유사한 간척사업인 새만금사업에 관심을 갖게

30) 11월 6일 김제경제정의실천시민연합, 녹색연합, 군산녹색주민연대 주관으로 '서해안 환경 보전을 위한 연안역의 현황과 과제: 새만금지구 간척사업을 중심으로'라는 주제의 심포지엄이 전라북도 농민교육원에서 개최되었다(국무총리실 새만금사업추진기획단, 2011: 35). 문경민(2000: 212-214)에 의하면, 이 심포지엄은 그 당시에 일반이나 언론으로부터 관심을 받지는 못했다고 한다. 그러나 새만금간척사업의 환경문제를 처음으로 본격적으로 다루었으며, 전북 지역에서 이루어졌다는 데 큰 의의가 있다고 보고 있다.

31) 새만금간척사업과 더불어 경부고속철도와 시화호가 3대 부실 국책사업으로 지목되었다.

32) 시화호는 1994년 1월 방조제의 물막이 공사를 완료했다. 이후 시화호는 급격하게 오염되어, 1996년 6월 수자원공사는 시화호의 오염된 물을 방류하고 해수를 채우게 되었다. 결국 시화호의 담수호 계

되면서 새만금간척사업에 대한 문제 제기가 본격화되었다(이시재, 2002). 새만금간척사업과 관련한 찬반 논쟁이 심화되고 갈등이 깊어지자, 정부는 이를 조정・해결하기 위한 다양한 갈등 조정 기제들을 활용한다. 새만금간척사업의 경우 민관공동조사단, 지속가능발전위원회, 법원 등이 주요한 갈등 조정 기제로서 작용했다.

1. 갈등의 심화

감사원은 대통령직 인수위원회의 지적에 따라 1998년 4월 27일부터 1998년 6월 13일까지 새만금사업의 추진 실태에 대한 특별감사를 실시해(유홍림・양승일, 2009; 윤종설, 2007: 105), 1998년 9월 25일 감사 결과를 발표했다. 특별감사 결과에 의하면 새만금간척사업 자체가 잘못된 계획, 설계, 시공 등 모든 측면에서 총체적 부실이라는 것이었다(서울고등법원, 2005). 언론에서도 새만금사업의 축소, 재조정이 불가피하다는 분위기가 조성되었다(윤종설, 2007: 105).

감사원의 감사 결과가 발표되기 전인 1998년 7월 농림수산부는 그동안 추진해오던 영산강 IV단계 간척사업을 백지화(경향신문, 1998년 7월 16일; 국토개발연구원, 1998: 88[33])하기로 결정했다.[34] 이러한 결정은 그동안 정부가 고수해 온 간척위주의 우량 농지 확보정책을 전면 수정한 첫 조치였다(한겨레신문, 1998년 7월 16일 기사).[35]

2. 새만금사업 환경영향 공동조사단(민관공동조사단)

시화호 사건 이후 민간・환경단체들은 새만금간척사업에 대한 반대의 목소리를 내고 있었다. 특히 1998년 하반기부터는 녹색연합과 환경운동연합을 중심으로 환

획은 실패하게 된다.

33) 국토개발연구원(1998)에는 1998년 6월로 나와 있으나, 관련 신문을 검색한 결과 7월에 결정이 내려진 것을 알 수 있다.

34) 이에 대해, 중앙공무원교육원(2006: 80)은 결과적으로 새만금간척사업의 무모성을 농림수산부 스스로가 인정했다는 비판의 단초를 제공했다고 보고 있다.

35) 같은 기사에는 "민간 연구용역기관인 한국산업경제연구원이 실시한 타당성조사 결과 경제성은 있는 것으로 나타났지만 갯벌 등 해양생태계에 주는 영향과 자치단체와 주민들의 반대 의견을 받아들여 간척사업을 하지 않기로 결정했다"는 농림수산부의 한 고위당국자의 말을 싣고 있다.

경단체에서 새만금간척사업의 시행에 따른 환경영향, 수질, 경제성 등에 대한 문제점들을 제기하면서, 이를 공정하게 조사·평가하기 위한 민관공동조사단을 구성할 것을 요구하고 나섰다(국무총리실 수질개선기획단, 2001: 4).

한편, 각계의 반대에 직면한 유종근 전라북도지사는 1999년 1월 공동조사단의 구성 및 새만금사업의 전면 재검토를 발표했다(국무총리실 새만금사업추진기획단, 2011: 35). 이에 1999년 1월 22일 총리실 산하 수질개선기획단은 농림부와 환경부, 건설교통부, 해양수산부, 전라북도 등 관계 부처의 모임을 갖고 유종근 전북지사가 제의한 학계의 전문가들이 참여하는 민관공동조사단을 구성해, 새만금지구의 환경문제를 백지 상태에서 점검한다는 데 합의했다(문경민, 2000: 187). 이후, 4월 정부는 국무조정실장 주재로 농림부, 환경부 등 관계 부처 차관회의를 갖고 '민관공동조사 계획안'을 확정했다. 이에 따라 새만금사업의 환경영향, 경제성, 새만금호 수질보전 대책 등에 대한 타당성을 과학적이고 객관적인 방법으로 조사·연구·평가하고 필요한 대책을 정부에 건의하기 위해 1999년 5월 국무총리실 산하 수질개선기획단에 '새만금사업 환경영향 공동조사단'을 설치·운영하게 되었다(국무총리실 수질개선기획단, 2000: 352).

민관공동조사단은 5월 19일에 발족[36]해 2000년 4월까지 조사를 완료한다는 계획을 가지고,[37] 조사위원을 정부와 환경단체의 추천을 받아 민간 전문가 21명, 정부 관계 기관 관련자 9명 등 총 30명으로 구성했다.[38] 동 조사단은 업무의 효율적 추진을 위해 환경영향분과, 경제성분과, 수질보전분과 등 3개 분과로 조사단을 구성했다.[39] 각 분과별로 환경영향분과는 9명(7명 민간위원과 2명의 정부위원), 경

36) 유홍림·양승일(2009: 209)은 "1999년 5월 1일 발족"으로 기술하고 있다.

37) 당초 2000년 4월 30일까지 1년간의 조사 기간을 정했으나, 조사활동의 시작이 지연되었고, 자료 수집에 차질이 발생해 5월 31일까지 1차 기간을 연장했다. 이후 자료 분석 및 정리에 추가로 시간이 필요해 활동 기간을 6월 30일까지 재연장하게 되었다.

38) 1999년 4월 19일 당시 정해주 국무조정실장 주재로 열린 관계 부처 차관회의에서 조사단 구성을 민간 전문가 21명과 관계 부처 국장급 공무원 9명 등 총 30명으로 결정했다. 그러나 원래 이날 차관회의에서는 공동조사단의 구성을 민간 전문가 20명과 관계 부처 관계관 9명 등 총 29명으로 할 방침이었다. 전라북도가 갯벌에 비해 농지의 경제성이 미약할 경우 복합산업단지 조성 때의 경제성을 함께 분석할 수 있도록 산업경제 분야 전문가를 포함시켜야 한다고 주장, 이 분야의 민간 전문가가 1명 추가되어 총 30명으로 조사단의 구성이 변경된 것이다(문경민, 2000: 188).

39) 조사단에 참여한 민간 전문가들은 환경단체들이 추천한 10명, 정부 및 전라북도 추천 10명(이 중 전라북도 추천은 3명임) 등이 포함되었으며, 전문 분야별로는 경제학 5명, 해양생태 6명, 수질 7명,

제성분과(6명의 민간위원과 4명의 정부위원)와 수질보전분과(7명의 민간위원과 3명의 정부위원)는 각 10명으로 구성되었다[40](국무총리실 수질개선기획단, 2000: 353-354). 조사단의 활동이 시작되면서 새만금간척사업은 착공 8년 만에 공사가 중단되었다.

민관공동조사단은 1년 2개월에 걸쳐 새만금간척사업의 환경영향, 경제성, 수질보전에 대한 조사·연구를 실시했으나, 참여 위원들 사이에 합의를 이루지 못해 단일안을 도출하는 데 실패했다. 결국 민관공동조사단은 새만금사업의 계속 추진 여부에 대한 명확한 결론을 내리지 못한 상태에서 조사위원별로 개별 의견을 첨부하는 방식으로 국무총리실 수질개선기획단에 최종보고서를 제출하는 것으로 하고, 2000년 8월 18일에 조사결과보고서를 제출했다(국무총리실 새만금사업추진기획단, 2011: 35).

20인의 민간위원들의 판단 결과를 정리하면 10명의 위원들은 '계속 시행해야 한다(또는 중단되어서는 안 된다)'고 판단했고, 1명의 위원이 '조건부로 시행 가'로, 또한 9명의 위원들은 '현 시점에서 중단해야 한다'고 판단했다.[41][42] 각 분과별 민간위원들을 입장을 살펴보면 다음과 같다. 먼저, 환경영향 분야의 경우, 총 7명의 위원 중 3명은 '계속 시행', 1명은 '조건부 시행', 3명은 '사업 중단'의 입장을 표명했다. 수질 분야의 경우에는 민간위원 7명 중 3명이 '계속 시행'을 그리고 나머지 4명은 '사업 중단'을 주장했다. 마지막으로 경제성 분야의 경우, 6명의 민간위원 중 4명은 '사업의 계속 시행'을 2명은 '사업 중단'을 이야기했다(국무총리실 수질개선

국토계획과 기상 분야가 각 1명이었다(문경민, 2000: 188; 신기현·임성진·김수관, 2006: 340-341).

40) 조사단장 1인은 분과에 포함되지 않았다.

41) 한편 국무총리실 수질개선기획단이 작성한 또 다른 문서("새만금 간척사업에 대한 정부부처계획(안)")에는 민간위원 20명 가운데 11명이 계속 시행의 의견을 제출했고, 9명이 사업 중단의 의견을 제출했다고 기록되어 있다. 이렇게 같은 조직에서 1년이 지나지도 않은 사건에 대해 사실(fact)에 대한 기본 자료조차 통일되지 않는 내용이 발견된다는 것은 참으로 우려스러운 현실이 아닐 수 없다.

42) 그리고 유홍림·양승일(2009: 206)에 의하면 "환경단체 추천 10명 중 9명은 사업 반대, 1명은 친환경적 개발을 전제로 한 조건부 찬성의 입장을 보였고, 정부·전북이 추천 10명 중 8명은 사업 찬성, 2명은 조건부 찬성의 입장을 나타냈다"고 한다. 물론 세부적인 숫자에서는 국무총리실 수질개선기획단(2000)에서 제시하는 것과 약간의 차이는 있지만, 찬성과 반대의 입장이 환경단체의 추천을 받았는지 또는 정부의 추천을 받았는지에 따라서 극명하게 달라지는 것을 볼 수 있다는 점에서 참고할 만하다고 생각된다.

기획단, 2000: 362-363).

그런데 이후에 조사단장에 의해 제출된 조사결과보고서에 대한 문제 제기가 발생했다. 이는 민관공동조사단에 참여했던 민간 추천위원 9명이 조사단 운영의 파행과 총리실에 제출된 보고서의 작성 과정의 문제점을 지적하면서 불거졌다. 이들에 의하면, 사업 계속 여부에 대한 결론 없이 보고서를 제출하기로 합의를 보았으나, 조사단장이 이를 무시한 채 개인 의견을 종합 의견으로 정리해 총리실에 제출했다는 것이다(박순열, 2009: 191; 국민일보, 연합뉴스, 한국경제, 2000년 8월 29일 기사).[43]

이러한 민관공동조사단의 활동은 민간이 먼저 제안한 공동조사단을 정부 측에서 수용해 민간과 정부가 공동으로 조사단을 꾸려서 새만금간척사업의 타당성을 조사했다는 점에서는 긍정적인 평가를 내릴 수 있다. 민관공동조사단의 구성과 활동은 새만금간척사업과 같은 환경문제(또는 더 나아가서 갈등의 문제)에서 찬성하는 입장과 반대하는 입장이 관련 문제에 대한 좀 더 엄밀한 논의와 검증의 장을 마련할 수 있는 가능성을 열어주었다고 할 수 있다(박순열, 2009: 192). 그러나 조사단의 운영 결과가 하나의 결론에 이르지 못하고, 정부 쪽에서 수용되는 분위기가 아니었다는 점에서 조사단 활동은 무의미한 것처럼 보인다는 평가(신기현 · 임성진 · 김수관, 2006: 340-341)를 받기도 한다.[44] 특히, 정준금(2000: 99)과 박순열(2009: 192)은 새만금간척사업을 둘러싼 사회적 갈등이 과학기술을 포함한 전문지식 그 자체로는 해결할 수 없다는 것과 관련 전문가들이 객관적 기준에 따라 과학기술적 사실들을 구성하는 것이 아니라, 자신들의 이해 관계에 따라 사회적으로 구성하고 해석했다는 점을 지적하고 있다.

---

43) 이외에도 4월 30일 조사가 끝났음에도 불구하고 결과에 대한 정보 교류 및 토론의 기회가 없었다는 점, 위원들의 경우 보고서조차 전달받지 못했다는 점들을 문제점으로 지적하고 있다.

44) 민관공동조사단에서 발생한 문제점은 조사단의 활동이 끝나기 이전에 작성된 문경민(2000: 189-192)의 지적을 참고할 만하다. 그는 민관공동조사단의 운영 및 활동에 필요한 자문비 · 여비 및 조사연구비를 새만금사업비에서 지원받고 총리실 수질개선기획단과 농업기반공사가 예산 집행 · 업무 연락 · 회의록 작성 · 문서 수발 등의 행정 지원까지 담당하고 있는 점에서 중립성의 문제가 발생할 수 있음을 제기하고 있었다. 그리고 조사위원들이 조사 업무 수행 중 취득한 내용을 전체회의의 심의와 조사단장의 협의 없이 외부에 발표하지 못하도록 운영지침에 규정함으로써 조사단 밖으로부터의 검증 과정이 폐쇄되는 등 투명성 논란의 소지를 안고 있음을 지적하고 있었다.

3. 지속가능발전위원회

이후 국무조정실 지속가능발전위원회는 2001년 5월에 세 차례의 공개토론회를 개최했다. 먼저 5월 7일에는 쟁점 토론을 실시했다. 이 토론은 환경영향(갯벌), 수질, 경제 및 인문사회의 세 분야로 나눠 실시했으며, 주로 민관공동조사 결과와 정부 검토 결과에 대한 평가를 위주로 진행되었다. 이어서, 5월 10일과 11일에는 대안 토론을 개최했다. 찬성 측은 공사 중단, 동진강 수역만 개발하는 방안 등과 함께 선(先) 동진강 개발, 수질 개선 후(後) 만경강 개발 방안 등 5개안을 제시했고, 반대 측은 공사 중단 및 1년 동안 추가 조사연구 후 그 결과에 따라 사업 계속 여부를 결정하는 방안을 제시했다(국무총리실 수질개선기획단, 2001: 17). 결과적으로 공개토론회 역시 찬성과 반대 양측의 입장만을 확인하고, 단일한 대안을 도출하지는 못했다.

결국, 국무총리실 수질개선기획단(2001)은 토론회 등을 통한 의견 수렴 및 방향 결정은 한계가 있다고 판단해, 새만금간척사업에 대한 정부의 추진(안)을 마련하게 된다. 5월 25일 국무총리실은 물관리정책민간위원회를 열어 방조제 완공 후 오염 요인이 적은 동진수역을 우선 개발하고 후에 만경수역을 개발하는 친환경적 순차 개발 방식을 최종 확정하고,[45][46] 방조제 공사를 재개하게 되었다(국무총리실 새만금사업추진기획단, 2011: 35-36).

한편, 새만금간척사업의 재개 여부는 일견 예상되었던 결론이기도 했다. 민관공동조사단이 최종보고서를 제출한 지 두 달 정도가 지난 2000년 10월, 김대중 대통령은 군산을 방문해 업무 보고를 받으면서, 새만금간척사업에 대한 정부의 추진

45) 이 최종 결정의 내용은 국무총리실 수질개선기획단(2001)의 추진(안)이 그대로 수용된 것이라고 판단된다. 수질개선기획단의 추진(안)에는 "방조제는 준공하되, 동진수역부터 먼저 개발하고, 만경수역은 수질이 목표 기준에 적합하다고 평가될 때까지 개발 유보"할 것을 제안하고 있다.

46) 이러한 결정에 대해 유홍림·양승일(2009: 206)은 낮은 수준이기는 하지만 이해당사자들의 의견을 절충했다고 평가를 내리고 있다. 그러나 윤종설(2007: 108)에 의하면, 물관리정책민간위원회의 친환경적 순차 개발 결정에 대해 반대집단은 국무조정실이 사회적 합의와 국민 여론을 무시하고 사업 추진 쪽으로 일방적인 결정을 내린 것이라고 비판을 하고, 지속가능발전위원회를 비롯한 환경 관련 정부위원회로부터 54명의 환경단체, 대학교수 등이 탈퇴를 선언했다고 한다. 이후의 반대집단의 모습(예를 들어 삼보일배)이나 새만금사업의 중단을 위한 일련의 소송 과정을 볼 때 이해당사자 간의 최소한의 의견의 조율과 절충이 있었는지는 의심스럽다고 판단된다.

의지를 밝힌 것이다(국무총리실 새만금사업추진기획단, 2011: 35). 그리고 물관리 정책민간위원회의 결정이 있기 4일 전인 2001년 5월 21일에는 이한동 당시 국무총리 새만금간척사업 현장을 시찰해(연합뉴스 2001년 5월 21일 기사), '농업은 생명산업'이라는 글을 남겨 새만금사업을 통해 농지를 확보한다는 의지를 표명했다고 한다(윤종설, 2007: 107).

4. 법정 소송

새만금간척사업에서 볼 수 있는 특징의 하나로 새만금간척사업의 중단 및 재개에 사법부가 중요한 역할을 수행했다는 것을 지적할 수 있다. 새만금간척사업을 찬성하는 집단과 반대하는 집단은 그 논쟁의 장을 법원으로 이동을 했고, 사법부는 정책 중개자로서의 역할을 수행했다. 개발옹호집단과 보존옹호집단 간의 구체적인 법원 쟁송 과정을 살펴보면 다음과 같다.

환경단체 등 새만금간척사업을 반대하는 집단은 사업의 중단을 위해 법원에 소송을 제기했다. 먼저 2000년 5월 4일 어린이와 청소년 170여명이 원고가 되어 농림부 장관을 대상으로 하여 공유수면매립 면허처분과 새만금간척사업의 시행인가처분취소의 취소를 구하는 행정소송을 제기했다.[47] 그러나 이 소송은 원고부적격 등의 이유로 각하 처리되었고,[48] 고등법원 항소심에서는 원심을 인용했다.[49] 이어서 2001년 8월 22일에는 조경훈 등 3,539인이 새만금간척사업에 대한 정부 조치 계획의 확정·발표 등의 취소를 구하는 헌법소원과 새만금사업 정부 조치 계획의 취소를 구하는 행정소송(본안소송)을 제기했다. 헌법소원은 2003년 1월 30일 청구 기간이 지났고 행정행위는 헌법소원심판의 대상이 되는 공권력 행사에 해당되지 아니한다는 이유로 각하 처리되었다.[50][51][52]

---

47) 이는 일명 '미래세대 소송'으로 알려져 있다(고문현, 2003: 174; 김홍균, 2004: 95-96).
48) 서울행정법원 2001. 7.25. 선고 2000구12811 판결.
49) 서울고등법원 2003. 8.15. 선고 2001누13173 판결.
50) 헌재 2003. 1.30. 선고 2001헌마579 결정.
51) 서울행정법원 2003. 7.15. 선고 2003아1142 결정.
52) 서울행정법원은 집행정지 결정을 내린 3일 후인 7월 18일 방조제의 물막이 공사를 시행한 부분에 대해서는 방조제의 유실과 붕괴 방지를 위해 보강공사를 허용함으로써 실질적으로는 대부분의 공사가 허용되었다(김홍균, 2004: 97-98).

본안소송과 더불어 환경단체들은 2003년 6월 12일 최열 등 3인을 청구인으로 하여 '새만금 공사중지 가처분 신청'을 서울행정법원에 제기한다. 서울행정법원은 7월 15일 이를 받아들여 본안소송 판결 시까지 집행을 정지할 것을 결정해 새만금간척사업이 잠정적으로 중단된다. 이후 정부는 즉시 항고를 하여 항고심(서울고등법원)에서 승소해[53] 공사를 재개했다.

2005년 2월 4일 본안소송에 대해 서울행정법원(제1심)은 새만금간척공사 면허를 취소하거나 변경하라는 원고 일부 승소 판결을 내렸다.[54][55] 이에 농림부와 전라북도는 서울고등법원에 항소했다. 2005년 12월 21일 서울고등법원은 원심을 깨고 원고 패소를 선언했다.[56] 이후 대법원(상고심) 전원합의체는 2006년 3월 16일 환경단체와 전북지역 주민들이 농림부 장관 등을 상대로 낸 '매립면허 등 취소신청 거부처분 취소소송'에서 원고 패소를 판결한 원심을 확정해 정부의 손을 들어주었다. 이날 대법원 정원합의체에서는 이용훈 대법원장을 포함한 11명의 대법관이 상고를 기각하는 의견을 냈으며, 김영란 대법관과 박시환 대법관이 다수 의견에 대한

〈대법원 전원합의체의 판결 요지〉[57]

- 새만금사업을 중단해야 할 정도로 농지의 필요성, 경제성, 수질관리, 해양환경 등에 중대한 사정 변경이나 공익상 필요를 인정하기 부족함.
- 경제성 등의 법률상 하자가 중대하고 명백하다고 할 수 없음.
- 환경영향평가가 일부 결함이 있었으나 추후 보완되었음.
- 정부의 수질대책 등으로 목표 수질 실현이 불가능하다고 할 수 없음.

---

53) 서울고등법원 2004. 1.29. 선고 2003로98 결정.

54) 서울행정법원 2005. 2. 4. 선고 2001구33563 판결.

55) 재판부는 1991년 공유수면매립 면허를 허가한 당시와 2001년 사업을 재개를 결정한 당시의 상황이 크게 달라진 만큼 사업 내용을 취소하거나 변경하는 것이 타당하다는 요지의 판결을 내렸다. 1심 판결은 많은 의미를 가지고 있다. 우선은 그동안 국책사업이라는 이름으로 정당화되었던 지역주민들의 삶의 터전 훼손을 심각하게 판단했다는 점이다. 특히 법원에서 해양생태계 파괴와 갯벌이 가치 등을 인정한 대목은 의의가 크다. 국책사업에 가려 환경 훼손을 어쩔 수 없던 것으로 간주했던 사회문화에도 상당한 충격을 주었다. 재판부는 새만금사업으로 심각한 환경 파괴가 우려된다며 정부가 이에 대한 대책을 세우지 않은 것은 잘못이라는 입장을 밝혔다(신기현 · 임성진 · 김수관, 2006: 346).

56) 서울고등법원 2005.12.21. 선고 2005누4412 판결.

57) 국무총리실 새만금사업추진기획단(2011: 37)을 인용.

반대 의견을 제시했다.[58] 새만금간척사업은 이 판결을 계기로 사업을 진행하게 되었고, 동년 4월 방조제의 최종 연결공사(물막이 공사)를 완료했다.

제 5 절 결론

이 연구에서는 새만금간척사업의 구상에서부터 방조제의 최종 물막이 공사가 완료되는 시기까지를 연구의 시간적 범위로 설정해, 그 기간 동안 나타난 정책행위자들의 갈등 양상과 전략에 대해 살펴보았다.

먼저 새만금간척사업이 어떻게 구상되고 집행되었는지를 살펴봄으로써, 외부 환경의 변화, 특히 정치적인 요인이 정책에 영향을 주는 모습을 살펴볼 수 있었다. 새만금간척사업의 경우, 대규모의 예산이 투입되는 사업임에도 불구하고, 그 사업이 정책의제로 본격적으로 떠오른 것은 정치적인 이유에서 제13대 대통령 선거를 앞두고 공약으로 발표되었기 때문이다.[59] 그리고 환경적인 문제들이 지적되고 본격적으로 집단 간의 갈등이 시작되었던 시기에 보전옹호집단에게 힘을 실어주었던 것은 김대중 대통령이 당선되어 대통령직 인수위원회에서 새만금간척사업을 김영삼 정부의 3대 부실사업으로 규정을 지으면서였다. 이러한 사실은 대형 국책사업의 집행 성패 요인을 분석한 문명재 외(2007)의 연구에서 대형 국책사업의 집행 실패가 대통령 선거 주기 등과 같은 정치적 요인과 관계가 있다는 점을 지적한 것과 유사하다고 하겠다.

두 번째로 새만금간척사업의 사업 목적을 둘러싼 갈등을 살펴보았다. 새만금사업을 집행함에 따라 애초의 사업 목적이었던 농지와 수자원의 개발을 위한 간척개발 사업이 복합산업단지의 조성으로 변하게 되었다. 물론, 정책의 목적이 시대와 외부 환경의 변화에 따라서 변화하는 것은 바람직한 모습일 수도 있다. 그러나 새만금간척사업의 경우 첫째, 정치적인 동기에서 시작해 애초에 사업의 목적에 대한

58) 대법원 2006. 3.16. 선고 2006두330 판결. 대법원장 이용훈(재판장), 대법관 강신욱, 이규홍, 이강국, 손지열, 박재윤, 고현철, 김용담, 김영란, 양승태, 김황식, 박시환(주심), 김지형.

59) 이러한 행태는 정치인들은 자기의 이익을 추구하기 때문에 선거에서의 당선을 목적으로 투표극대화를 추구한다는 공공선택이론의 관점에서도 설명이 가능할 것이다.

동의의 수준이 낮았고 둘째, 본격적인 지방자치제의 실시로 인해 지역정치인들이 지역 개발이라는 목적을 더욱 우선시했다는 점 등을 지적할 수 있을 것이다.

마지막으로 본격적인 개발과 보존의 대립을 조정할 중재자의 문제이다. 새만금간척사업의 경우, 다양한 정책 조정 기제가 작동했다. 먼저 민관공동조사단을 들 수 있다. 애초 민관공동조사단은 개발과 보전의 대립에 중재의 역할을 맡을 것으로 기대되었다. 그러나 2000년 8월 제출된 최종보고서에는 조사위원들의 의견을 취합・정리하는 선에서 마무리되었고, 민관공동조사단의 정책 조정자로서의 역할은 성공적이지 못했다. 이어서 정책 조정의 책임을 담당한 지속가능발전위원회 역시 갈등 조정과 합의의 형성에 성공적이지 못했다. 당시의 상황에서 새만금간척사업에서 나타난 독특함이라고 하면 사법부가 결정적인 정책 중재자로서의 역할을 수행했다는 것이다. 사법부의 판결 결과와 내용에 따라서 각각의 집단들은 순응 또는 거부 등의 전략들을 구상했고, 사법부의 판단 근거들이 두 집단을 중재하는데 근거가 되었다. 물론 국가의 중요한 정책 결정을 국민의 대의기관인 국회나 대통령이 아닌 사법부가 한다는 점에서 민주적 정당성의 측면에서 중대한 하자가 생길 수 있다(이호영, 2008)는 우려도 있다. 그러나 민관공동조사단의 조사 결과나 지속가능발전위원회가 내린 결론에 대해서는 각 집단들은 격렬히 반발하는 모습을 보였으나, 사법부의 최종 결정에 대해서는 모든 참여자가 순응적 태도를 보였다는 점(함한희, 2009: 297)은 우리에게 시사하는 바가 크다고 할 수 있다. 앞으로도 대규모 국책사업의 갈등 사례에서 사법부가 정책 중재자로서의 역할을 수행할 여지가 많은 만큼 이에 대한 연구도 필요할 것이라 생각된다.

참고 문헌

고문현(2003). 미래세대의 환경권. 「공법연구」, 31(4): 173-208.

국무총리실 새만금사업추진기획단(2011). 새만금 리포트: 기회와 약속의 땅, 새만금.

국무총리실 수질개선기획단(2000). 「물관리백서」.

______(2001). 새만금 간척사업에 대한 정부조치계획(안).

국토개발연구원(1998). 「지역개발사업의 추진 실태와 효과분석 연구」.

김홍균(2004). 새만금 소송의 의의와 과제. 「저스티스」, 81: 90-119.

남상민(2005). 정책과정에서의 NGO: 정책옹호동맹체모형(ACF)과 새만금 사업에서의 NGO 역할.

「한국정책학회보」, 14(1): 29-53.
농림수산부・농업진흥공사(1998). 새만금지구 간척종합개발사업 기본계획서.
문경민(2000). 「새만금 리포트」, 서울: 중앙 M&B.
문명재・이철주・주기완・하연희・곽연륜(2007). 대형국책사업 집행 실패의 영향요인 분석. 「한국정책학회보」, 16(2): 49-89.
박순열(2009). 「불만의 새만금」, 파주: 한국학술정보(주).
박준배(1999). 새만금사업 추진 현황과 과제 및 개발 방안: 새만금사업 중심으로. 「사회과학연구」, 25: 147-167.
신기현・임성진・김수관(2006). 새만금사업과 지역사회 거버넌스. 「정치・정보연구」, 9(2): 329-362.
유홍림・양승일(2009). 정책흐름모형(PSF)을 활용한 정책변동 분석: 새만금간척사업을 중심으로. 「한국정책학회보」, 18(2): 189-218.
윤종설(2007). 정책과정에서의 갈등관리 체제 구축 방안: Governance 관점의 정책사례 분석을 중심으로. 한국행정연구원 KIPA 연구보고서 2007-10.
이성호(2008). 새만금 간척사업과 지역 성장정치: 성장연합의 대응방식 변화를 중심으로. 「지역사회연구」, 16(4): 55-76.
이시재(2002). 새만금사업의 의사결정과정의 적정성의 문제. 「한국사회학연구 ECO」, 2: 231-260.
이호영(2008). 87년 이후 사법부 역할에 대한 비판: 사법부의 시대적 역할과 사법국가화 경향을 중심으로. 「민주법학」, 36: 5-46.
정우송(2011). 대형국책사업을 둘러싼 공공갈등과 협력적 거버넌스를 통한 해결 방안에 관한 연구: 새만금간척사업과 4대강 사업의 사례분석을 중심으로. 국민대 대학원 박사 논문.
정준금(2000). 개발・보전과 갈등조정: 새만금 간척사업을 중심으로. 「한국행정연구」, 9(4): 79-103.
중앙공무원교육원・한국정책분석평가학회(2006). 「새만금 간척종합개발사업 사례」. 서울: 중앙공무원교육원.
함한희(2009). 국책개발사업으로 인한 갈등의 문화적 조건 연구: 새만금간척개발사업의 경우. 한국사회학회 전기사회학대회 발표 논문: 283-297.

법원 판례

대법원 2006. 3.16. 선고 2006두330 판결.
서울고등법원 2003. 8.15. 선고 2001누13173 판결.
서울고등법원 2004. 1.29. 선고 2003로98 결정.
서울고등법원 2005.12.21. 선고 2005누4412 판결.
서울행정법원 2001. 7.25. 선고 2000구12811 판결.
서울행정법원 2005. 2. 4. 선고 2001구33563 판결.
헌재 2003. 1.30. 선고 2001헌마579 결정.

신문 기사

경향신문, 1995년 2월 18일 기사.
_______, 1998년 7월 16일 기사.
국민일보, 2000년 8월 29일 기사.
동아일보, 1993년 11월 10일 기사.
_______, 1994년 2월 16일 기사.
연합뉴스, 2000년 8월 29일 기사.
_______, 2001년 5월 21일 기사.
한겨레신문, 1998년 7월 16일 기사.
한국경제, 2000년 8월 29일 기사.

제 2 장

도시재생으로서 청계천복원사업의 협력적 거버넌스 참여 과정 분석*[1)]

김진열 · 이규명 · 정문기**

이 사례는 청계천복원사업을 대상으로 하여 도시의 대규모 공공사업에서 시민 참여의 양상을 분석하고 있다. 도시문제에 대해 과거에는 각 급의 정부가 독자적으로 하던 일을 이제는 시장이나 시민사회와 함께 추진하는 다양한 틀과 관리 방식, 협상, 네트워크 등이 필요하게 되었다. 다양한 집단의 공통된 이해 관계가 확보되지 않고서는 갈등이 증폭되는 환경이 되었으며, 특히 도시재생에서 도시의 물리적 재생뿐만 아니라 환경적 · 경제적 · 사회적으로 도시 전반에 걸친 기능 회복을 목적으로 하므로 주민의 참여는 필수적이라 할 수 있다. 이에 이 연구는 청계천복원사업을 거버넌스, 즉 시민 참여 측면에서 일정한 평가 기준에 의해 재평가했다.

분석 결과 외관상 협력적 거버넌스의 형태로 사업이 추진되고 있으나 정부를 제외한 각 이해당사자의 참여는 형식적 · 명목적 참여에 그치고 있다. 이는 애초에 목표로 한 경제적 · 환경적 · 사회적 재생에서 경제적 재생을 제외한 나머지 목적들이 희생되는 결과를 가져왔으며, 오히려 거버넌스가 대규모 공공사업에 명목상 이용될 위험성이 있음을 확인할 수 있었다. 따라서 도시재생과 같은 대규모 공공사업에서 참여는 실질적이어야 하며 실효성이 있어야 하는 바, 이러한 실효성을 판단할 수 있는 일정한 기준을 제시하고 사례를 적용했다는 점에서 이 연구의 의의를 찾을 수 있으며, 향후 유사한 사업을 계획하고 집행하는 데 이러한 기준에 적합한 참여가

* 이 사례연구는 2012 한국정책학회 · 한국행정연구원 정책연구대회 수상 논문을 수정 · 보완했으며, 이 논문은 2010년 정부(교육과학기술부)의 재원으로 한국연구재단의 지원을 받아 수행한 연구임 (NRF-2010-330-B00250).

** 교신 저자.

확보되어야 함을 확인하고 있다.

[주제어: 청계천복원사업, 도시재생, 협력적 거버넌스, 시민 참여]

제 1 절 서론

1. 사례의 탄생 배경

청계천복원사업은 전형적으로 낙후된 도심을 활성화시키는 도시재생의 의의를 가지고 있다. 세계적으로 산업화 초기에 개발된 각 도시의 도심지역이 시간의 경과에 따른 물리적·기능적 쇠퇴로 인해 여러 문제점에 직면하고 있고, 이에 따라 퇴락한 도심을 재생(regeneration)[1)]하는 방안이 중앙 및 해당 지방자치단체의 과제로 대두하게 되었다.

1970년대부터 지속적인 부도심의 육성과 지하철의 개통으로 부도심 확산과 분산화가 이루어졌고, 그 결과 그간 서울의 도심으로 기능하던 종로와 청계천 일대는 그 기능이 약해지게 되었다. 당시 산업화와 개발의 패러다임에 의해 복개된 청계천은 점점 낙후되어 가고 있었으며, 이러한 이유로 청계천과 그 주변지역은 도심 재생을 통한 경제의 활성화와 역사 및 문화의 회복이라는 과제가 생기게 되었다. 또한 복개된 하천을 복원시켜 도시의 경관을 향상시켜 주민과 관광객을 돌아오게 함으로써 지역경제를 되살리고, 더 나아가 강남에 비해 상대적으로 침체되어 있는 강북 개발의 시발점으로서의 의의도 가진다.

1) 도시의 개발과 관련해서는 다양한 용어들이 사용되고 있다. 도시의 개발과 관련해 Reconstruction, Revitalization, Renewal, Redevelopment, Regeneration 등 다양한 용어가 사용되고 있으며, 연구의 목적에 따라 혼용해 사용하기도 한다. 그러나, 이러한 용어 중 도시재생은 도시의 특정 지역의 경제적·물리적·사회적·환경적 조건의 변화 속에서 지속적인 성장을 할 수 있는 방법을 모색하는 활동이라고 정의되고 있다(강준모·박정민, 2008). 즉, 도시의 물리적 측면의 개선에 중점을 두는 다른 용어와는 달리 도시재생을 뜻하는 'regeneration'은 주요 행위자와 이해관계자 사이의 파트너십이 중요하며, 커뮤니티의 역할을 강조하고, 역사문화적인 자원을 유지 보전하고, 환경적 지속성을 추구하고 있다(Roberts & Sykes, 2000).

2. 사례 주제

이 사례는 한국 도시정책 패러다임의 변화를 보여준다. 기존의 정책 수립 및 수행에서와는 다르게 거버넌스가 중요시되는 시점에서 각 이해당사자의 참여를 표방하고 있으며, 반면 이러한 참여의 문제로 인해 갈등이 지속적으로 표출되고 있는 사례이다.

1980년대 이후 통치구조 환경은 급격한 변화를 맞이하게 되었다. 국가와 국민, 중앙정부와 지방정부, 정부와 시장의 관계와 통치구조 환경이 이전의 상명하복의 관계에서 협력적인 관계로의 변화가 이루어지게 된 것이다(Rhodes, 1996). 이러한 변화는 특정 국가 혹은 사회의 특정 부분에 국한된 모습은 아니었으며, 도시정책과 관리에서도 이전의 시대와는 다른 방식의 의사 결정과 이행 방식이 대두하게 되었다. 우리나라에서도 이러한 변화가 시작되고 발전되어 왔으며, 특히 1990년대 들어서 도시 개발 초기의 불도저식 개발 시대와는 달리 미래의 도시의 모습을 결정하고 관리해가는 문제가 정부뿐만 아니라 시민의 몫으로 돌아가기 시작했다. 정책담당자들도 이러한 부분의 중요성을 인식하기 시작했으며, 교통 · 환경 · 경제 등 도시 거주자의 생활과 직접 관련된 문제를 비롯해 지역 균형 · 역사성의 보존 등 삶의 질과 관련된 문제들에서도 거버넌스의 중요성이 전면에 부각되기 시작했다. 또한, 도시관리의 패러다임에서도 그간의 개발주의적 사고를 넘어서 효율보다는 형평, 개발보다는 환경 보전, 자동차보다는 인간의 삶의 가치에 비중을 두는 방향으로 전환되고 있다(청계천복원사업백서, 2006).

이렇게 도시관리의 방식과 패러다임이 변화하는 과정 속에서 추진된 청계천복원사업은 서울시와 더 나아가 우리나라의 도시관리에서 거버넌스는 어떠한 모습을 나타내고 있으며, 도시관리의 패러다임은 어떻게 변화하고 있는지를 볼 수 있는 좋은 사례라고 판단된다. 특히, 세계 각국의 유사한 사례에 비추어 유례없이 짧은 기간 안에 기본계획의 수립에서부터 완공까지의 모든 절차가 완료된 청계천복원사업이, '계획 수립-설계-착공-시공-완공'의 단계를 거치는 동안 어떠한 방식으로 거버넌스를 구축했고 협력을 이루었으며, 그 속에 내포되어 있는 갈등은 어떤 방식으로 해결되었는지를 살펴보고자 한다.

3. 연구의 목적

청계천복원사업을 거버넌스 차원에서 논의한 기존 연구들은 사례분석을 통해 청계천복원사업의 과정에서 하향적이고 기술관료적인 운용으로 인해 저항과 장애가 발생함을 지적(조명래, 2003)하고, 청계천복원사업이 일사불란하게 추진되는 과정에서 시민의 의견이 반영되지 못하고, 시민위원회가 무용지물이었다는 사실을 강조(홍성태, 2004)하면서 거버넌스와 갈등관리 측면에서 문제가 있었음을 밝히고 있다. 반면, 청계천복원사업의 진행 과정에서 갈등을 관리하기 위한 다양한 기제가 활용되고, 의견 수렴을 거치는 절차적 정당성을 확보(성지은 · 김주환, 2005)했으며, 행정과 민간이 적극적으로 의사소통하는 거버넌스를 구성해 협상이 가능(박명현, 2006)했음을 강조하고 있다. 이처럼 동일한 사례에 관한 논의임에도 불구하고 청계천복원사업의 성패에 관한 시각은 양분되어 있다. 이것은 거버넌스 측면의 논의가 구분되지 못하고 실효성과 절차적 정당성 등 개별적인 관점을 중심으로 한 통합적 논의로 연구가 진행되었기 때문이라고 판단된다. 또한 사례를 분석하는 데 활용할 수 있는 분석의 틀도 미흡했기 때문에 나타난 결과라고 판단된다. 이에 이 연구에서는 거버넌스의 핵심인 참여를, 참여 과정 전체를 구체적으로 검토해 실질적인 실효성의 측면과 형식적인 절차의 측면으로 구분해 분석틀을 형성하고, 이를 바탕으로 청계천복원사업을 분석하고자 한다. 그리고 참여의 실효성 확보 방안에 대한 연구가 미흡하기 때문에, 이 연구는 참여 과정 및 기준의 고찰을 통해 참여의 실효성을 분석했다.

이러한 분석을 통해 이 연구는 도시재생 과정에서 실시된 청계천복원사업이 협력적 거버넌스 측면에서 향후 대규모 공공사업을 추진하는 데 참여와 협력에 본보기가 될 수 있는 과정을 거쳤는지 고찰하고자 한다. 참여의 실효성과 과정을 평가함으로써 앞으로 이러한 대규모 공공사업을 시행할 때 지향해야 할 방향에 대한 정책적 시사점을 제공할 수 있을 것이라 판단된다.

4. 연구의 의의

이 연구의 논의에 의해 다음과 같은 이론적 · 정책적 함의를 이끌어 낼 수 있다.

우선, 도시재생정책 혹은 대규모 공공정책에서 무엇보다 우선시되어야 할 것은, 실질적 실효성 측면과 형식적 절차 측면의 양자 모두에서 참여와 협력을 이끌어 낼 수 있는 협력적 거버넌스의 구축이라는 점이다. 단순히 결과 측면에서 정책 목표를 달성했다고 하여 성공적인 사업이었다고 볼 수는 없으며, 마찬가지로 형식적인 절차적 정당성을 확보했다고 하여 성공적인 사업이라고 볼 수도 없다. 양자 모두를 아우르는 전반적인 참여 과정을 검토함으로써 사업의 성패가 판단되어야 한다. 정책의제의 형성과 계획 단계부터 각 이해당사자가 참여해 합의를 형성해 나가고 그러한 합의를 바탕으로 정책을 시행하고, 이러한 협력적 거버넌스를 바탕으로 하여 추진의 동력이 되는 조직화를 실행해 정책을 집행해야 할 것이다. 사회가 다원화되면서 첨예한 이해 관계가 대립되는 도시재생과 같은 정책을 시행할 때 참여 과정에 문제가 있는 경우 그 사업은 점점 더 강력한 저항에 부딪히게 될 것이고 사업의 성공을 장담할 수 없을 것이다. 따라서 도시재생 과정뿐만 아니라 여타 정책의 시행 과정에서도 형식적인 참여의 절차와 참여가 정책에 영향을 미칠 수 있는 실효성 양자가 모두 중요하게 고려되어야 함을 확인했다.

다음으로, 이 연구에서는 참여 과정 전반을 평가하는 것에 비중을 두었으며, 이러한 판단 기준으로 일정한 분석틀을 제시하고 있다. 이러한 분석틀은 향후 정책을 추진할 때 각 과정마다 이해당사자의 참여를 중요하게 고려하고 반영함으로써 갈등을 사전에 예방하고 완화시키는 역할을 할 수 있을 것이라 판단된다. 따라서 이 연구에서 제시하고 있는 참여 과정의 평가 기준과 같은 분석틀을 활용해 참여의 전 과정을 분석하고 미흡한 부분을 보완해, 즉 충분한 숙의 과정을 거친 정책 과정을 거치도록 하여 갈등을 완화하고 성공적인 정책이 될 수 있도록 해야 한다. 특히 이해 관계가 첨예하게 대립되며 큰 비용과 시간이 소요되는 도시재생사업에서는 그 의의가 더 크다고 할 것이다.

제 2 절 연구 방법

1. 접근 방법

이 연구는 협력적 거버넌스의 참여 과정을 분석하는 것을 목적으로 한다. 사례의 사실 관계 파악을 위해 청계천복원사업 백서 및 회의록 등 공식적인 문서와 경제정의실천연합회, 시민위원회, 상인위원회 등 각 이해당사자의 관련 회의록 등을 수집해 분석의 자료로 활용했다. 아울러 접근 가능한 시민위원회 소속 교수들에 대해 직접 인터뷰하는 한편, 기존 인터뷰 기사를 적극 활용했다. 또한 해당 기간 청계천복원사업과 관련한 모든 신문기사를 수집해 정부 측 공식 발표와 상반되거나 배치되는 사실 관계를 파악하고 사례연구에 활용했다.

2. 분석 방법

기존의 연구에서 활용 가능한 로우와 프리워(Rowe & Frewer, 2000)의 참여 과정 평가 기준을 기본으로 하여 해외 사례의 검토를 통해 도출 가능한 참여의 분석 기준을 마련했다. 후술하는 바와 같이, 기존 연구와 해외 사례 검토를 통해 마련된 분석 체계에 따라 청계천복원사업에서 특히 쟁점이 되고 갈등이 표출되었던 부분을 중심으로 갈등 과정에의 참여 및 영향력의 문제와 협력적 거버넌스를 위한 홍보·조직화의 문제 두 부분으로 구분해 사례분석을 진행했다.

제 3 절 선행 연구

1. 협력적 거버넌스

최근 공공 부문의 변화를 가장 잘 나타내는 용어 중의 하나는 거버넌스(governance)[2]이다. 이것은 기존의 행정이나 정책의 독점과 계층제를 넘어 새로운 행정 방식으로서 참여와 상호작용을 강조한다. 이에 따라 예솝(Jessop, 2000)은 거버넌스를 시장과 정부라는 이분법적 사고 방식에서 탈피한 상호의존적 행위 주체들 간의 수평적이고 협력적인 조직이라고 설명하고 있다. 이와 같은 거버넌스 패러다임의 등장과 더불어, 거버넌스의 유형과 정의도 학자에 따라 다양하다. 다양한 유형의 거버넌스 중 하나인 협력적 거버넌스(collaborative governance)는 정부를 포함하는 공공 부문과 민간 부문의 다양한 조직 간의 협력을 통한 사회문제 해결을 나타내는 용어로 사용되고 있다(이명석, 2010). 협력적 거버넌스는 공식적이고 상호적인 집합적 정책결정 과정에 공공기관과 비공식적인 이해관계자들이 직접적으로 관여되어 있고(Ansell & Gash, 2007), 다수의 이해관계자들이 공동 목적 및 사회문제를 해결하고자 한다(정문기, 2009). 그리고 지역 내에 광범위하게 존재하는 다양한 욕구를 만족시키기 위한 실행계획을 개발할 때 다양한 층위에 존재하는 정부조직뿐 아니라 민간 혹은 비영리조직까지 네트워크로 포함되어 있는(박형준 · 이인원, 2009) 형태의 거버넌스를 의미한다.

이명석(2010)에 의하면 협력적 거버넌스는 다음의 여섯 가지 특징을 가진다.

첫째, 공공기관이 주도하는 상호작용을 의미한다.[3]

둘째, 비정부조직이나 사회구성원의 참여를 의미한다.

셋째, 협력적 거버넌스는 비정부 이해관계자들의 단순한 의견 제시나 상담 이상의 직접적인 참여를 의미한다.

넷째, 공식적으로 조직되는 집합적인 행동을 의미한다.

다섯째, 협력적 거버넌스는 의견 일치를 추구한다.

여섯째, '공공문제'의 해결과 관련된 상호작용을 의미한다.

이상의 협력적 거버넌스의 개념과 특징에서 알 수 있는 바와 같이 협력적 거버넌스는 다양한 이해관계자의 참여가 핵심 요소이다. 개방화와, 분권화, 네트워크화 등의 정책적 흐름에 따라 정부와 시장 외에 시민사회, 주민의 참여가 중요하게 부

---

2) UNESCAP에서는 거버넌스를 'The process of decision-making and the process by which decisions are implemented(or not implemented)'로 설명하고 있다.

3) 여기서 공공기관의 주도가 공식적인 통제나 강제력을 의미하는 것은 아니며 다양한 사회구성원의 자발적 참여를 이끌어 내는 것을 의미한다.

각되고 있다(권영상, 2011; 박세훈 외, 2007).

협력적 거버넌스의 유형과 수단이 상황에 따라 약간 상이할 수 있지만, 협력적 거버넌스의 수단들은 적극적인 참여자가 존재하고, 행위자들 간의 신뢰와 의존에 기반한 네트워크가 존재하며, 지속적이고 충분한 숙의 및 심의 과정을 통해 서로 의견을 조정, 합의를 추구하고자 한다는 점에서 공통된 특성이 존재한다(채종헌 · 김재근, 2009). 협력적 거버넌스에서 참여는 매우 중요한 요소로 다뤄지고 있다는 것을 확인할 수 있다.

2. 도시정책과 협력적 거버넌스

앞서 서술한 이러한 변화는 도시정책의 수립, 도시계획, 도시관리 등의 분야에서도 마찬가지로 적용된다. 각종 도시문제에 대해 시장과 시민사회가 국가나 지방자치단체에 대해 더 큰 영향력을 행사하면서 행정의 전통적인 역할이 시장과 시민사회로 분산되고, 다양한 이해관계자와 행위자들의 공동관리인 거버넌스로 나타나게 되었다. 따라서 도시문제에 대해 과거에는 각급의 정부가 독자적으로 하던 일을 이제는 시장이나 시민사회와 함께 추진하는 다양한 틀과 관리 방식, 협상, 네트워크 등이 필요하게 되었다. 그리고 이러한 다양한 집단의 공통된 이해 관계가 확보되지 않고서는 사업의 지속성을 유지하기가 어려운 환경으로 변했으며,[4] 다양한 이해당사자 중 일방을 배제하고서는 성공적인 정책이라고 평가받기 힘들다. 특히, 도시재생에서는 도시의 물리적 재생뿐만 아니라 환경적 · 경제적 · 사회적으로 개선해 활력이 저하된 기능을 회복시키고 경쟁력 있는 정주환경으로 재창조하는 것을 목적으로 하므로 주민의 참여는 더욱더 필수적이라 할 수 있다(주택도시연구원, 2006).

이처럼 거버넌스에서 참여가 중요하게 부각되고 있기 때문에, 기존의 연구에서도 도시재생, 혹은 주민이 참여하는 도시계획의 측면에서 거버넌스가 논의되고 있다. 차미숙(2003)은 지역 발전을 위한 거버넌스 구축에 관해 논의하고 있으며, 나인수(2009)는 재개발 과정에서 참여자 간의 갈등을 해소하기 위한 거버넌스 구축

4) 프랑스의 비에브르 복원사업과, 미국 보스턴의 빅딕과 같은 사업의 경우 해당 사업의 이해당사자 간의 합의가 이루어지지 않은 결과, 10년 이상 사업이 진척되지 못한 채 합의 형성 기간을 가지게 되었다.

에 대해 연구하고 있다. 또한 안현찬(2009)은 자전거 도로의 디자인에 거버넌스가 적용될 경우 어떠한 특성을 가지는지에 관한 연구도 이루어지고 있다. 이렇듯 도시와 관련해서도 거버넌스에 관한 논의가 다양하게 이루어지고 있으며, 이러한 연구들은 기존의 정부 주도의 도시계획 및 정책에 대한 대안으로 참여를 바탕으로 협력적인 거버넌스를 논의하고 있다. 관련 선행 연구들의 대부분은 일반적인 도시계획과 도시재생 과정에서 거버넌스가 적용될 경우 얻을 수 있는 결과에 관한 논의이다.

그러나 도시의 문제를 해결하는 방법이 다양한 것과 마찬가지로 도시재생으로 산출되는 결과가 비슷하다고 하더라도 그 과정상의 참여의 모습은 상이할 수 있으며, 이러한 문제는 협력적 거버넌스의 진정한 참여의 모습을 보일 수도 있고, 한편으로는 참여가 정책결정자 혹은 정책집행자에게 형식적으로 이용되는 등의 문제도 발생할 여지가 충분하다. 이러한 과정상의 차이는 향후 발생할 갈등의 정도에 큰 차이를 발생시킬 수 있고 갈등관리라는 후속 조치에 드는 비용에서 큰 차이를 보일 수 있다. 그러므로 거버넌스 과정에 '참여의 질'에 대한 논의는 반드시 이루어져야 할 필요가 있다.

그러므로 이 연구에서는 "하나 혹은 그 이상의 공공기관이 공식적이고, 의견 일치를 추구하며, 의도적으로 이루어지는 집합적인 의사 결정과 집행 과정에서 민간부문의 이해관계자와의 직접적인 상호작용을 통해 공공의 문제를 해결하는 것"이라고 정의되는 협력적 거버넌스(Ansell & Gash, 2007)의 차원에서 사례를 검토했다. 협력적 거버넌스의 결과 측면의 효과성이나 과정 측면의 형식적·절차적 정당성 중 어느 한 부분에 초점을 맞추는 것이 아니라 참여의 전체적인 과정을 살펴보고자 했다. 즉, 도시재생 사례에서 핵심 요소로 볼 수 있는 시민이나 이해관계자의 참여와 협력을 분석하는 과정에서, 참여 과정 전체를 살펴봄으로써 외형적 절차 측면과 실질적 실효성 확보 측면 양자 모두를 일정한 분석틀에 따라 검토하고 전체적으로 거버넌스가 바람직하게 이루어졌는지 분석한다. 이러한 분석을 통해 도시재생 과정에서 나타날 수 있는 협력적 거버넌스의 문제점을 단계별로 구체적으로 파악하고, 평가해 향후 유사한 사례에서의 정책적 시사점을 찾을 수 있다는 점에서 이 연구의 차별성을 찾을 수 있을 것이라고 판단된다.

제 4 절 청계천복원사업의 협력적 거버넌스 참여 과정 분석

1. 사례 개요

1) 청계천복원사업의 의의 및 사례 선정 이유

청계천은 조선 태종 때 자연하천을 인공하천으로 바꾸는 공사가 시작된 이후, 일제 시대와 해방 이후까지 실질적으로 생활하수도로서 방치되었다. 서울 도심을 가로지르는 이러한 청계천이 하수도로 방치되었기 때문에 일제강점기부터 복개에 대한 구체적 논의가 있었으나 실행되지 못하다가 1958년 광통교에서 장통교의 구간을 시작으로 복개가 이루어지기 시작했다(청계천복원사업백서, 2006).

1966년 4월 서울시장 김현옥은 '새서울 건설'을 제1과제로 하여 교통문제의 해결, 도심 개발, 주택 공급, 한강 개발, 입체고가, 지하도로, 육교를 건설해 서울의 경관을 변화시키기 시작했다. 이 시기 청계천의 복개로 삼일고가가 만들어졌으며, 삼일고가는 서울의 산업화와 근대화의 상징으로 여겨지게 되었다. 이후 1970년대 남서울 계획이 발표되고 부도심의 육성과 지하철의 개통으로 도심 확산과 분산화가 진행되면서 그간 서울의 도심으로 기능하던 종로와 청계천 일대는 그 기능이 약해지게 되었다.

당시의 산업화와 개발의 패러다임에 의해 복개된 청계천 위에 놓여졌던 고가도로와 상업시설들은 현재 삶의 질의 향상이라는 도시의 패러다임에 비추어 너무 낙후되었고 슬럼화되어 가고 있었다. 이러한 이유로 청계천과 그 주변 지역에는 도심재생을 통한 경제의 활성화와 역사·문화의 회복이라는 과제가 생기게 된 것이다. 따라서 청계천복원사업은 복개되었던 하천을 복원시킴으로써 도시의 경관을 향상시켜 주민과 관광객이 돌아오도록 하며, 이로 인해 지역의 경제를 활성화시키고, 복개된 도로 아래 죽어 있던 역사와 문화를 되살린다는 의의를 가지고 있다. 그리고 더 나아가 청계천과 그 주변뿐만 아니라 강남에 비해 상대적으로 침체되어 있는 강북의 경제를 활성화시킨다는 의의도 찾을 수 있다.

이러한 청계천복원사업에 관한 논의가 본격적으로 시작된 것은 청계천 복원에 대한 두 교수의 바람에서 시작되었다. 이희덕 교수와 노수홍 교수는 의기투합해 청계천 복원에 본격적으로 관심을 갖고, 1990년대 중반에 '청계천살리기연구회'를 결성하고, 만나는 사람들에게 청계천 복원의 가능성과 필요성 등을 설득하며 동참을 호소했다.[5] 그 과정에서 박경리 작가가 참여하게 되었고, 박경리 작가는 신문과 방송을 통해 청계천 복원의 당위성을 강조하고, 공론화의 계기를 마련했다. 이를 바탕으로 2000년부터 복원을 위한 학술적인 준비가 시작되었으며, 청계천 복원이 공론화되어 서울시장의 리더십에 의해 본격적으로 추진되었다.[6] 이와 같이 정부에 의한 추진 이전에 청계천 복원에 관심을 가진 전문가들의 대화에서 시작된 청계천 복원사업은 정책의 초기 단계부터 공공 부문의 주도가 아닌 시민사회의 주도로 공론화가 시작되면서 거버넌스의 형태를 갖추고 있다고 볼 수 있다.

이와 같이 여러 방면에 의의를 가진 청계천의 복원이 환경적, 사회적, 역사문화적, 경제적 재생 중 어떠한 측면에 중점을 둘 것인지에 관해서는 각 이해당사자에 따라 다르게 나타나고 있다. 그러나 복원사업을 주도적으로 추진하고 있는 서울시장과 서울시의 입장은 역사문화나 환경의 측면보다는 경제적 측면에 초점을 맞추었던 것으로 보인다.[7] 즉, 도시재생에서 경제적 재생에 초점을 맞추고 있는 것으로 판단된다. 그러나 앞서 여러 사례에서 보았듯이 도시를 재생하는 과정에서 경제·사회·문화·환경 중 어느 한 분야도 소홀히 해서는 안 되는 것을 알 수 있으며, 이 때문에 서울시에서도 경제적 재생을 가장 중요한 가치로 하면서도 환경적인 복원과 역사문화적인 복원을 동시에 추진했던 것으로 볼 수 있다.

이상의 논의에서와 같이 청계천복원사업은 전형적으로 낙후된 도심을 활성화시키는 도시재생의 의의를 가지고 있으며, 사업의 추진 과정에서 참여와 민주적 절차를 내세우면서 협력적 거버넌스를 표방하고 있다. 그러나 프랑스의 비에브르강(Bièvre River) 사례에서도 확인할 수 있는 바와 같이 다양한 이해관계자가 참여할 경우 과정에 많은 시간이 필요함에도 불구하고 청계천복원사업은 유례없이

5) 문화일보, 2003.7.1.

6) 서울신문, 2006.1.23.

7) 2002국제경제자문단 총회에서 서울시장은 청계천을 복원하고 주변을 개발해 국제금융기관과 다국적 기업을 위한 인프라와 업무단지를 조성하고 이를 지원하기 위한 첨단서비스 산업을 육성할 것이라 밝힘(한겨레, 2002.11.27), 청계천 복원공사 기본 계획 발표. 복원과 환경이라는 단어 무색(한겨레, 2003.02.13), 시, 청계천 옛다리 복원 거부(한겨레, 2003.09.03).

단기간에 모든 과정이 완료되는 모습을 보였다. 이러한 과정상에 청계천복원사업은 참여 측면에서 많은 논란과 갈등을 유발했다. 따라서 청계천복원사업은 대규모의 도시재생사업이 협력적 거버넌스의 참여 과정에서 어떤 모습을 보였는지 볼 수 있는 사례라고 판단해 대상 사례로 선정했다.

2) 사례 일지

청계천복원사업은 2000년 9월 1일 제 1회 청계천살리기연구회 심포지엄이 개최

표 2-1 청계천복원사업 일지

일시	추진 내용(괄호 안은 날짜)
2002	
7월	- 이명박 시장 취임 (1) - 청계천복원추진본부 설치 (1) - 청계천복원시민위원회 준비위원회 구성 (2) - 청계천복원지원연구단 구성 (4)
8월	- 기본계획 용역 발주 공고 (10)
9월	- 시민위원회설치및운영에 관한 조례 제정 (12) - 청계천복원시민위원회 구성 (12)
10월	- 청계천복원지원연구단 전문가 세미나 (15) - 청계천복원사업 관련 홍보물 배부 (25)
11월	- 청계천 복원 국제 심포지엄 개최 (25)
12월	- 청계천복원사업 기본계획 공개 - 기본계획(안) 제출
2003	
1월	- 주민상인협의회 개최 (15) - 현장민원상담실 운영 개시 (17)
2월	- 시의회 보고 및 청계천복원기본계획(안) 발표 (11) - 청계천 복원기본계획(안) 시민공청회 (20)
4월	- 청계천 복원에 따른 주변 하천 정비계획 수립 (3)
5월	- 청계천 복원에 따른 도심부 발전 방안 대토론회 (12)
6월	- 청계천복원사업 관련 청와대 업무 보고 (2) - 청계천 복원에 따른 사전환경성 검토 협의 완료 (10) - 도시계획시설(도로)사업 실시계획 작성 고시 (25) - 서울도시기본계획 변경 승인 (30)

7월	- 청계천복원사업 착공 (1) - 청계천 복원 기본설계 확정 (30)
8월	- 복개구조물 철거 착수 (13) - 청계고가도로 철거 완료 (30)
9월	- 청계천 복원구간 내 문화유적 시굴 조사 착수 (30)
10월	- 삼일고가 철거 완료 (5) - 환경영향평가 협의 완료 (17) - 하천정비기본계획 고시 (30)
11월	- 청계천 노점 일제 정비계획 수립 (13) - 청계천 주변 노점상 일제 정비 (30)
12월	- 하천정비 시행계획 고시 (26)
2004	
3월	- 청계천 복원공사 실시설계 심의 (12)
4월	- 광통교지, 사적으로 가지정 (9)
5월	- 2004 청계천축제 (1)
6월	- 세운상가 육교 노점상 철거 (11) - 청계천 복원 관련 기술연구사업 1단계 연구 완료 (30)
7월	- 청계천상가 문정동 이주대상자 선정계획 방침 확정(15)
9월	- 청계천로 가로환경 개선 사업지구 지정 (20)
10월	- 제2기 시민위원회 위촉 및 전체회의 개최 (20)
12월	- 복개구조물 철거 완료 (31)
2005	
3월	- 광통교지 사적 제461호로 지정 (25)
5월	- 수변시설 및 광교 완료 (31)
6월	- 조경식재 완료 (30)
7월	- 종합 시운전 (6)
8월	- 광통교 복원 준공 (23)
9월	- 문화의 벽 제막식 (14) - 삼일교 준공 (29) - 청계광장 조성공사 완료, 청계천 복원공사 준공 (30)
10월	- 준공식. 복원 선포 (1) - 청계천 복원 기념축제 개막 (1)

출처: 청계천복원사업 백서를 재구성.

되면서 공론화되기 시작했으며, 2001년 12월 31일 한겨레신문에 작가 박경리가 '청계천에 생명을'이라는 글을 실으면서 본격적으로 관심을 끌기 시작했다. 이후 2002년 4월 30일 서울시장 후보 초청 토론회에서 청계천 복원에 관한 문제가 후보들 간의 주요 정책 대결 문제로 설정되게 되었다. 그후 2002년 6월 13일 청계천 복원을 공약으로 내세운 이명박 후보가 서울시장에 당선되면서 청계천 복원 논의는 급물살을 타게 되었다. 이명박 당선자는 청계천 주변의 슬럼화를 극복하기 위해 반드시 복원되어야 하며, 그 과정에서 발생할 수 있는 문제는 무조건 극복을 해야 하며, 그러나 불도저식 개발이 아닌 시민의 의견을 반영해 민주적으로 할 것이라고 밝혔다. 한편, 이명박 서울시장 당선자는 당선과 동시에 청계천복원추진위원회를 구성하겠다고 밝힘으로써 단기간에 사업을 완수하려는 의지를 보였다. 청계청복원사업과 관련해 이명박 서울시장의 당선부터 완공까지의 과정을 주요한 내용을 중심으로 정리하면 앞의 〈표 2-1〉과 같다.

〈표 2-1〉에서 알 수 있듯이 청계천 복원사업은 2003년 7월 1일 착공한 이래 2005년 10월 준공식을 하기까지 2년 남짓한 시간 만에 공사를 완료하는 모습을 보이고 있다. 이때의 복원 구간 현황은 [그림 2-1]과 같다.

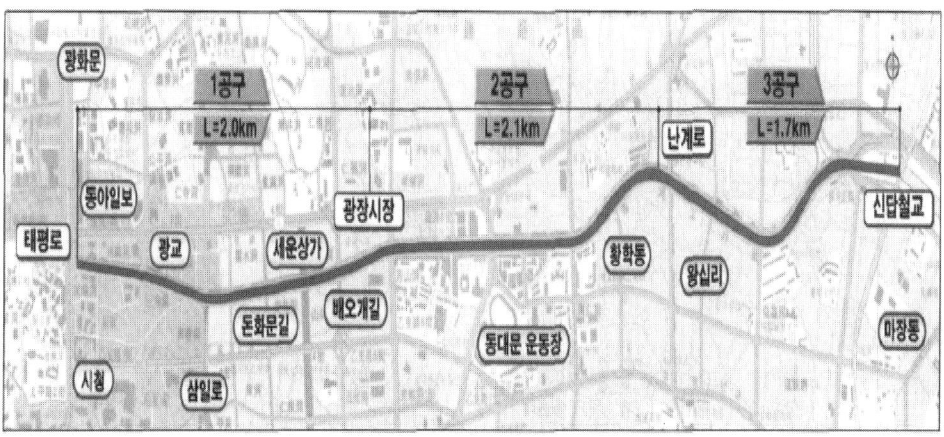

그림 2-1 복원 구간 현황

출처: 주택도시연구원(2006).

2. 협력적 거버넌스의 참여 과정 분석 기준

1) 참여 과정의 평가 기준

협력적 거버넌스의 참여 논의와 관련해, 협력적 거버넌스를 평가하는 방법으로서 참여 과정을 분석·평가하는 것이 하나의 유용한 수단이 될 수 있다. 앞서 협력적 거버넌스의 특징과 학자들의 개념 정의에서 확인할 수 있듯이, 협력적 거버넌스는 다양한 행위자의 자발적 참여를 그 핵심 요소로 하고 있다. 따라서 협력적 거버넌스의 핵심 요소인 참여 과정의 평가를 통해 외형적으로 참여가 가능한 형태를 이루고 있는지, 그러한 외형을 갖추었다 하더라도 실질적으로 참여가 보장되고 영향력을 가지는지에 관해 분석할 수 있는 것으로 판단된다. 외견상 협력적 거버넌스의 형태를 보이고 있더라도 참여 과정을 살펴봄으로써 명목적인 형태인지 실질적으로 협력적 거버넌스의 모습을 보이고 있는지 평가할 수 있다.

참여는 정부가 가지고 있던 독점적 국정 운영 형태가 시민들과 역할을 공유하는 형태로 전환되는 것을 말하며, 오늘날 거버넌스 구조에서 빼놓을 수 없는 중요한 개념이다(김현성, 2006). 초기의 참여 개념은 선거와 같은 제한된 과정에의 참여였으나, 현재의 시민 참여는 정도에 따라, 또는 분야에 따라 다양한 형태로 논의된다. 또한 이러한 참여 과정을 평가하고자 하는 시도가 이루어지고 있으며(Renn et al., 1995; Webler et al., 2001; Rowe & Frewer, 2000) 그중에서도 로우와 프리워(Rowe & Frewer, 2000)의 분석 틀에서는 참여의 과정을 평가하는 아홉 가지 기준을 제시하고 있다. 〈표 2-2〉에서 확인할 수 있는 것처럼 로우와 프리워(Rowe & Frewer, 2000)는 평가 기준을 두 개의 대분류, 즉 대중의 수용성과 과정의 효율성, 그리고 그에 포함되는 구체적인 아홉 가지 기준으로 구분하고 있다. 우선 수용성 측면은 정치과학의 원칙에서 나온 것으로 대표성·독립성·초기 참여·영향력·투명성을 통해 참여 과정을 평가하고 있다. 이러한 다섯 가지의 기준 중 대표성, 독립성, 초기 참여, 그리고 투명성은 과정의 문제를 다루고, 영향력은 결과를 다루는 기준이다. 과정의 효율성 측면은 경영과 결정 분석으로부터 나온 개념으로, 자원 접근성·과업(task)의 정의·구조화된 의사 결정·비용효과성으로 참여 과정을 평가하고 있다. 이러한 네 가지 기준 중에서 자원 접근성, 과업 정의, 비용 효과성은 결정 맥락 및 투입 단계와 관련되어 있으며, 구조화된 의사 결정은 과정 특정적인 기준이다.

이와 같은 아홉 가지 기준을 좀 더 자세히 살펴보면, 우선 수용성에서 과정 문제를 다루는 네 가지 기준 중 하나인 대표성은 영향을 받는 사람들 샘플의 대표성을 말한다. 즉, 참여자의 대표성이 보장되어야 함을 제시한다. 두 번째로 독립성은 참여 과정은 독립적이고 편파적이지 않은 방식으로 수행되어야 하는 기준이며, 세 번째 초기 참여는 개입의 단계가 빠를수록, 과정의 주인 의식이 더 커지기에 초기 참여의 중요성을 언급한다. 과정 문제를 다루는 수용성의 마지막 기준인 투명성은 대중이 참여의 과정과 결정이 어떻게 이루어지는지를 볼 수 있어야 한다는 것을 의미한다. 수용성의 결과 기준인 영향력은 어느 참여의 과정이든 정책에 가시적인 영향을 가져야 한다는 것을 의미하며, 실제 정책에 미치는 효과를 강조한다.

과정 측면의 기준을 살펴보면 다음과 같다. 결정 맥락 및 투입과 관련된 세 가지 기준 중 첫 번째인 자원의 접근성은 그들의 업무를 성공적으로 이행할 수 있게 하는 적절한 자원, 즉 정보, 전문지식, 시간 등의 자원에 접근을 평가한다. 그리고 업무(task) 정의는 영향력 행사의 범위와 기대된 결과, 그리고 절차의 메커니즘이 명

표 2-2 참여 과정 평가의 기준

기준		설명
수용성 (acceptance)	1. 대표성	참여자들은 대표성을 가져야 함.
	2. 독립성	참여 과정은 독립적으로 시행
	3. 초기 참여	과정에 가능한 한 이른 참여
	4. 영향력	참여 과정은 정책에 가시적인 영향을 미쳐야 함.
	5. 투명성	결정 과정을 볼 수 있어야 함.
과정 (process)	6. 자원 접근성	적절한 자원(정보, 전문가, 시간, 소재)에 접근할 수 있어야 함.
	7. 과업(task) 정의	영향력 행사의 범위와 기대된 결과, 그리고 절차의 메커니즘이 명확하게 정의되어야 함.
	8. 구조화된 의사 결정	의사결정 과정을 구조화하기 위한 적절한 메커니즘이 제공되어야 함.
	9. 비용효과성	시간과 비용의 관점에서 결정의 중요성과 규모가 적절해야 함.

출처: Rowe & Frewer(2000).

확하게 정의되어야 함을 평가하는 기준이고, 비용 효율성은 시간과 돈의 투자와 관련해 결정의 중요성과 규모가 적절해야 함을 말한다. 마지막으로 구조화된 의사결정은 결정의 근본적인 추정, 그리고 어떻게 결정이 이루어지고, 그 결정이 지지된 정도 등에 대해 논의할 수 있어야 함을 평가한다.

따라서 이와 같은 아홉 가지의 기준을 통해 참여 과정과 결과 등을 대중의 수용성과 과정의 효율성 측면으로 구분해 평가하고자 한다.

참여 과정의 평가를 위한 방법에는 여러 가지가 있으며, 각각의 분석틀에는 강점과 약점이 존재할 수 있다. 각각의 참여 맥락에서 상이한 부분이 존재하기 때문에 정확한 분석틀을 가지는 것은 어려울 수 있음에도 불구하고, 이러한 고정된 분석틀을 활용해 분석을 함으로써 과정 전체를 포괄하는 참여의 형태를 고찰할 수 있다(Burgess & Clark, 2009).

따라서 이 연구에서는 로우와 프리워(Rowe & Frewer, 2000)가 제시한 평가 기준을 연구 대상 사례를 분석하는 데 활용하고자 한다.

2) 해외 사례 검토를 통한 분석 기준 도출

1960년대 이후 유럽, 미국 등의 대도시에서 발생하기 시작한 도심지역 쇠퇴 현상은 물리적 환경의 질 저하와 함께 인구 및 산업의 교외 유출로 인구 및 고용 감소, 경제 침체 등의 쇠퇴 현상이 병행되어 나타나고 있다(강준모・박정민, 2008 재인용). 이에 따라 도심의 활성화 또는 재생에 대한 요구가 강해지고 있고 세계 각국, 각 도시마다 도심지역의 활성화를 위한 정책 및 사업이 다양하게 시도되고 있다. 이 연구에서는 세계 여러 도시에서 이루어진 도시재생 사례를 협력적 거버넌스의 주요 요소인 참여를 중심으로, 특히 앞서 논의한 바와 같이 과정 및 실효성 측면에서 검토함으로써 이 사례를 분석하는 데 활용할 분석 기준을 도출하고자 한다. 분석 기준을 도출하기 위해 검토한 해외 사례는 영국 런던의 도크랜드(Dockland)개발사업, 영국 맨체스터의 도시재생, 프랑스 비에브르 복원사업 그리고 미국 인디애나 주의 도시재생이다.

① 해외 사례

영국 런던의 도크랜드개발사업은 영국 조선업의 쇠퇴로 사실상 버려진 도크랜드 지역을 개발하는 계획으로 1980년대 초 준비 단계를 시작으로 진행된 사업이다. 이 사업에서는 런던 도크랜드개발공사(London Dockland Development Corporation: LDDC)가 주도적인 역할을 했다. LDDC는 영국 정부로부터 토지를 매입할 권한 및 개발사업을 통제할 권한을 부여받는 등 강력한 권한을 바탕으로 사업을 추진해 나갔다. 이처럼 도크랜드개발사업에서 영국 정부는 LDDC를 설립해 사업을 추진하도록 하면서 보조적인 역할만을 담당하고자 했고, 실제 LDDC를 통해 공공자금을 투자하고, 이를 바탕으로 민간자본의 유치를 가능하게 하는 등의 보조적인 역할을 했다. LDDC 외에 이해당사자로 지방정부와 시민 등이 있으나 이들의 경우 LDDC의 사업 방향에 대해 다른 입장을 가지고 있었다. 지방정부와 시민은 LDDC의 개발이 고가주택 공급 위주로 나아감에 따라 원주민의 재정착이 불가능해지는 등, 개발사업의 혜택이 지역과 지역주민에게 돌아가지 못한다는 입장을 가지고 있었다. 특히 이러한 시민들의 의견은 도크랜드 포럼, 도크랜드 진흥사업단, 체리공원행동단 등을 통해 나타났지만, 이 과정에서 LDDC의 권한이 상대적으로 매우 컸기 때문에 지역주민과 시민단체의 의견은 다수가 무시되었고, 저항 또한 효력이 없게 되어 사업의 추진에 의견 개진이나 참여가 힘들었다(최근희, 2008).

두 번째로, 영국 맨체스터의 도시재생에서 가장 중점을 둔 것은 주민들의 참여를 이끌어 내는 것이었다. 이를 위해 주민의 참여 동기를 분석하고, 참여를 이끌어 내는 방법을 다각도로 고려하는 한편(Blakeley & Evans, 2009), 도시재생을 위한 조직도 주민의 참여를 가장 중요한 성공의 열쇠로 여기고 있었다. 맨체스터의 도시재생에서 주요한 집단으로는 '맨체스터 파트너십(지역전략파트너십: LSP)'과 도시재생회사인 '뉴 이스트 맨체스터', 그리고 주민조직인 '비컨즈'가 있다. 맨체스터 파트너십은 공공 부문과 민간 부문, 주민이 모여 이루어진 위원회로서 청소년 문제와 범죄, 사회 불균형 해소 및 문화 기반 확충 등 사회적인 커뮤니티 전략을 수립했다. 해당 위원회와 맨체스터 시는 전략의 실현을 위해 주민 참여를 필수적이라 보고 다양한 방식으로 참여를 독려했다. 지역주민의 자긍심을 높여 지역에 대한 애착을 가지게 함으로써 도시재생의 추진체로서 역할을 하게 하는 전략인 것이다. 도시재생회사인 뉴 이스트 맨체스터 또한 초기에는 물리적 개선에 초점을 맞추고 있었으나 이후 주민의 역량을 강화하고 주민 참여를 극대화하는 데 사업의 초점을 맞추었다. 뉴 이스트 맨체스터의 실무자들은 주민을 개별적으로 만나기도

하고 주민조직을 육성하기도 하면서 주민이 도시재생에 관심을 가지고 능동적으로 참여하도록 했다. 이영아(2010)에 따르면, 이러한 맨체스터의 도시재생 사례는 우리나라에도 많은 시사점을 준다고 하고 있다. 도시재생이 주민 참여 및 역량 강화에 초점을 맞추어야 하며 지역문제를 해결하는 데 주민 및 지역기업을 배제하고서는 성공적인 도시재생이 불가능하다는 것을 인식해야 한다는 것이다.

세 번째 사례는 프랑스 비에브르 복원사업이다. 일드 프랑스에서 발원해 다섯 개의 자치단체를 거쳐 파리 시내에서 센강과 합류되는 센강의 지류인 비에브르 강은 심각한 오염문제가 유발되어 19세기 말에서 20세기 초에 걸쳐 복개되었다. 이후 '비에브르 르네상스를 위한 시민단체연합'이 결성되면서 복원이 공론화되었고, 2000년에 상류지역에 한해 복원시범사업이 시행되었다. 2002년, 파리 시에서는 비에브르 르네상스 기본계획을 발표했으나 여론 수렴 과정에서 시민들이 자연하천에 가까운 복원을 원하는 것으로 나타나 공사의 착공을 미루게 되었다(권영규·권원용, 2008). 비에브르 복원사업의 경우 여러 자치단체의 이해 관계가 얽혀 있었고 정책 과정에 시민과 시민단체 누구의 진입도 허용되었다. 이 과정에서 수많은 상호작용이 발생했으나 그것을 통합할 조직이 없었다. 이러한 상황에서 행정기관과 시민단체들이 복원의 목표와 방법에 관한 합의의 노력을 기울였기 때문에 사업은 단기계획에서 장기계획으로 넘어가는 등의 변화가 발생하게 되었다.

마지막으로 미국 인디애나 주의 사례를 살펴보면, 미국의 인디애나 주의 뉴올버니(New Albany)와 제퍼슨빌(Jeffersonville)은 메인 스트리트(Main Street)를 따라 상업활동의 중심지가 형성되어 있었다. 그러나 제2차 세계대전 이후의 도로 건설과 자동차의 보급으로 말미암아 도시 외곽지역으로 주민들이 이주하기 시작했고, 도심은 예전의 지역사회의 중심지로서의 활력을 잃게 되었다. 이들 지역의 도시재생 혹은 도시활성화는 원래 역사 건물의 보존에 중점을 두고 있었으나 최근 도심의 물리적 환경의 퇴락(頹落)뿐만 아니라 경제·사회적으로 도시를 소생시킬 필요가 있다는 인식에 따라 도시재생을 추진했다. 이러한 도시재생 프로그램은 메인스트리트계획(Main Street Program)이라고 불렸으며, 이를 위해 메인스트리트협회(Main Street Associations: MSA)가 조직되었다. MSA가 추진하는 프로그램은 네 가지 원칙[8]을 가지고 있었다(Faulk, 2006). 특히 조직화(organization)는 사업의 성공을 좌우하는 요소로서 사업의 과정에 다양한 이해당사자들이 참여하고 그 참여자들을 통합할 수 있는 조직을 구성하는 것이 무엇보다 중요한 것으로 보고 있다. 뉴올버니와 제퍼슨빌 두 도시에서 지방정부의 역할의 크기는 차이가 있으나 이러한 조직을 중심으로 조직적으로 협력하고 있음을 알 수 있다.

② 해외 사례의 시사점 및 분석 기준 도출

이상에서 살펴본 국외 사례를 중심으로 공통점을 도출해 낼 수 있다. 도시재생사업의 경우 물리적 환경의 개선뿐만 아니라 도시 혹은 도심 전체의 사회・경제・문화・환경 등 전체적인 소생을 목적으로 하고 있다는 점이다. 또한, 이렇게 지역 전체의 재생을 위해서는 이해관계자 어느 한쪽도 소홀히 할 수 없으며 참여가 중요하다는 점이다. 그리고 사업을 추진하는 데 이해 관계를 가진 여러 행위자를 하나로 통합해 협력을 이끌어 낼 수 있는 조직의 구성이 중요하며, 이러한 조직이 유기적으로 운영될 때 비로소 도시의 재생은 성공할 수가 있다는 것이다. 이러한 시사점을 중심으로 하여 분석 기준을 도출하면 다음과 같다.

첫째, 시민이 정책에 어느 정도의 범위와 영향력으로 참여할 수 있으며, 이를 정부는 어느 정도로 받아들이는지의 문제인 '참여의 실효성' 측면이다. 앞서 살펴본 여러 사례에서 각 이해당사자 간의 갈등이 존재하고 있었고 이를 각급의 정부는 다른 방식으로 대응하고 있다. 즉, 참여를 광범위하게 받아들이고 정책 과정에 실질적으로 받아들이는 경우가 있는 반면, 참여를 무시하는 사례도 있다. 이를 통해 참여 과정 평가 분석 기준의 한 축은 참여의 실효성이 된다.

둘째, 각 사례에서 정부와 시민 이외의 별도의 조직화가 이루어지는 사례가 있고 그렇지 못한 사례가 있다. 즉, 참여가 효과적으로 정책에 영향을 미칠 수 있는

8) • Organization - 도심의 부활은 여러 조직과 기관이 관련되는 것으로 환경과 문화의 개선 외에도 도심의 소매상의 삶의 질도 높여야 하고 일자리 창출 등의 목표도 달성해야 함. 따라서 정부기관 외에도 소상공인, 시민단체 등 여러 기관과 단체들이 서로 협력할 수 있는 조직적 기반을 갖추어야 함.
• Promotion - 이벤트와 퍼레이드 등 차별화된 전략을 통해 고유의 역사적・문화적 매력을 투자자와 지역주민, 관광객들에게 줄 수 있어야 함.
• Design - 퇴락된 역사 건물의 외관을 수리 보수하고 새로운 건물을 기존의 건물과 조화되도록 하는 등 거리의 미관 정비를 통해 더욱 매력적인 곳으로 만들어야 함.
• Economic Reconstructing - 충분한 재정이 확보되어야 하며 다양한 프로그램을 통해 도심의 건물의 재산적 가치를 높이고 사업이 성공한다는 확신을 투자자에게 심어주어야 함.

구조의 존재 여부에서 차이를 보이고 있다. 이러한 차이는 참여 과정상의 문제이며, 이것은 참여의 실효성과 더불어 다른 한 축을 구성하는 '과정상의 조직화'라고 볼 수 있다.

따라서 해외 사례의 비교를 통해 나타나는 차이점을 중심으로 이 사례의 분석에 활용할 기준을 도출할 경우 크게 '참여의 실효성'과 '과정상의 조직화'로 구분해 볼 수 있다. 이러한 기준에 따라 위의 해외 사례가 각각 어떠한 특징을 지니고 있는지에 대한 요약은 〈표 2-3〉과 같다.

표 2-3 해외 사례를 통한 참여의 판단 기준

구분	참여의 실효성	과정상의 조직화
영국 런던 도크랜드	×	○
영국 맨체스터 도시재생	○	○
프랑스 비에브르 복원사업	○	×
미국 인디애나 주의 도시재생	○	○

3) 분석 체계

이 연구는 협력적 거버넌스의 참여 과정을 분석하는 것을 목적으로 한다. 앞서 언급한 바와 같이 기존 연구에서 찾을 수 있는 로우와 프리워(Rowe & Frewer, 2000)의 참여 과정 평가 기준과 해외 사례의 검토를 통해 도출할 수 있는 참여의 분석 기준을 바탕으로 하여 이 연구의 대상 사례를 분석할 기준을 마련하고자 했다.

청계천복원사업에서 특히 쟁점이 되었던 부분은 각 당사자들 간의 갈등과 관련된 참여·영향력의 문제와 협력적 거버넌스의 수단으로 활용된 홍보·조직화의 문제이다. 이러한 쟁점 사항들을 로우와 프리워(Rowe & Frewer, 2000)의 구체적인 평가 기준과, 참여를 중심으로 검토한 해외 사례에서 도출한 기준을 통해 분석 및 평가함으로써 분석 체계를 구성한다. 이상의 분석 체계와 관련된 논의를 도식화하면 [그림 2-2]와 같다.

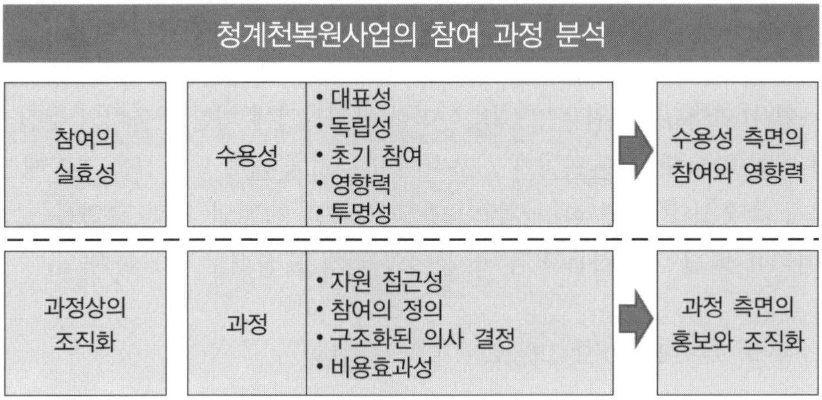

그림 2-2 분석 체계

3. 사례분석

이상 살펴본 바와 같이, 청계천복원사업에서 쟁점이 된 내용을 해결해 나가는 협력적 거버넌스 측면에서 서울시의 전략과 관련해 각 이해당사자들의 청계천복원사업 과정의 참여 형태, 참여 정도는 적절했는지에 관해 앞에서 제시한 분석 기준을 중심으로 사례를 분석하고자 한다.

청계천복원사업의 경우 다양한 이해관계자가 첨예하게 대립하고 있는 양상을 보이고 있으며, 서울시는 이러한 갈등을 각 이해당사자들이 참여하는 민주적인 추진을 통해 하겠다고 밝혔다. 그리고 이러한 민주적 추진을 위해 사업 초기부터 추진본부와 연구단, 그리고 시민위원회의 삼각편대를 구성했다. 이 연구의 사례분석에서는 분석의 틀과 사례를 연결시켜, 청계천복원사업 과정에서 쟁점이 되고 있는 이슈를 중심으로 분석의 틀에서 제시하고 있는 기준과 연관해 분석을 실시한다.

2002년부터 2005년까지 한겨레신문 및 중앙일보에서 가장 많이 다루어졌던 신문기사를 분석한 결과 주요한 쟁점으로는 고가 철거에 따른 교통문제, 청계천 주변 영세상인 문제, 문화재 복원 문제, 환경문제를 꼽을 수 있었다.[9] 이상의 문제에서 서울시에서는 다각도로 대화의 장을 마련하고자 했으나 관련 이해당사자나 시

9) 나태준(2003)에서도 청계천복원사업의 언론보도 내용을 분석한 결과 전체적으로 중립적인 우호도를 기록했으며, 가장 빈도가 높은 기사로 교통, 문화재, 환경, 상인 문제를 꼽고 있다.

민단체와의 협력은 잘 이루어지지 못했으며, 그 과정에서도 협력과 협의가 이루어진 후 설계나 공사가 이루어지는 것이 아니라 협상 테이블이 공사와 함께 가는 모습을 보였다(권영규 · 권원용, 2008). 이러한 복원사업에 대한 서울시의 추진 행태는 협력과 시민 참여에 대한 의지가 서울시에 있는지에 대해 의구심을 가지게 했다.[10]

따라서 수용성 기준에 따라 각 이해당사자들의 참여와 협력 측면을 살펴보고, 과정 기준에 따라 조직화를 비롯한 참여의 과정을 살펴보고자 한다.

1) 수용성 측면의 참여와 영향력

청계천복원사업에는 다양한 이해당사자들이 관계되어 있다. 공공의 이익을 목적으로 사업을 추진하고자 하는 서울시를 비롯해 청계천 주변의 상인들이 직접적인 이해당사자가 되고 서울시민 또한 청계천복원사업의 이해당사자가 된다. 이들의 정책 결정과 집행 과정의 참여는 협력적 거버넌스에서 매우 중요한 요소로 볼 수 있다. 이하에서는 청계천 복원 과정에서 특히 문제가 되었던 갈등을 중심으로 각 이해당사자들과 서울시의 협력적 거버넌스 측면의 참여에 대한 노력과 그 성과를 살펴보고자 한다. 참여와 영향력을 평가하기 위해 분석틀에서 제시한 대표성, 독립성, 초기 참여 영향력, 그리고 투명성의 기준에 따라 각 쟁점을 분석했다.

① 상인과의 갈등

청계천 복원 과정에 갈등을 해결하고 협력을 이끌어 내야 할 큰 숙제 중의 하나는 청계천 주변 상인들과 노점상 문제였다. 청계천에는 약 20여만 명의 종사자가 있는 거대한 상권이 형성되어 있었고 노점상도 약 1500여개가 영업을 하고 있었다.[11] 이들의 협력과 참여를 이끌어 내기 위해 4,000회가 넘는 상인들과의 접촉을 통한 협상과 설득작업이 진행되었다. 그들의 생활 기반을 어떻게 대체해 줄 것이며 노점상들의 생계 문제는 어떻게 해결할 것인지가 난제로 남은 것이다.

이러한 문제의 해결을 위한 서울시의 대책은 다음과 같은 것이 있다. 첫째, 공사로 인한 영업의 방해를 최소화하기 위해 공사 중에도 도로와 주차장을 확보하도록 하며 동대문운동장에 주차장을 설치하는 한편 셔틀버스를 운행했다. 둘째, 상권의

10) 한겨레신문(2003.03.27). '좀 더 생태적 복원을/청계천 토론회서 시민단체 주장.'
11) 청계천복원사업 백서(2006).

활성화를 위해서는 인근 주차장의 주차요금을 할인하고 서울시와 자치구의 공용 물품을 청계천지역 상가에서 우선 구매하도록 했다. 셋째, 청계천 지역의 소상공인을 위해 저리 융자를 실시했고, 이주를 희망하는 업종의 상인들을 위해 청계천 상인 이주단지를 조성했다. 그리고 노점상의 문제를 해결하기 위해서도 일제 정비보다는 동대문운동장을 활용해 영업이 가능한 자리를 마련하기도 했다. 이러한 서울시의 노력은 결과적으로 공사 착공 전 상인들의 반대를 진화하고 봉합하는 데 역할을 했다고 볼 수 있다.

그러나 그 과정을 좀 더 세밀하게 살펴보면 여기에도 많은 문제가 있었음을 알 수 있다. 상인들의 조직인 청계천상권수호대책위원회는 2002년 12월 3일 서울시에 진정서[12]를 제출한 것을 비롯해 차량 시위 등을 통해 집단의 의사를 전달하려 했다. 상인들은 가장 큰 문제점으로 서울시와 제대로 된 대화가 없었다는 것을 밝히면서 청계천 복원을 상인들과 함께 재검토할 것을 요구했다. 이에 따라 서울시는 상인단체들과 적극적인 대화와 협상[13]을 해나가는 동시에 청계천복원시민위원회의 분과위원회별로 청계천 상인 1~2명을 참여시킬 예정이라고 밝혔다. 그러나 이미 복원계획을 다 짠 상태에서 상인들 달래기를 하려는 것이라는 비판이 제기되었고, 서울시가 청계천 상인들과의 대화에 소극적이며 과정과 절차에 소홀하다는 지적이 지속적으로 제기되었다.[14] 여기에서 볼 수 있는 것과 같이, 이미 계획은 수립되어 있는 상황에서 이해당사자들의 초기 참여는 불가능했으며, 갈등이 심화된 후에 분과위원회별로 상인 소수를 참여시키려고 하는 등 대표성이 결여된 시민위원회가 구성되었다. 그뿐만 아니라 영향력의 기준에서도 이해당사자의 참여가 미치는 영향이 매우 미약했음을 확인할 수 있다. 청계천 복원공사 기본계획의 발표 후 상인에 대한 뚜렷한 대책이 없이 금융업무지구, 멀티미디어 지구, 패션의류타운 조성 등의 청사진만 있는 계획에 실망한 상인들은 청계천 복원 반대 집회를 잇달아 열게 되었다.[15] 이러한 과정 속에서도 결국 청계천복원사업은 착공을 하게 되었고,

12) 여기서 상인들은 시에서 실시한 조사에서 복원 찬성이 45%가 나온 것을 두고, 자체적으로 실시한 설문조사에서는 복원 반대가 95%임을 밝혔다(중앙일보, 2002년 12월 12일).

13) 주민상인협의회 개최 및 상권수호대책위원회와 추진본부 간 간담회, 상인대표의 시장면담 등.

14) '상인과 원활한 대화 과제'(한겨레, 2002년 12월 13일)/ '서울시는 청계천 상인들과 대화에 나서라'(한겨레, 2003년 1월 14일).

15) 2003년 3월 22일 청계천의류상가대책위원회의 반대집회. 2003년 3월 27일 청계천상권수호대책위원

착공 전에 비해 수그러들긴 했으나 2003년 8월에 청계천상권수호대책위원회 2기가 결성되는 등 갈등은 지속적으로 계속되었다. 결국 상인들과의 협의 등 사전에 모두 이루어졌어야 할 문제에 대해 서울시는 뚜렷한 대책을 내놓지 못하고 있었으며, 청계천 상인들은 복원과 관련한 1차적 이해당사자임에도 불구하고 착공 시기를 정하거나 개발의 방식을 정하는 데 고려가 되지 않고 참여도 할 수 없었던 것으로 보인다.[16] 따라서 의사 결정 과정의 초기 참여, 영향력, 대표성과 더불어 투명성 역시 결여되었음을 확인할 수 있다.

노점상 관련 문제도 크게 다르지 않은 것으로 보인다. 노점상에 대처하는 시의 기본 방침은 노점은 불법이므로 노점상과는 협상을 하지 않으려는 입장이었다. 실제로 서울시가 영업의 대체공간으로 제공한 동대문운동장 부지는 유동인구가 적어 영업활동이 거의 불가능한 지역이었다. 이러한 서울시의 대처에 2003년 7월에는 청계천 복원공사 기공식에 맞춘 노점상의 집회가 있었고, 전노련 의장의 단식농성, 두 차례에 걸친 노점상 장사 투쟁과 노점단체 대표들의 서울시 항의 방문이 이어졌다. 그러나 결국에는 2003년 11월 30일에 청계천 주변 노점상 일제 정비가 실시되었고, 이 과정에서 전국노점상연합은 2003년 서울시가 노점상을 단속하지 않겠다던 약속을 파기했다고 주장했다.[17] 결국 노점상에 대해 기존 개발주의 시대의 불도저식 갈등관리 이상의 어떠한 대책도 보여주지 못했다.

이처럼 갈등이 가장 첨예하게 대립하고 있는 청계천 주변 상인들과의 관계에서 서울시의 거버넌스 형태는 이해당사자의 수용성 관점에서 대표성을 결여하고 있으며, 초기 참여 또한 불가능했고, 이해당사자의 참여가 정책에 영향을 미칠 수도 없었다는 한계점을 보이고 있다. 또한 참여가 이루어지지 않은 상태에서 의사 결정 과정의 투명성도 확보될 수 없었던 것으로 판단된다.

② 역사의 복원과 문화재 보호

청계천복원사업의 갈등은 착공과 공사가 진행됨에 따라 상인과의 갈등이나 교

회 반대집회. 2003년 5월 22일/ 6월 16일 청계천상권수호대책위원회, 의류상가대책위원회 합동 반대집회.

16) 이러한 문제로 말미암아 2004년 4월에는 청계천 상인이 공사로 인한 영업 손실로 생활고에 시달리다가 청계천 상인을 도와달라는 유서를 남긴 채 자살하는 사건이 발생하기도 했다.

17) 한겨레, 2003년 12월 3일.

통문제 등은 점차 봉합되어 가는 모습을 보인 반면, 역사문화의 복원에서는 갈등이 깊어지고 추진본부와 시민위원회 간, 그리고 추진본부와 시민단체 간에 갈등이 첨예하게 나타나게 되었다. 애초 청계천복원사업은 도시의 재생 중에서도 경제 부문에만 치우친 계획이라는 비판이 있었다. 그러므로 환경적인 부분과 역사문화적인 부분은 상징적인 의미와 명분을 지닐 뿐이라는 주장이 지속적으로 제기되었다. 청계천복원사업이 종합적인 도시재생으로서 계획되었다면 2003년 7월에 착공해 이해당사자들의 참여를 이끌어 내고 협력 관계를 유지하면서 2005년에 완공한다는 것은 불가능하다는 판단 때문이었다. 이러한 문제점은 공사가 본격적으로 시작되면서 심각하게 드러나기 시작했다. 2003년 6월에 발표된 청계천 복원 건설공사 기본 설계대로 복원이 진행되면 역사가 살아 숨쉬는 청계천은 불가능해지며, 각종 설문조사에서 나타난 바와 같이 역사·문화적인 복원을 염원하는 시민의 의견 또한 무시하게 되는 결과가 된다는 판단에 따라 2003년 7월 20일 청계천복원시민위원회 역사문화분과는 시의 기본 설계에 반대하는 성명을 발표하기에 이르렀다. 또한 시민단체와 청계천복원시민위원회가 수표교, 광통교 등의 원형 원위치 복원에 이어 다른 7개 청계천 옛다리를 원형대로 복원할 것을 요구했으나 서울시는 복원보다는 새 다리를 만드는 것이 좋다는 의견을 밝혔다. 이를 두고 시민위원회는 시가 청계천을 역사문화적으로 복원하고자 하는 의지가 없다고 비난했다.[18] 이러한 대립은 공사 기간 내내 계속되어 청계천 복원공사를 무리하게 강행하다 문화재가 훼손되었다는 이유로 시민단체들이 서울시장을 고발하기도 했다. 그리고 청계천복원자문위원회를 만들 것을 요구했다. 결국 이 문제 역시 사전에 전문가와 시민단체 등의 참여에 의한 철저한 준비 작업 없이 서울시가 공사 일정에 맞추어 무리하게 공사를 추진했기 때문에 공사를 진행하면서도 설계가 두 번이나 바뀌는 등의 문제가 있었던 것으로 보인다.

이러한 과정을 통해 알 수 있듯이, 애초 청계천복원사업 과정에서 시민이나 전문가의 참여는 형식적이었으며, 서울시가 구성한 시민위원회의 의견마저 정책에 영향력을 행사하는 것은 불가능했다. 그리고 참여에 대한 서울시의 의지도 없었던 것으로 판단된다. 앞서 상인과의 갈등 상황에서와 마찬가지로 대표성을 가진 참여

18) 한겨레, 2003년 9월 3일.

자가 참여하지도 못했을 뿐만 아니라, 초기 참여 또한 이루어지지 못했으며, 영향력을 미칠 수도 없었다는 판단이다.

③ 시민단체와의 갈등

청계천복원사업추진본부는 시민단체와도 지속적으로 갈등을 빚어왔다. 청계천복원지원연구단이 전문가 세미나를 열고, 국제 심포지엄을 개최하고, 청계천복원 기본계획(안)과 관련해 시민공청회를 개최하는 등 다양한 방법으로 시민 혹은 시민단체를 설득하고 참여를 유도하고 협력적 관계를 유지하기 위한 프로그램을 시행해 왔다. 한편 경실련, 환경정의시민연대 등의 시민단체는 청계천복원사업과 관련한 토론회 등을 지속적으로 개최하고 서울시 주관의 토론회에도 지속적으로 참여해 청계천 복원에 영향을 미치고자 했다. 시민단체는 주로 청계천 복원공사에서 보여지는 추진본부의 조급함을 이유로, 환경과 문화재의 보존에 더 관심을 가져야 한다는 주장을 지속적으로 펼쳐왔다.[19] 즉, 청계천 복원은 도심의 복개된 하천을 환경친화적으로 탈바꿈함으로써 개발 위주에서 지속 가능한 행정으로의 전환점이 되는 사업이므로 경실련 등 시민단체에서는 원칙적으로는 청계천 복원을 찬성했다. 그러나 현재와 같은 추진 방식과 준비 정도를 가지고는 청계천복원사업의 목적을 달성하기 어렵다고 판단하고 청계천복원사업에 대한 종합적인 계획이 미흡하다고 인식해 시기를 늦출 것을 주장한 것이다. 초기의 청계천복원사업추진본부는 시민의 참여와 시민과의 협상이 가능한 환경을 만들어 줄 것으로 기대되었으나, 시민 또는 시민단체의 주도적인 참여와 영향력은 실제 과정에서 드러나지 않았다. 시민단체에서는 복원사업의 시기를 늦추고 계획의 재조정을 요구했으나, 이러한 주장은 받아들여지지 않았고 2003년 9월에는 복원 방식에 대해 전면 재검토를 요구하기에 이르렀다. 경실련, 녹색미래문화연대 등 12개 시민사회단체가 모인 '올바른 청계천 복원을 위한 연대회의'는 서울시청 앞에서 기자회견을 열고 청계천 복원계획이 핵심이 빠진 단순 하천공원 조성공사라며 복원 방식을 전면 재검토할 것을 요구했다(올바른청계천 복원을 위한 연대회의, 2005). 이후 2004년 6월에 시민단체들은 서울시가 법적 기구인 시민위원회가 반대한 청계천복원사업 최종 실

19) 2003년 3월 청계천 토론회에서 시민단체는 서울시에 착공 시기를 고집하지 말고 시민들과 더 대화를 해야 한다고 주장했다(경제정의실천연합회).

시설계를 그대로 추진하는 등 불법적이고 파행적인 공사를 계속하고 있다면서 성명서를 발표하기도 했다.

이렇게 시민단체 차원에서도 청계천복원사업에 주체적으로 참여할 수 없었던 환경이었으며, 영향력을 미칠 수도 없었다. 그렇기 때문에 시민단체는 지속적으로 시민이 참여하는 사업이 되어야 함을 주장하게 되었다.

2) 과정 측면의 홍보와 조직화

서울시가 각 이해당사자들의 참여를 이끌어 내고 협력을 하기 위해 선택한 거버넌스 과정 측면의 전략은 두 가지 정도로 파악할 수 있다. 첫째는 적극적인 이해당사자들과의 협상 테이블의 마련이고, 둘째는 각 이해당사자들의 참여를 이끌어 내는 방식으로의 조직화이다.

청계천복업사업의 구상 단계에서부터 서울시와 서울시장은 주민과 각 구성원들의 참여에 의한 민주적인 복원사업을 진행하겠다고 천명했다. 그리하여 서울시는 실제로 상인과의 갈등 해결을 위해 청계천 복원사업의 계획 단계에서부터 상인 및 상인단체들과 공식·비공식적으로 접촉을 한 것이 4,000회를 넘은 것으로 나타났으며, 그 강도도 매우 강했던 것으로 나타났다. 또한, 공사 기간 중 17차에 걸친 상인대책협의회가 있었고, 8차에 걸친 주민상인협의회 회의가 이루어졌다. 이러한 협상 테이블로 이해당사자들을 이끌어 내기 위해 서울시에서는 청계천복원사업의 당위성을 설득시키기 위해 다양한 홍보 수단을 활용했다. 공공정책에서 정부는 정책 대상자의 욕구를 파악하고 정책을 수립해 그들로 하여금 정책에 대한 긍정적인 이미지를 쌓아야 하며, 이를 위해 정책홍보를 활용한다. 청계천복원사업에서 정책의 홍보는 주로 시민집단과 상인집단으로 나뉘어 이루어졌다. 서울시민을 대상으로 해서는 사업에 대한 우호적인 이미지를 형성하기 위한 매우 다양한 정책홍보가 이루어졌다. 각종 공모전 및 체험 프로그램을 활용해 정책에 우호적인 이미지를 형성할 수 있도록 했다. 이로 인해 청계천 복원에 따르는 교통 불편 등을 감수하겠다는 정도의 시민의 호응을 이끌어 내게 되었다(김규현·김광식, 2006). 한편, 상인들을 대상으로는 설명회와 공청회를 지속적으로 개최하고 청계천 체험 프로그램을 실시했으며, 상시 현장민원상담실을 운영하는 등 공식·비공식적 접촉을 함으로써 청계천복원사업에 가지고 있던 적개심을 완화시켜 협상 테이블에 앉도록 유도하기도 했다. 비록 상인에 대한 정책홍보는 그 효과가 크지는 않았기 때문에 상인집단의 적극적인 참여와 협력을 이끌어 내지는 못했으나 사업을 추진하는 데 장애를 완화시키는 역할을 했다고 판단된다. 〈표 2-4〉에서 서울시의 적극적인 자세를 확인할 수 있다.

표 2-4 참여 유도 프로그램

방법	내용
청계천 현장 체험 프로그램	- 2003년 6월까지 총 90여회에 걸쳐 6,662명 참가
청계천 탐사대회	- 환경, 역사, 문화 관련 시민단체, 학생의 참여
청계고가도로 마라톤	- 고가도로 철거의 의미를 살리고 시민의 관심 유도
소망의 벽 그리기	- 복원의 상징성 및 이미지 부각
도시개발 프로젝트 공모전	- 건축, 토목, 도시계획 등 관련 분야 전문가 및 학생 참여
슬로건 공모	- 시민의 관심과 홍보 효과 제고
아마추어 사진 공모전	- 전국 사진 동호인 및 사진 전공 학생 참여
사진 공모전	- 우수작품 선정 및 시상
청계천 그리기 대회	- 초중고생 참여
어린이 그리기 대회	- 초등학생 1,500여명 참여
청계천 주변 개발 구상안 학생 공모전	- 대학(원)생 대상

출처: 김규현 · 김광식(2006).

이러한 정책홍보 전략은 참여와 협력의 과정에서 자원 접근성을 용이하게 하는 긍정적인 요인으로 파악할 수 있다. 그러나 정책 과정에 진입하는 것과 영향력을 미치는 것이 제한된 구조 하에서 이러한 자원 접근성은 일방적인 정책의 알림판 역할을 할 뿐인 것으로 판단된다. 여기에서의 자원 접근성이란, 접근성을 강조하는 것이 아니라 '적절한' 자원에 접근할 수 있는가에 대한 문제이다. 따라서 정책에 대한 홍보와 긍정적인 이미지를 구축하는 것은 서울시가 제공하는 자원이었기에, 그러한 정책에 진입하는 자원이 제한적이고, 한쪽에 치우쳐 있어 적절한 자원이라 볼 수 없는 것이다. 그리고 상인과 시민들의 의견이 직접적으로 반영되는 참여였는가에 대한 답은 충분히 할 수 없으며, 이 과정에서의 참여는 홍보와 협상을 통해 이루어질 수 있는 참여의 정도와 실제 영향력, 범위가 명확하게 제시되지 않은 채 일방적이고 참여의 외형만을 보여주고 있다.

또 다른 과정상의 전략으로 삼각 체제라 불리는 조직화를 들 수 있다. 해외 사례에서 살펴보았던 바와 같이 도시재생에서 조직화(organization)는 중요한 역할을 하고 있다. 다양한 이해관계자를 상호작용과 협력의 장으로 끌어들여 사업의 성공 가능성을 높이는 것이 조직화이다. 이러한 측면에서 청계천복원사업의 경우 추진본부와 연구단, 그리고 시민위원회를 삼각 체제로 하여 이러한 조직화를 이루어내려 했음을 알 수 있다. 그중에서도 시민위원회는 복원사업의 다양한 문제에 대해 정책의 방향을 제시하고 각 이해당사자들의 의견을 수렴하는, 청계천복원사업에서 협력적 거버넌스의 핵심으로서 역할이 기대되었다. 청계천복원사업의 경우 사업의 실행계획을 수립하고 사업을 집행하는 청계천복원추진본부와 연구 및 조사를 담당하는 청계천복원연구단, 그리고 정책의 방향을 제시하고 의견 수렴 및 시민 홍보를 담당하는 청계천복원시민위원회의 삼각 체제로 조직을 체계화했다. 위와 같은 추진 체제를 갖추어 청계천복원시민위원회를 중심으로 일반 시민, 관계 전문가, 이해관계인 등의 의견을 수렴하고, 타당성조사 및 기본계획 수립 과정에서 복원 방법에 대한 신중한 검토가 이루어지도록 했다. 이러한 조직화는 앞서 해외

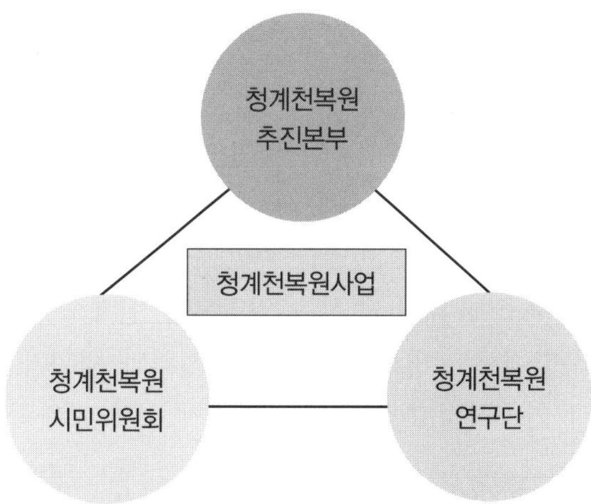

그림 2-3 청계천복원사업 추진 체계

사례에서도 알 수 있었던 바와 같이 참여를 이끌어 내고 사업을 추진하기 위한 중요한 요소로 작용하게 된다.

그러나 거버넌스의 참여 측면에서 가장 핵심적인 역할을 할 수 있을 것으로 기대되는 시민위원회의 역할이나 권한도 결국에는 서울시의 강력한 추진에 의해 큰 영향력을 발휘하지 못한 채 공사가 진행될수록 서울시와 대립각을 세우게 되었으며, 앞서 살펴본 바와 같이 문화재와 관련해서는 합의점을 찾지 못한 채 극단적인 흐름으로 흘러가게 되었다.

2003년 7월 20일 청계천복원시민위원회 역사문화분과가 시의 기본 설계에 반대하는 성명을 발표하면서 깊어진 갈등은 2003년 11월에는 시민위원회가 활동을 전면 중단하는 사태에 이르게 되었다. 청계천 복원공사 과정에서 시민위원회 위원들의 의견이 받아들여지지 않는 경우가 많았고 추진본부가 독단적으로 일을 처리해 온 것에 대한 위원들의 불만이 쌓여 추진본부장의 직위해제를 요구하며 청계천 복원 실시설계안의 심의를 거부하는 등의 활동을 전면 중단한 것이다. 그리고 2004년 10월 20일에는 청계천복원시민위원회 2기가 출범하게 되었다. 그러나 이 과정에서 전임위원 117명 중 26명이 서울시가 자연하천이자 역사 유적인 청계천을 반환경, 반역사적인 애물단지로 전락시키는 데 들러리설 수 없다고 하여 2년의 임기 만료일을 하루 앞두고 사퇴해 이후로도 시민위원회의 역할에 대해 회의적인 시각이 팽배해졌다.[20] 그리고 다른 한 축을 구성하고 있는 청계천복원연구단 역시 당시 서울시 산하 연구기관인 서울시정개발연구원을 중심으로 구성되어, 구조적으로 청계천복원사업의 과정에서 서울시와 별개의 독립적인 역할을 할 수 없었다.

결국, 의사 결정의 구조화를 위한 틀은 마련이 되었다고 볼 수 있으나 실제로 그러한 구조에 의해 의사 결정이 이루어질 수 없었고, 이는 시민위원회를 협력적 거버넌스를 위한 도구로 활용했다는 비난을 피할 수 없다. 즉, 과정 측면에서 자원의 접근성과 의사 결정 구조에 대한 인식은 있었으나 실제로 작동되지는 못했으며, 애초 참여의 정의 측면에서도 명확하게 참여의 성격과 범위가 명확하게 정립되지 않고, 사업의 추진을 가속화하고 갈등을 봉합하기 위한 수단적 측면이 강조된 것으로 보인다.

---

20) 한겨레, 2004년 10월 21일.

4. 분석 결과 및 토론

청계천복원사업의 경우, 외관상 협력적 거버넌스의 형태로 사업이 추진되고 있음을 알 수 있다. 그러나 앞서 지적한 바와 같이 유례없는 단기간에 공사가 이루어졌다는 것은 사전 준비 단계와 시행 단계에서 신중한 계획이 뒷받침되지 못했다는 것에 대한 반증이다. 협력적 거버넌스에서 각 이해당사자들의 참여가 필수 불가결한 요소이며 사업의 성패를 가르는 요인이 된다고 보았을 때 시민이나 각 이해당사자가 계획의 수립 단계에서부터 적극적으로 참여해 협력적인 관계를 이루었어야 함에도 불구하고 사례에서는 외화내빈의 현상일 뿐 성공적인 협력적 거버넌스의 모습을 보이지 못하고 있는 것으로 보인다.

협력적 거버넌스의 핵심 요소인 참여의 과정을 평가해 보면 분석 기준 중 과정의 측면에서 자원의 접근성이나 구조화의 노력은 있었던 것으로 보이지만, 이러한 노력은 단순히 명목상의 수단으로서의 역할밖에 하지 못한 것으로 보인다. 오히려 참여와 협력의 수용성 측면의 기준에서 미흡함을 보여 이러한 과정상의 노력이 애초부터 의도한 효과를 발생시킬 수 없었음을 알 수 있다.

그리고 수용성 측면의 기준에 비추어보아도, 각 쟁점별 분석에 의하면 시민위원회에 대표성을 가진 이해당사자의 일부가 참여하지 못한 채 시민위원회가 구성되었고, 계획의 수립 단계부터 이러한 이해관계자는 배제되어 있었다. 그리고 향후 이들이 정책 과정에 의견을 나타내기 시작한 시점 이후에도 이러한 의견은 정책에 아무런 영향력을 미칠 수 없었다. 이러한 분석 결과를 보면 수용성 측면의 기준에 의하더라도 대표성, 독립성, 초기 참여, 영향력, 투명성의 기준을 충족하지 못했음을 알 수 있다. 이것은 서울시의 참여와 협력에 대한 수용 의지가 부족했음을 나타내고 있다.

특히, 참여와 협력적 거버넌스의 핵심적인 역할을 할 것이라 기대되었던 청계천복원시민위원회의 의견이 받아들여지지 않는 경우가 많았고, 공사가 강행되었다는 점에서 청계천복원사업은 시민이 빠진 복원이라고 볼 수 있다. 실제 서울시는 청계고가 철거 시 교통대책이 미흡하다는 비판에도 시민위원회의 착공 승인을 방패로 공사를 감행하기도 했다. 또한, 평소에도 청계천 복원이 서울시의 일방적 주도가 아니라는 것을 알리기 위해 시민위원회를 언급했다. 그러나 역사문화적 복원 요구가 철저히 묵살되었다고 시민위원회가 밝힘으로써 서울시는 더 이상 시민위원회를 통한 시민들의 동의라는 정당성을 찾기가 어려워지게 되었다.

이상 사례를 살펴본 결과, 청계천복원사업은 참여와 협력이 유기적으로 이루어지는 과정을 거친 협력적 거버넌스의 사례로 판단하기는 힘들다.

물론, 결과의 측면에서 살펴보아 청계천복원사업은 단기간에 정책 목표를 달성했으며, 일반 시민에게 열린 공간으로서의 역할을 하고 있으므로 성공적인 사업이었다고 볼 여지도 충분히 있다 할 것이다. 그러나 청계천복원사업이 완료될 수 있었던 데에는 참여와 협력의 측면이 아닌 다른 요인들이 작용했다.

첫째, 정책의 상징성과 명분이다. 청계천복원사업은 산업화 초기 개발 패러다임에 의해 복개되었던 하천을, 최근 삶의 질 향상이라는 패러다임에 맞추어 친환경적인 수변공간으로 변화시키고자 추진되었다. 경제적으로 쇠퇴해 가는 도심에 활기를 불어넣는 도시재생의 일환으로서 정책적 목표가 뚜렷했다. 물리적 개선을 넘어 사회적·문화적·역사적·환경적으로 더 나은 지역을 만들고자 하는 명분에 의해 친환경적·인간 중심적 도시공간으로 자리매김하는 계기로 설정하는 등 단순한 하천 복원 이상의 의미를 부여하고 있으며, 이 사업의 복합적 성격과 효과를 꾸준히 강조해 왔다(황기연 외, 2005). 비록 정책집행자의 의도가 어느 한쪽에 치우쳐 있음을 알 수 있었다 하더라도[21] 이러한 상징성과 명분은 서울시의 설문조사뿐만 아니라 각 매체의 설문조사에서도 친환경·역사문화적 복원을 지지하는 시민의 의사에 부합하는 계획이었음은 부인할 수가 없다. 청계천복원추진본부에서도 이러한 점을 적극 활용해 반대편의 이해관계자인 상인집단을 대상으로 청계천 복개 구간 아래의 체험을 하게 함으로써 환경적으로 복원의 당위성을 설득의 수단으로 활용하는 등의 방식을 취했다. 시민단체와 시민위원회 등 전문가 집단에 의해 구체적인 수단에서는 많은 반대가 있었으나 그 명분에서는 시민에게 충분한 유·무형의 혜택을 줄 수 있다는 인식을 심어주기에 충분했다고 보인다.

---

21) 애초 청계천 논의가 생태계 복원과 역사문화적 복원에 중점을 두었다면 저밀도로 주변을 개발하는 것이 적합하다. 이 경우 계획 단계부터 추진 주체의 구체적이고 적극적인 개입과 투자가 뒤따라야 한다. 저밀도로 개발하는 것은 그 자체만으로는 사업성을 가지기 어렵기 때문에 막대한 공공자금이 투입되어야 하기 때문이다. 그러나 시장 당선 이전부터 이명박 서울시장 후보자는 청계천 복원에 따른 주변 개발 방식에 관해 민간에 의존하겠다고 밝힌 것으로 보아 청계천 복원의 목적이 도심 재개발과 같은 경제적 재생에 초점이 맞추어져 있었음을 알 수 있다.

둘째, 청계천복원사업의 가장 강력한 핵심 주체인 이명박 서울시장과 추진본부는 사업의 추진과 갈등관리에서 매우 강력한 실행력을 보임으로써 결과적으로 사업의 완수를 이끌어 낼 수 있었다. 이들은 각 이해당사자들을 대상으로 청계천 복원에 따르는 비전을 제시하고 추진본부와 연구지원단, 시민위원회로 이어지는 강력한 추진 동력을 만들었다. 그리고 갈등의 관리에서도 한번 정해진 사안에서는 흔들림 없는 추진력을 보여주었다(황기연 외, 2005). 이러한 강력한 의지를 가진 리더가 있는 추진본부는 다른 참여자와 권력 균형의 문제를 일으키게 된다(권영규・권원용, 2008). 앞서 본 프랑스 비에브르 복원사업의 경우 참여자 간의 권력 균형이 이루어졌기 때문에 합의를 반드시 요하게 되고 그러한 합의의 형성에 많은 시간이 걸리게 된다. 그러나 청계천복원사업과 같은 경우 권력의 불균형 상태에서 추진 주체의 강력한 의지대로 사업이 진행되었던 것이며 합의를 형성하지 못한 다른 참여 주체 또는 이해당사자는 장외에서 시위 등의 방법으로 거부권을 행사할 수밖에 없었다. 이러한 추진 의지는 영국 런던 도크랜드의 LDDC가 추진 주체로서 강력한 의지로 사업을 추진해 나갔던 것과 같은 맥락으로 볼 수 있다.

이상의 논의와 같이 결과적으로 협력적 거버넌스의 외관을 가지고, 애초의 정책목표를 달성했다고 하여 이것을 성공적인 협력적 거버넌스로 볼 수는 없을 것이다. 결과 측면의 성과가 가시적으로 나타나기는 했으나 참여와 협력 과정에서 많은 문제가 존재했고, 각 이해당사자들의 전문지식의 활용과 같은 협력적 거버넌스의 기능 및 취지에 비추어보아도 청계천복원사업을 성공적인 협력적 거버넌스의 예로 볼 수는 없는 것으로 판단된다.

제 5 절 결론

이 연구에서는 청계천복원사업을 대상 사례로 하여 협력적 거버넌스의 핵심 요소인 참여에 관해 참여의 전 과정을 검토함으로써, 참여의 실효성 측면과 절차적 측면에서 참여의 바람직한 형태를 보이고 있는지 분석했다. 기존의 연구에서 어느 한쪽에 치우쳐 거버넌스의 성패를 논의하던 것에서 벗어나, 일정한 분석틀에 의해

양자 모두를 고려해 거버넌스의 성패에 관해 고찰하고자 했다.

청계천복원사업의 모델이 된 보스턴 빅딕(Big-Dig)사업에 참여한 미국 하버드대 디자인대학원 조경학과장인 커크우드(Niall Kirkwood) 교수는 다양한 이해 관계가 상충하게 되는 대규모 토목공사에서 가장 중요한 것은 사회적 합의 과정이라고 말했다. 이러한 합의 과정에는 이해관계자가 자율적으로 참여해야 하며, 그러한 참여의 시스템이 갖추어져야 한다. 빅딕사업은 구상된 후 수십 년이 지난 사업으로 주민들의 반대를 설득하지 못하는 한 진전은 있을 수 없다고 했다(City of Boston, 1993). 또한 미국과 영국의 도시재생에서도 사업의 추진을 위해서는 참여와 합의의 형성을 필수 조건으로 하고 있다. 이렇듯 도시재생 과정의 사업에서는 사회적 합의가 우선시되어야 하고 진지한 논의가 선행됨과 함께 그에 의한 참여가 바탕이 되어야 성공적인 사업, 성공적인 거버넌스가 될 수 있는 것이다. 그런 점에서 청계천복원사업은 협력적 거버넌스의 형식을 갖추고자 했으나 실질적으로 다양한 이해당사자의 참여와 협력을 이끌어 내기에는 부족했다고 판단되며, 참여의 실효성 역시 결여된 것으로 판단된다. 참여를 통해 드러나는 각 이해당사자의 의견이 반영되는 정도를 나타내는 참여 과정의 수용성은 각 판단 기준들이 유기적으로 연계되어 있다. 대표성, 독립성, 초기 참여, 영향력, 투명성은 상호 유기적으로 연계되어 부분의 흠결은 전체의 흠결로 이어질 수 있다. 따라서 부분마다 협력적 거버넌스의 문제점이 나타나고 있는 이 사례에서 성공적인 거버넌스가 이루어지는 데는 한계가 있었음을 알 수 있다.

아울러, 청계천복원사업은 안셀과 개쉬(Ansell & Gash, 2007)가 말하는 협력적 거버넌스의 개념 중 '공공기관이 주도하는 상호작용'에서는 어느 정도 주도적인 역할을 했다고 볼 수 있다. 하지만 추진 주체의 공식적 통제와 주도적 역할 외에, 의사 결정과 집행 과정에서 민간 부문의 이해관계자와 직접적인 상호작용과 참여를 이끌어 내는 데에는 실패한 것으로 보인다. 경제적 재생에 초점에 맞춰져 도시재생의 다른 목적들이 희생되었으며, 단기간에 목적은 달성했지만 협력적 거버넌스의 경험이 축적되지 않았다. 따라서 최소한 협력적 거버넌스 측면에서 성공한 도시재생 사업으로 보기는 힘들다. 오히려 거버넌스를 명목상 이용한 것으로 판단할 여지도 충분하다고 볼 수 있다.

이상의 논의를 통해 다음과 같은 이론적 · 정책적 함의를 이끌어 낼 수 있다. 우선, 도시재생정책 혹은 대규모 공공정책에서 무엇보다 우선시되어야 할 것은 실질적 실효성 측면과 형식적 절차 측면의 양자 모두에서 참여와 협력을 이끌어 낼 수 있는 협력적 거버넌스의 구축이라는 점이다. 단순히 결과 측면에서 정책 목표를 달성했다고 하여 성공적인 사업이었다고 볼 수는 없으며, 마찬가지로 형식적인 절차적 정당성을 확보했다고 하여 성공적인 사업이라고 볼 수도 없다. 양자 모두를 아우르는 전반적인 참여 과정을 검토함으로써 사업의 성패는 판단되어야 한다. 정책의제의 형성과 계획 단계부터 각 이해당사자가 참여해 합의를 형성해 나가고 그러한 합의를 바탕으로 협력해 정책을 시행하고, 이러한 협력적 거버넌스를 바탕으로 하여 추진의 동력이 되는 조직화를 실행해 정책을 집행해야 할 것이다. 사회가 다원화되면서 첨예한 이해 관계가 대립되는 도시재생과 같은 정책의 시행에서 참여 과정에 문제가 있는 경우 그 사업은 점점 더 강력한 저항에 부딪히게 될 것이고, 사업의 성공을 장담할 수 없을 것이다. 따라서 도시재생 과정뿐만 아니라 여타 정책의 시행 과정에서도 형식적인 참여의 절차와 참여가 정책에 영향을 미칠 수 있는 실효성 양자가 모두 중요하게 고려되어야 한다.

다음으로, 이 연구에서는 참여 과정 전반을 평가하는 것에 비중을 두었으며, 이러한 판단의 기준으로 일정한 분석틀을 제시하고 있다. 이러한 분석틀은 향후 정책의 추진에서 각 과정마다 이해당사자의 참여를 중요하게 고려하고 반영함으로써, 갈등을 사전에 예방하고 완화시키는 역할을 할 수 있을 것이라 판단된다. 따라서 이 연구에서 제시하고 있는 참여 과정의 평가 기준과 같은 분석틀을 활용해 참여의 전 과정을 분석하고 미흡한 부분을 보완해, 즉 충분한 숙의 과정을 거친 정책 과정을 거치도록 하여 갈등을 완화하고 성공적인 정책이 될 수 있도록 해야 한다. 특히 이해 관계가 첨예하게 대립되며 큰 비용과 시간이 소요되는 도시재생 사업에서는 그 의의가 더 크다고 할 것이다.

이상의 정책적 함의에도 불구하고 이 연구는 다음과 같은 한계를 가지고 있다. 우선, 청계천복원사업이 도시재생과 협력적 거버넌스에서 충분히 연구 가치가 있는 사례임에도 불구하고 사업의 시행과 완료된 후 많은 시간이 흘렀기 때문에 자료원의 획득에 한계가 있었다. 이미 획득한 자료들로 이 연구의 목적을 위한 분석에는 충분한 것으로 판단되나, 관계자의 인터뷰와 같은 사례의 기술을 양적으로 더욱더 풍부하게 해줄 자료원의 확보에 한계가 있었다. 향후 연구에서 이러한 문제점을 보완해 더 발전된 논의가 될 수 있도록 하고자 한다.

참고 문헌

강준모·박정민(2008). 도심재생의 정책 및 제도에 관한 연구. 「대한토목학회논문집」, 28(1): 137-145.

권영규·권원용(2008). 청계천복원사업과 일드 프랑스 비에브르 복원사업의 정책과정 비교연구. 「도시행정학보」, 21(2): 23-49.

권영상(2011). 면적인 역사문화환경에 대한 참여 거버넌스 비교. 「대한건축학회논문집」, 27(4): 239-248.

김규현·김광식(2006). 서울시 청계천 복원사업에 적용된 공공정책 마케팅 전략에 관한 연구. 「국토계획」, 41(3): 181-201.

김순은(2006). 도시거버넌스의 구축요건. 「한국거버넌스학회보」, 13(2): 151-189.

김현성(2006). 온라인 시민참여와 전자민주주의의 관계에 대한 비판적 고찰. 「사회과학연구」, 22(1): 91-119.

나태준(2003). 청계천 복원사업의 언론보도 내용분석. 「정책분석평가학회보」, 13(2): 149-167.

박명현(2006). 청계천복원사업에 서울시와 상인 간 협상의 성공 요인. 「협상연구」, 12(1): 3-50.

박세훈·천현숙·전성제(2007). 마을만들기 참여 거버넌스의 비교분석. 「국토계획」, 44(3): 207-219.

박형준·이인원(2009). 지역개발정책 수단으로서 협력적 지역 거버넌스의 형성. 「한국정책학회보」, 18(2): 7-36.

서울시정개발연구원(2003). 청계천 복원에 따른 도심부 발전 방안 대토론회 자료집.

서울특별시(2006). 청계천복원사업 백서.

성지은·김주환(2005). 청계천 복원사업에 나타난 상징정책 분석. 「한국행정학보」, 39(1): 261-285.

손동욱(2008). 도시재생사업과 주민참여. 「건축」, 52(7).

올바른 청계천 복원을 위한 연대회의(2005). 서울시 청계천사업 평가 토론회 자료집.

이명석(2010). 협력적 거버넌스와 공공성. 「현대사회와 행정」, 20(2): 23-53.

이명석·오수길·배재현·양세진(2008). 재해복구의 네트워크 거버넌스: 씨프린스호 사고와 허베이 스피리트호 사고의 비교. 「한국행정학회 춘계학술대회 발표논문집」, 1-22.

이영아(2010). 영국의 사회경제적 도시재생: 맨체스터 사례. 「국토」, 348: 60-67.

이종열(2001). 도시 거버넌스의 이론과 적용. 「2001 서울행정학회 발표논문집」, 93-112.

정문기(2009). 지역개발의 협력거버넌스. 「한국행정학보」, 43(3): 229-250.

조명래(2003). 청계천의 재자연화를 둘러싼 갈등과 쟁점. 「환경사회학연구」, 4: 130-165.

주택도시연구원2006). 「일본의 도시재생 사례와 시사점」. 22호.

채종헌 · 김재근 (2009). 공공갈등에서 협력적 거버넌스의 구성과 효과에 관한 연구. 「지방행정연구」, 23(4): 107-136.

최근희 (2008). 서울시의 청계천복원정책과 영국 런던 도클랜드 재개발정책에 관한 비교연구. 「도시행정학보」, 21(3): 291-313.

홍성태 (20004). 누구를 위한 청계천복원사업가?. 「시민사회와 NGO」, 2(2).

황기연 · 변미리 · 나태준 (2005). 「프로젝트청계천」. 나남출판.

Ansell, C. & Gash, A. (2007). Collaborative Governance in Theory and Practice. *JPART*, 28(4): 543-572.

Blakeley. G. & Evans, B. (2009). Who participates, How and why in Urban Regeneration Projects?. *Social Policy & Administration*, 43(1): 15-32.

Burgess, J. & Clark. J. (2009). Practitioner evaluation of participatory processes in environmental decision making. *Governing Sustainability*. Cambridge University Press.

City of Boston (1993). BOSTON 2000: A Plan for Central Artery-Progress Report.

Goldsmith, S. & Egers, W. (2004). *Governing by Network: The New Shape of Public Sector*. Brookings Institute Press.

Faulk, D. (2006). The process and Practice of Downtown Revitalization. *Review of Policy Research*, 23(2): 625-645.

Renn, O., Webler, T., & Wiedermann, P. (1995). *Fairness and competence in Citizen Participation: Evaluating Models for Environmental Discourse*. Dordrecht, The Metherlands: Kluwer.

Rhodes, R. (1996). The new governance: governing without *governance*. *Political Studies*, 44: 652-667.

Roberts, P. & Sykes, S.(2000). *Urban Regeneration*. SAGE Publications.

Rowe, G. & Frewer, L.(2000). Public participation methods: a framework for evaluation. Science, *Technology and Human Values*, 25: 3-29.

Webler, T., Tuler, S., & Krueger, R. (2001). What is a good participation process? Five perspectives from the public, *Environmental Management*, 27: 435-450.

경제정의실천시민연합 홈페이지. www.ccej.or.kr

UN ESCAP 홈페이지. www.unescap.org

중앙일보 기사 검색. www.joongang.co.kr

한겨레신문 기사 검색. www.hani.co.kr

제 3 장

이동통신시장 발전전략으로서 MVNO 정책 비교분석*

김재근 · 장기철 · 공동성**

MVNO(Mobile Virtual Network Operator)는 광의로 기존 이동통신사업자(MNO)의 네트워크 설비나 망을 임차해 이동통신서비스를 제공하는 사업자로 정의할 수 있다. 최근 EU, 미국, 일본 등지에서 볼 수 있는 이동통신시장에 대한 정책은 규제적 성격이 강한 시장의 구조조정보다는 재판매(reseller)와 같이 경쟁 저해행위와 관련한 비대칭 규제 수단을 활용하고 있는 데 그 특징이 있다. 한국도 약간의 시차를 보이기는 하지만 이러한 국제적 추세에 부응하고 있다. 따라서 국내 MVNO 제도의 성공적 안착과 바람직한 이동통신정책을 설계하기 위해 MVNO 제도의 신중한 이해와 이를 통해 규제 및 촉진정책의 방향성을 모색하는 일은 중요한 함의를 갖는다. 이와 같은 배경에서 이 연구는 국내 MVNO와 관련된 규제의 내용을 규명하고 정책의 추진 과정을 분석해 향후 MVNO 제도의 성공적 안착을 위한 정책 방향을 모색하고자 한다. 이를 위해 국내보다 먼저 MVNO 제도를 도입한 해외 주요국들의 사례를 비교분석해 국내 MVNO 정책 과정에 대한 시사점을 도출하고자 한다. 이 연구는 통신정책 사례연구로서의 학술적 가치와 더불어, 향후 정책 방향을 모색하는 데 비교적 시각과 시사점을 제공한다는 차원에서 정책적 함의가 있다.

[주제어: 가상망이동통신사업자(MVNO), 이동통신 재판매, 이동통신정책, 사례연구]

* 이 사례연구는 한국행정학보(2012, 467(3), pp. 299-328)에 게재된 내용을 수정 · 보완한 것으로, 한국행정학회로부터 사용 허가를 받았으며, 이 논문은 2010년 정부(교육과학기술부)의 재원으로 한국연구재단의 지원을 받아 수행한 연구임(NRF-2010- 330-B00250).

** 교신 저자.

제 1 절 서론

방송통신위원회는 2012년 초 MVNO 활성화를 위한 종합계획으로 ① MVNO 사업환경 개선, ② 재판매 이용환경 개선, ③ 재판매시장의 불확실성 해소 등 3대 전략과 10대 과제 등을 발표했다.[1] 이는 3사(SKT, KT, LGU+) 중심의 국내 이동통신시장의 진입장벽을 완화하고 잠재적 경쟁 압력을 강화하기 위해 MVNO 제도를 적극적으로 추진하고자 하는 정책적 의지를 구체적으로 표명한 것이라 할 수 있다. MVNO(Mobile Virtual Network Operator)는 광의로 기존 이동통신사업자(MNO)의 네트워크 설비나 망을 임차해 이동통신서비스를 제공하는 사업자로 정의할 수 있다. MVNO 제도는 지난 1997년 별정통신사업자 제도에서 시도한 적이 있지만, 당시 국내의 정책적·환경적 미성숙 등으로 인해 의도한 목적을 달성하는 데 실패했다(최아름, 2012: 38).[2] 그렇지만 방송통신위원회가 과거와는 달리 MVNO 도입 의지를 강력하게 피력하고 있다는 점을 고려할 때, 향후 국내 이동통신시장에 다양한 MVNO들이 다수 등장할 것으로 전망되며,[3] 특색 있는 사업모델의 진입으로 국내 통신시장의 변화가 예상된다(양용석, 2009: 68; 김병운, 2010: 53; 김낙경·이상록 외, 2011: 30).

이동통신서비스는 '주파수'라는 유한한 자원을 이용하므로 시장에 진입할 수 있는 사업자 수는 현실적으로 제한될 수밖에 없는 과점시장 형태를 띠게 된다. 이와 같은 경쟁 상태 하에서는 시장 기능이 효율적으로 작동하기 어려울 뿐 아니라 규모의 경제가 발생하게 되므로 경쟁 촉진을 위한 자극이 필요하다. 이에 규제기관은 시장효율성을 제고하기 위한 다양한 규제 수단을 도입하게 된다(박재천·양제민, 2008: 31). MVNO는 주파수 제한을 받지 않으며 신규 사업자의 진입과 유사

1) 방송통신위원회, 보도자료 2012.3.29.

2) 별정통신은 일부 회선을 빌려 서비스를 제공하는 사업자이며, MVNO(가상이동통신망사업자)란 MNO(이동통신망사업자)의 통신망(기지국)을 통째로 빌려 독자적인 서비스를 제공하는 사업자를 지칭하는 용어로서 차별화된다. 국내에서 MVNO는 별정통신4호사업자로 등록되어 있다.

3) 최근 온세텔레콤은 선·후불 결합상품인 '패밀리폰'을 기존보다 20% 싼 서비스로 공급할 예정이며, CJ헬로비전은 미디어콘텐츠사업을 토대로 한 '슈스케폰', '엠넷폰'을 통해 젊은 층을 타깃으로 시장 진출을 모색하고 있는 등 MVNO시장이 이슈화되고 있다(아시아경제, 2012.3.23).

한 효과를 확보할 수 있는 수단으로서 주목받고 있는데, 최근 EU · 미국 · 일본 등에서 볼 수 있는 바와 같이, 규제적 성격이 강한 시장의 구조조정보다는 재판매 도입과 같이 비대칭적 규제 수단을 많이 활용하고 있다는 점이 이를 방증하고 있다 (Hausman & Sidak, 2004: 5).

일반적으로 규제기관이 MVNO 제도를 도입하고자 하는 이유는 이동통신시장의 근본적인 정책 목표를 달성하고자 하기 때문이다(Ergas et al., 2005: 12-13). 규제기관의 이동통신시장에 대한 궁극적인 정책 목표는 크게 두 가지로 논의될 수 있는데, 첫째는 이동통신의 요금 인하이고, 둘째는 네트워크 투자를 통한 통신망의 고도화이다. 그러나 이동통신에 대한 요금인하는 사업자들의 수익 감소를 야기해 네트워크에 대한 투자 비용이 감소하는 부작용(trade off)을 수반할 수 있다. 이론적으로 볼 때, MVNO 도입은 이러한 정책문제를 동시적으로 해소할 수 있을 것으로 기대되는데, MVNO의 활성화는 시장에 경쟁 압력을 제공하고 시장 경쟁을 촉진하게 되어 궁극적으로 정부 개입 없이도 요금을 인하할 할 수 있는 유인이 되기 때문이며, 더불어 이는 망 기간사업자의 망임대료는 유휴설비를 활용한 MNO의 수입을 확대하는 결과를 초래해 이들의 네트워크 투자비용을 확보할 수 있는 계기가 되기 때문이다. 그러나 현실에서 이동통신시장 내 경쟁구도 및 가치사슬 등을 고려할 때, 설비 및 시장지배력을 보유한 통신시장에 신규 사업자인 MVNO가 진입하는 것은 수월하지 않다. 따라서 규제기관은 MVNO를 안정적으로 시장에 진입시키고, 시장을 활성화시키기 위해 규제 및 여러 정책 수단을 함께 도입하게 된다. 그러나 이와 같이 이동통신시장의 발전을 위한 전략적 수단으로서 MVNO를 도입하고자 하는 긍정적 기대에도 불구하고 이를 둘러싼 다양한 논란이 제기되고 있다. 특히, 재판매 의무화, 재판매 의무 제공사업자의 의무 사항, 재판매 협약 기준을 설정하는 과정에서 정부 개입의 정당성과 관련한 논란이 심화되고 있으며 (Dewenter & Haucap, 2007; 정재현 · 이충기, 2010), 과도한 사전 규제가 시장의 건전성을 위협한다는 지적들이 보고되고 있기도 하다(김현경, 2007: 6). 성과 측면에서도 MVNO가 도매시장을 세분화해 경쟁 구도 변화를 촉진할 것으로 예상하고 있지만, 이와는 반대로 MVNO의 성장 및 파급 효과에 대한 부정적인 견해도 보고되고 있다(김병운, 2003; 김병운 · 설성호, 2006; 서일원 · 이덕희, 2007 등).

국내 MVNO 제도의 성공적 안착과 바람직한 이동통신정책을 설계하기 위해서는 MVNO 제도의 신중한 이해와 이를 통해 규제 및 촉진정책의 방향성을 모색하는 일이 중요한 함의가 있다. 이와 같은 배경에서 이 연구는 국내 MVNO와 관련된 규제의 내용을 규명하고 정책의 추진 과정을 분석해 향후 MVNO 제도의 성공적 안착을 위한 정책 방향을 모색하고자 한다. 아울러 국내보다 먼저 MVNO제도를 도입한 해외 주요국들의 사례를 비교분석해 국내 MVNO 정책 과정에 대한 시사점을 도출하고자 한다. 따라서 이 연구는 통신정책 사례연구로서의 학술적 가치와 더불어, 향후 정책 방향을 모색하는 데 비교적 시각과 시사점을 제공한다는 차원에서 정책적 함의가 있다 하겠다. 이 연구는 방법론적으로 문헌연구를 종합·분석하는 접근을 취했다. 이러한 접근 방법의 한계는 향후 정책 성과에 대한 경험적 자료가 산출될 때 의미 있게 보완될 수 있으리라 본다.

제 2 절 이동통신시장의 경쟁과 MVNO 도입의 의의

1. MVNO의 유형 및 특성

'가상망이동통신사업자'로서 지칭되는 MVNO는 1999년 영국의 통신청(Office of Telecommunication: Oftel)이 처음 사용하면서 일반화된 용어로서, 기존 이동통신사업자의 네트워크 설비나 망을 임차해 이동통신서비스를 제공하는 사업자를 의미한다(김현경, 2007: 1).[4] 정부로부터 허가를 받고 주파수를 분배받아 이동통신서비스를 제공하는 사업자를 망운영사업자(Mobile Network Operator: MNO)라고 한다. MVNO는 별도의 end-to-end 무선망을 구축할 필요가 없이 MNO의 이동망을 이용해 이동통신서비스를 공급한다는 점에서 MNO와 차별적 특성을 갖는다(이재영 외, 2008: 19). ITU(2001)은 MVNO에 대해 이동 서비스를 제공하지만 자신의 무선주파수를 가지지 않고 있는 자로 정의하고 있고, 영국 방송통신위

4) 한국은 MVNO를 재판매에 포함해 논의하고 있는 반면, 해외의 경우는 재판매를 MVNO의 유형으로 파악한다(문병주, 2007: 44). 본고에서는 한국의 정책적 상황에 맞추어 MVNO와 재판매를 유사한 의미로서 사용하고자 한다.

원회(Office of Communications: Ofcom)[5] 역시 서비스 제공을 위한 필수적인 주파수를 가지지 않은 사업자로서 정의하고 있다. 그렇지만 이와 같은 광의적 해석과는 달리 영국의 Ovum, 네덜란드의 OPTA 등은 협의적 의미로 접근해, MSC(이동전화교환국), HLR(Home Location Register) 및 인증센터로 구성된 물리적 망을 운영하며, MNC(이동망 코드)나 자체적인 SIM카드를 발급해 이동전화서비스를 제공하는 사업자로 MVNO를 정의하고 있기도 하다(이내찬 외, 2002).

MVNO는 MNO의 이동통신시설에 대한 의존도에 따라서 제공 서비스의 범위 및 사업 유형의 차이가 존재한다. 통상적으로 MVNO는 이동통신서비스의 가치사슬과 관련해 다음과 같은 3개의 유형으로 구분되는데 주요 특징은 다음과 같다([그림 3-1] 참조). 먼저, 완전 MVNO는 무선수파수를 보유하고 있지는 않지만, 교환기 및 가입자위치등록기(HLR) 등의 설비를 보유하고 음성, 데이터 및 부가서비스를 제공하므로 MNO와 유사한 수준의 서비스를 제공하고자 하는 사업체이다. MNO의 최소 시설만을 사용하고 서비스 제공에 필요한 기타 설비를 독자적으로 구축해 이동통신 서비스를 제공한다. 따라서 MNO와 유사한 수준의 이동통신서비스가 가능하지만, 진입을 위한 막대한 자금을 필요로 하고 위험성이 높다. 둘

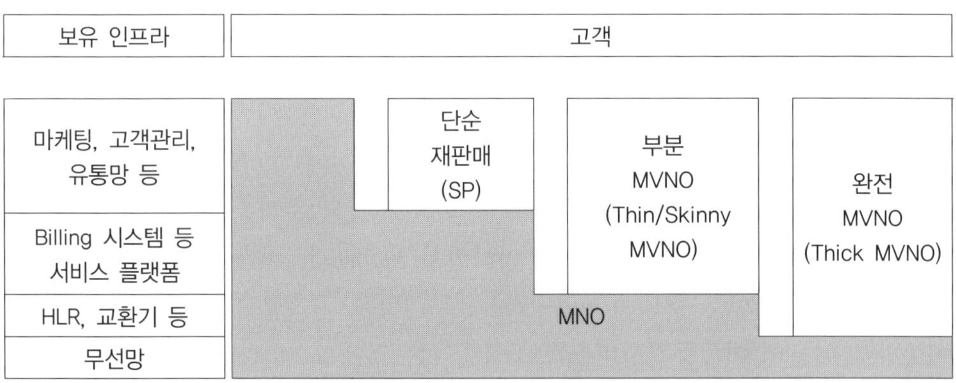

그림 3-1 MVNO 유형과 특징

출처: 방송통신위원회(2009), 양용석(2009)에서 재인용.

---

5) 영국은 2003년 12월 기존 5대 규제기관(ITC, BSC, OFTEL과 무선통신청(Radio communications Agency), 라디오위원회(Radio Authority))의 기능과 역할을 Ofcom으로 통합, 방송통신 관련 규제기구를 일원화했다.

째, 부분 MVNO(Thin MVNO)는 부가가치 측면을 강조한다는 점에서 ESP (Enhanced Service Provider)라고 불리며 MNO의 설비를 상당 부분 사용하는 형태의 사업자를 의미한다. 부분 MVNO는 자체 브랜드와 자체 플랫폼을 보유하고 독자적인 과금 체계를 갖는 등 독립성이 강화된 형태이다. 마지막 단순재판매 MVNO는 넓은 의미에서 MVNO로 분류되는데 이들은 MNO의 설비를 최대한 활용하며 가입자 기반을 완전히 독립적으로 보유한다는 점에서 차별화된다. MNO와의 계약 후 별도 브랜드로 가입자를 모집하는 형태이며, 독립적인 고객관리 및 마케팅은 가능하나 부가 서비스 플랫폼은 갖추고 있지 않다. 이들 유형은 시장 진입 비용과 위험이 적은 반면, 서비스 차별화나 트래픽의 통제가 불가능하며 MNO에 대한 의존도가 매우 높다는 특징이 있다.

한편, 사업 참여자의 유형에 따라서 MVNO는 크게 비통신사업자, 유선사업자, 무선사업자, ISP로 구분할 수 있다(문병주, 2007: 47). 이들 사업 참여자는 MVNO 시장에 진출하고자 하는 목적이 상이한데, 예를 들어, 비통신사업자는 한정된 영역과 사용자 범위 내에서 독자적인 서비스 제공이 주목적이며, 유선사업자는 무선시장에 진출, 무선사업자는 무선사업 확대가 주목적이 되고 있다. 그리고 ISP는 포털 서비스를 기반으로 한 무선사업 및 유무선 통합서비스 사업에 진출을 목적으로 MVNO 시장에 참여하게 된다.

2. MVNO 도입의 기대 효과

일반적으로 규제기관이 통신시장의 경쟁을 촉진하기 위한 전략은 '설비기반 경쟁(Facilities-Based Competition)'과 '서비스기반 경쟁(Service-Based Competition)'이라는 두 개의 대조적인 이론모형으로 논의되어 왔다. 전통적인 모형이라 할 수 있는 설비기반 경쟁은 모든 사업자가 서비스 제공을 위해 필요한 설비를 자체적으로 구축한 후 시장에 진입하는 것으로 이를 옹호하는 입장에서는 설비기반 경쟁이 효율적 자본 투자와 신기술을 채택하도록 하는 효과적인 수단임을 강조한다. 이는 설비기반 경쟁이 기존 기업과 신규 기업 간 대응적 설비투자가 기업의 신기술 채택을 촉진하고 생산성을 높여 궁극적으로 서비스 개선 및 통신요금 인하를 유도하는 등과 같은 사회적 편익 창출에 긍정적인 기여를 할 수 있기 때문이다(Crandall,

1997; Woroch, 1998).[6] 그러나 이와 같은 장점에도 불구하고 설비기반 경쟁모형은 중복 투자, 범위의 경제를 제약하는 사회적 비용을 초래할 수도 있으며, 다른 설비 간 서비스 호환성 문제와 이용자의 전환 비용 등으로 인해 실제에서 유효 경쟁을 유발하기 어렵다는 한계 등이 논의되고 있다(Laffont & Tirole, 2000: 207-215; 이내찬 외, 2002: 81).

서비스기반 경쟁은 서비스에 필요한 모든 설비를 자체적으로 구축한 후 시장에 진입하는 것이 아닌 기존 사업자에게 의존하는 방식이다. 이는 신규 진입자에게 최소한의 설비와 기술을 요구하기 때문에 가장 손쉬운 시장 진입 수단으로 기존 사업자의 최종 서비스를 할인가에 구매해 되팔거나 설비의 일부를 임대해 자체 서비스를 제공하는 형태 등으로 나타난다. 비록 이와 같은 경쟁모형은 설비를 갖춘 경쟁 사업자의 출현에 의한 도매시장 경쟁 활성화라는 궁극적 목적과는 달리 소매 단계에서의 진입 또는 기존 사업자에 부분적·의존적인 경쟁자들의 진입을 통한 경쟁 촉진 수단이라는 한계가 있다. 그러나 이를 지지하는 입장에서는 비록 신규 기업이 기존 사업자의 설비 및 기술에 의존적이기는 하나 설비기반 경쟁의 한계를 보완할 수 있다는 점을 강조한다. 서비스기반 경쟁은 통신망의 효율화를 도모해 최소한 소매시장에서의 경쟁을 촉진할 수 있고, 기존 사업자의 설비 및 서비스를 이용해 다양한 결합 서비스를 가능하게 하므로 시장의 요구에 빠르게 대응하고 신속한 경쟁 압력을 제공할 수 있다는 것이다(Baranes & Bourreau, 2005). 나아가 최종적으로 설비기반 서비스 공급을 원하는 사업자들이 이를 중간 단계 전략으로 이용할 수 있으므로, 장기적 관점에서 설비기반 경쟁을 촉진할 수 있는 효과적 경쟁 수단임을 강조한다. 그러나 이러한 경제적 편익 효과에도 불구하고 서비스기반 경쟁 역시 여러 한계가 논의된다. 예를 들어, 신규 사업자의 서비스가 기존 사업자의 설비 및 망에 의존적이기 때문에 신규 사업자는 서비스 및 기술 등과 관련된 결정을 할 때 유연할 수 없고, 기존 기업의 설비 투자 및 설비 고도화에 대한 유인이 낮아지며(Guthrie, 2006; Kotakorpi, 2006), 의도한 바와는 달리 신규 설비기반 사업자들의 진입을 저해하는 부작용이 발생한다(Lewin, 2003).

통신시장의 경쟁을 활성화하기 위한 모델로서 설비기반 경쟁과 서비스기반 경

6) OECD(1995)의 회원국 조사에 따르면, 설비기반 경쟁이 허용된 국가의 경우 낮은 요금, 서비스의 개선, 서비스 다양성, 보급 확산 등에서 좀 더 편익이 발생함을 보고하고 있다.

쟁 중 어떠한 방식이 좀 더 효과적인가에 대한 논의에도 불구하고 이에 대한 뚜렷한 해답은 아직 제시되지 못하고 있다. 이는 MVNO와 같은 서비스기반 경쟁 수단의 도입으로 서비스 및 가격 경쟁을 촉진하는 것과 무선통신망에 대한 기간사업자의 투자 유인 간 상충 관계(trade off)가 존재하기 때문이다(Dewenter & Haucap, 2007). 그럼에도 불구하고, 각국에서 MVNO 제도를 도입한다는 것은 이동통신시장의 경쟁 패러다임이 설비기반 경쟁에서 서비스기반 경쟁으로 전환되고 있다는 것으로 이해할 수 있다(김기태, 2008: 15). 규제당국이 설비기반 경쟁에서 서비스기반 경쟁으로 전환하고자 하는 이유는 대체로 변화된 통신시장의 환경과 관련되는데, 하우스만과 시닥(Hausman & Sidak, 2004)은 이에 대해 규제기관이 궁극적으로 도매시장 경쟁을 활성화해 통신시장의 규제를 자연스럽게 철회하기 위해서는 소매시장에 대한 경쟁이 바람직스럽고 이의 촉진을 위한 수단으로서 MVNO와 같은 수단이 유효하다는 믿음이 있기 때문으로 정리하고 있다.

최근 통신시장은 점차 성숙시장으로 변화하면서 성장이 둔화되고 시장 구도가 고착화되어 현실적으로 설비 구축을 통한 신규 사업자의 시장 진입 여지가 적다. 또한 통신시장은 방송과 통신 간 융합이 강조되는 등 가치사슬의 변화 추세로 전개되고 있다. 망사업자 중심의 설비기반 경쟁은 과다한 투자를 초래하고 경쟁자와 협력이 제한적이기 때문에 미래 통신시장에 부합하는 혁신적인 통신 서비스와 가격경쟁력을 갖추기 어렵다. 이러한 배경에서 볼 때, MVNO 도입은 기존 통신시장에서 다른 사업자와 밀접한 관계를 형성해 이동통신시장의 무한경쟁 유발과 시장 활성화를 촉진, 서비스의 다양화, 전문화 초래로 가치사슬에 대한 변화를 수반(Shin & Bartolacci, 2007: 89)[7]하고, 신규 서비스의 효과적 확산 및 관련 산업에의 파급 효과를 창출할 것으로 기대된다(이승현, 2007; 신성문, 2008).

3. MVNO 활성화를 위한 정책 수단

1) MVNO의 시장 진입을 위한 규제 수단

MVNO와 관련한 가장 큰 정책적 이슈는 MVNO들의 시장 진입을 원활하게 하

7) 유·무선선통신사업자, 포털 및 콘텐츠 업계, 브랜드 및 대형 유통망 보유업체, 케이블 TV, 자동차 제조사 등이 MVNO사업에 진출하는 현상은 이러한 현상을 반영하고 있다.

기 위한 규제와 관련된다(정재현 · 이충기, 2010: 76).

규제 수단과 관련해서는 크게 두 가지로 구분할 수 있는데, 첫째, 도매사업자에 대한 망 제공 의무화 이슈, 둘째, 망 제공과 관련한 대가 규제 이슈이다. 망 제공 의무화 이슈는 주로 통신망의 재판매와 관련한 이슈로서 통상적으로 MVNO와 MNO 간의 망 사용을 의무화할 것인지, 아니면 이들 간 자율 협상에 의지할 것인지, 그렇지 않으면 시장지배력 보유 사업자에 한정해 선정할 것인지의 문제이다. 하우스만과 시닥(Hausman & Sidak, 2004)에 따르면, 많은 규제기관이 망 제공의 의무화 없이는 소매시장의 경쟁이 유발되지 않기 때문에 의무화를 선호하고 있다고 주장한다. 즉, 경제학적 배경에서 볼 때, 자유경쟁시장은 시장지배력 및 진입 장벽의 영향으로 인해 자발적 경쟁이 유발되기 어렵기 때문에[8] 이러한 시장의 외부 불경제를 극복과 MVNO의 도입을 위해서도 MNO에 대한 규제는 필연적으로 필요하다는 입장이다. 많은 실증연구에서도 규제 도입이 소매가격 인하 및 MVNO의 신규 진입에 긍정적인 영향을 미치고 있음을 보고하고 있기도 하다(Riccardi et al., 2009; 변정욱, 2010).

그러나 이에 반해, 이동통신시장이 경쟁적이며 시장실패가 발생하지 않았으므로 규제기관의 개입이 불필요하다는 입장, 망 접속 의무화에 대한 산업 내 합의가 부재하고, MVNO 도입을 통한 효과의 미검증 및 망 투자 요인을 감소시킬 것이라는 우려 또한 존재한다(이내찬 외, 2002: 194). 규제로 인한 대립적 관계보다는 자발적 협정 유인이 높고 MNO와 MVNO 간 상호보완적 관계에서의 MVNO가 성공 가능성이 제고되는 것으로 분석한 결과(NEAR, 2006; 윤기호, 2010)와 도매 규제가 궁극적인 효과를 달성하지 못한다는 연구(Hausman & Sidak, 2004)가 이를 지지한다. 이러한 배경에서 각국은 일반적인 규제 개입의 논리에 따라 효과 및 의무화 여부 등과 관련되는 규제 수위를 결정할 것으로 전망되며, 영국의 규제기관인 통신청(Oftel, 1999)은 이와 같은 의사 결정 시 소비자의 선택권 및 편익의 증대가 우선적으로 고려되어야 함을 제시하고 있다.

---

8) 예를 들어, MNO와 같은 수직적 계열사는 소매 판매를 선호하기 때문에, 이동통신시장에 MVNO가 도입된다고 할지라도 MNO의 망 접속 대가는 소매 마진보다 높을 때 많이 가능하게 되며, 이는 MNO가 망에 대한 접속을 거절하게 된다. 또한 MNO가 통신시장에서 견고한 시장지배력을 갖고 있다면 이를 좀 더 견고히 하기 위해 접속 거래를 거절하게 된다.

한편, 망 제공에 대한 대가 규제 여부는 도매 대가를 의무화할 것인지 자율 협상에 맡길지에 대한 여부와 도매 제공의 의무화에 따르는 가격 산정 방법과 관련된다. 특히 차별화된 서비스를 제공하는 MVNO와는 달리 단순 이동전화서비스를 재판매하는 MVNO가 접속료 수준이 아닌 협상에 의한 이용료를 지불하게 될 경우 장기적인 경쟁 체제 하에서는 독자 생존이 어렵기 때문에 MVNO가 MNO에게 지불하는 도매요금 수준이 중요한 요소가 된다(이내찬 외, 2002: 197). 통상적으로 망 사용에 대한 이용 대가 산정은 MVNO 서비스의 성공 여부를 결정하는 중요한 요인이 되는데, 설정 방식은 ① 사업자 간 협상 방식, ② cost-plus 방식, ③ retail-minus 방식으로 구분된다. 대체로 사업자 간 협상이 결렬될 때, 규제기관이 개입하며 cost-plus 방식이나 retail-mins 방식으로 대가가 결정된다. cost-plus 방식은 MNO의 통신망 원가에 일정 수준의 수익률을 보장하는 수준에서 결정하는 것이며, retail-minus 방식은 소매요금에서 일정 수준 차감한 수준에서 대가를 결정하게 된다. 따라서 cost-plus 방식은 MVNO가 선호하는 반면에 원가를 산정하는 어려움이 따르며, retail-minus 방식에서는 소매요금 선정 및 회피 가능 비용(minus)을 결정하는 것이 이슈가 된다. 이러한 대가 산정 방식 역시 자국의 시장 상황에 따라서 유동적이나, 대체로 주요국들에서는 별도의 대가 산정 방식을 규제하지 않고 공정거래가 발생하지 않을 시에 한해 규제기관이 조정하는 방향으로 추진되고 있다.

표 3-1 망 제공 대가 산정 방식의 장·단점

	cost-plus	retail-minus
개념	• MNO의 통신망 원가에 일정 수준의 수익률 보장 수준에서 결정/ MVNO가 선호	• 소매요금에서 일정 수준 차감한 수준에서 결정 • MNO가 선호
장점	• MNO의 네트워크와 서비스에 대한 가격 분리 가능	• 서비스를 효율적으로 제공할 수 있는 사업자만 시장에 진입함.
단점	• plus가 너무 낮은 수준으로 책정될 경우 MNO의 망 투자 유인을 감소시킴. • cost에 포함되는 범위 설정의 어려움.	• minus에 포함되는 범위 설정의 어려움. • MNO가 MVNO 가격 설정을 방해할 여지가 있음.

출처: 이내찬 외(2002: 195).

2) MVNO 활성화를 위한 촉진 수단

MVNO가 의도한 서비스를 원활하게 제공하기 위해서는 MVNO의 시장 진입을 위한 여러 수단 외에도 MVNO의 사업환경을 제고하기 정책적 지원을 필요로 한다(변정욱 외, 2011: 63). 이들은 주로 단말기 보조금, SIM카드, 부가 서비스 제공, 망 사용을 위한 설비 연동 관련 등 MVNO가 사업을 위해 대규모 투자를 수반해야 하거나 MNO의 적극적인 협조가 필요한 이슈로서 MVNO 스스로 제거하지 못하는 통신시장의 규제환경 및 진입 장벽 등의 문제와 관련된다. MVNO가 기본적인 망 투자와 MNO의 망 임대를 통해 저렴한 요금제, 틈새시장, 다양한 부가 서비스를 창출할 수 있으나, 저렴한 요금제 기반에는 한계가 있고 망임대 비용은 비용 절감의 노력 대상이 아니므로 수익 확대를 위한 우호적 시장환경이 조성되어야 하기 때문이다. 예를 들어, 국내의 경우는 USIM이 전면적으로 확대되지 않아, MVNO들은 MNO의 서비스에 특화된 단말기를 이용할 수밖에 없다. MVNO가 독자적인 단말기 공급을 할 수 있으나, 이러한 경우 MVNO의 본래 취지 및 규모의 경제가 저해되어 많은 비용이 소요될 수 있는 한계가 필요하다. 아울러, MVNO들은 대개 초기 시장 진입을 위해 저가의 선불요금제를 고려하게 되는데, 기존 고객의 유치를 위해서는 가입자의 전환 장벽이 높아 신규 고객 유치가 상대적으로 어렵다는 한계가 있다. 이러한 시장 조성 정책 수단 역시 자국의 이동통신시장의 여건을 고려해서 결정되고 추진되고 있다. 외국의 경우 많은 MVNO가 등장했음에도 불구하고 성공적인 MVNO가 많지 않다는 점(이재영 외, 2008: 241)은 규제 수단뿐만 아니라 시장환경 조성의 중요성을 시사한다.

4. MVNO 정책분석의 개념적 틀

위와 같은 논의를 통해 대체로 MVNO 제도의 도입과 이에 따른 성과 경로는 다음과 같이 도식화할 수 있을 것이다. 규제기관이 MVNO 제도 도입으로부터 기대하는 궁극적인 성과는 이동통신서비스의 다양화와 품질 향상, 그리고 가격 인하 측면에서 고려될 수 있다. 이를 위해서는 MNO의 설비 투자가 수반되어야 하는데, 이동통신시장의 과점적 특성상 자발적 설비 경쟁이 이루어지지 않기 때문에 MVNO 제도라는 서비스기반 경쟁 수단을 도입하게 되는 것이다.

그러나 MVNO는 이동통신시장에서 MNO로부터 망을 임대해 서비스를 제공하는 상대적으로 낮은 지위에 있는 사업자로서 시장 진입을 위한 조건 및 사업 영위를 위한 시장환경 조성을 정책적으로 지원할 필요가 있다. 자발적 협상으로는 규모의 경제로 인한 MNO의 시장지배력이 영향을 미치기 때문이다. 따라서 진입을 위한 규제 수단과 시장환경 조성을 위한 유인 수단을 동시에 추구하게 된다. 한편, 시장 진입을 위한 진입규제의 전제는 시장의 경직성을 초래할 수 있고, 설비 투자가 이루어지지 않을 수 있기 때문에 규제 여부에 대해서는 정책적인 의사 결정이 필요하게 된다. 이는 시장 상황에 대한 평가를 전제로 이행되는데, 대체로 경쟁시장이라고 판단되면 MNO와 MVNO 간 자율적인 협상으로 전개되는 것이 일반적이다. 이러한 개념적 틀을 토대로 이 연구는 외국의 정책 추진 과정을 분석하고, 국내 제도를 분석해 향후 국내 MVNO 제도의 성공적 안착을 위한 정책적 함의를 모색해 보고자 한다.

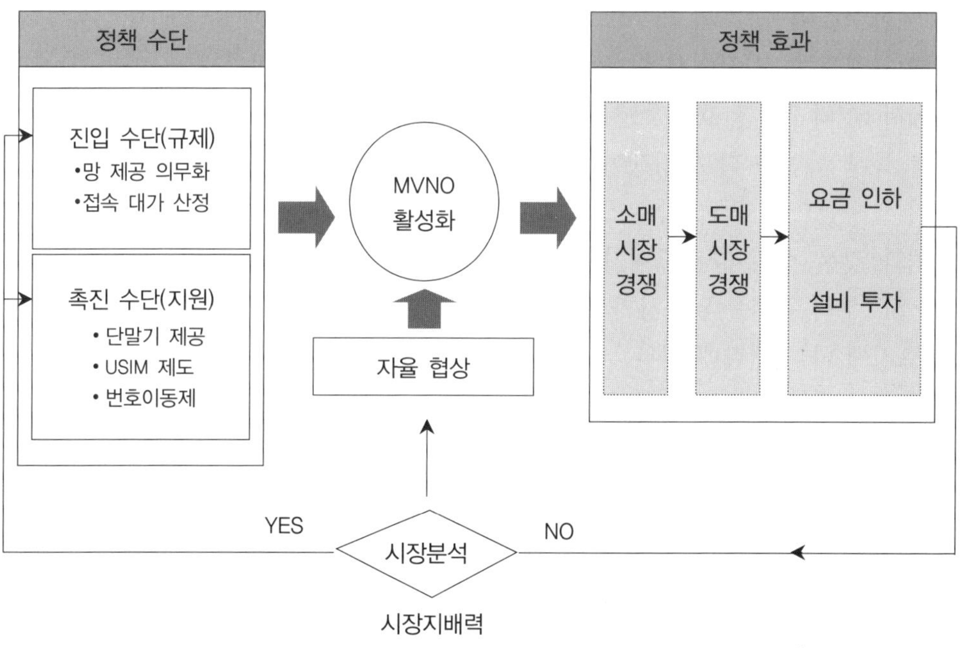

그림 3-2 성공적인 MVNO 제도 추진을 위한 정책분석의 틀

제 3 절 외국의 MVNO 도입 사례 분석[9]

1. 영국의 MVNO 사례

1) 도입 배경과 정책 수단

영국은 이동전화서비스 도입 초기부터 망사업자(NO)와 재판매사업자(SP)를 분리해 재판매 의무화 정책을 도입했다.[10] 이는 소매시장에 대한 망사업자의 지배력이 미치는 영향을 차단하고 서비스기반 경쟁을 활성화하고자 한 것으로 망사업자 허가 시 소매 서비스 금지와 공정경쟁과 관련한 의무 조항을 삽입했다. 이에 NO는 최종 소비자에 대한 요금 청구 및 고객관리 등과 같은 소매 업무 시스템을 보유하지 않았으며, 소매 업무는 SP가 전담했다. 따라서 NO가 설정하는 도매요금에 대한 신고와 공표의 의무가 있었으나 SP가 설정하는 소매요금에 대해서는 별도의 규제 없이 시장에서 자율적으로 결정되었다. 그러나 이와 같은 재판매 제도하에서 SP와 NO간 효율적인 요금 경쟁이 유발되지 않고 오히려 단말기 가격 인하를 통한 가입자 확보 경쟁이 야기되었는데, 그 결과 통신사업자들은 재무적 부실이 발생했으며, 결국 많은 SP가 시장에서 퇴출되는 결과를 초래했다.[11]

이와 같은 상황에서 규제기관은 이동통신시장에 대한 정책 변화를 모색했다. NO-SP 분리 규제를 완화하기 시작했으며, 신규 NO(예: Mercury, Orange)에게는 망 요청에 따른 재판매 의무 부과를 함과 동시에 소매 판매가 가능하도록 했다. 이러한 일련의 규제 조치가 일정한 경쟁 효과를 나타내자 1993년에는 기존망 사업자(Vodafone, Cellnet)에게도 소매 판매를 허용했다.[12] 이후 1997년에는 신규 NO에 대한 재판매 의무화를 폐지했으며 1998년에는 MVNO 제도와 간접 접속 제도에

9) 이 절은 주로 이재영 외(2010), 변정욱 외(2007, 2010), 정재현 · 이충기(2010)의 연구 내용을 참고해 작성되었다.

10) NO의 직접적인 소매 서비스 제공은 금지했으나, 분리된 자회사를 통한 소매 서비스 제공은 허용했다.

11) 재판매 서비스 개시 초기에는 40~50여개의 SP가 활동했으나, 재판매 수익모델의 한계와 서비스 미숙, 경영 비효율 등으로 인해 많은 SP들이 인수 · 합병되었다(이재영 외, 2008: 70).

12) 단, 통신청은 망사업자의 지분을 가진 서비스 제공자(Tied Services Providers: TSPs)의 불공정행위를 방지하기 위해 불공정행위 여부를 판단할 수 있는 자료 제출을 의무화했다.

대한 검토를 통해 규제 개입을 정당화할 충분한 근거가 없다는 판단으로 의무화보다는 사업자 간 자율적 협상을 존중하기로 결정했다. 이러한 의무 규제의 폐지는 이동통신시장의 경쟁이 진전되고 3세대 이동통신 등의 확대로 인해 신규 사업자의 진입과 경쟁가능성이 있다는 판단에 따른 것으로 평가된다(김진기, 2002: 5; 정재현・이충기, 2010: 77). 그렇지만 다른 한편으로 규제기관은 사업자 간 자율 협상이 실패할 경우, 가격 결정 방식으로 기존 이동통신사업자들의 통신망 투자 유인을 감소시키지 않는 소매요금 차감 방식(retail-minus)을 적용할 것을 제시했다. 이는 이동통신시장의 경쟁 상황에 따라 재판매사업자에 대한 규제 개입 여부를 언제든지 재검토할 수 있음을 전제한 것으로, 언제든지 시장의 경쟁 상황에 따라 지배적 사업자의 망 접속 제공을 의무화할 수 있다는 것으로 해석할 수 있다.

영국은 유럽에서 MVNO 시장이 가장 활성화된 국가로 평가된다. 이러한 이유는 영국의 MVNO들의 주요 시장전략은 다양한 인종그룹에 초점을 맞추면서, 규모가 큰 사업자들이 적극적으로 고기능 스마트폰을 보급하고, 장기 계약 유도 및 후불 가입자로의 유인을 도모하고 있다는 데 있다. 이를 통해 MNO와 경쟁이 가능하며 ARPU가 높은 고객군을 확보해 수익을 제고할 수 있다. 또한 영국의 MVNO는 유럽이라는 개방형 공간을 이점으로 하여 다양한 국가에서 서비스를 제공하고 국제전화 서비스를 연계한 서비스를 강화하고 있기도 하다. 아울러 MNO들이 주로 높은 ARPU의 하이엔드 사용자층을 공략하고, 역량이 있는 MVNO와의 계약을 견고히 하는 등의 전략이 MVNO가 활성화되는 배경이 되는 것으로 평가되고 있다(변정욱, 2011: 26).

2) 정책 성과 및 최근 정책 방향

영국의 이동통신서비스 도입기에 시도된 재판매 의무화는 이동전화시장의 성장 및 경쟁시장 조성에 일정한 기여를 한 것으로 평가되고 있다(이재영 외, 2008: 73). 1999년 세계 최초의 MVNO인 Virgin Mobile이 사업을 시작했으며, 그 뒤로 Tesco(2003년 사업 개시), Easy(2005년 사업 개시) 등 현재까지 7개의 주요 MVNO가 진출해 있다(변정욱 외, 2010). 이들 사업자는 다양한 고객층을 타깃으로 영업하면서 2009년 말 기준, 전체 이동전화 가운데 약 13%의 시장점유율을 보이고 있다(변정욱, 2011: 24). 이와 같은 MVNO 도입으로 영국 이동통신시장에서 기업들의 시장점유율을 제곱해 특정 시장의 시장집중도를 판단하는 HHI 지표는 2,938 수준으로 대체로 균등하게 유지되고 있고 시장지배적 사업자가 없는 것으로 평가되고 있다(김진기, 2002).[13)]

그러나 이러한 이동전화시장의 경쟁적 시장 구도 형성에도 불구하고 MVNO 도입은 MVNO의 점유율 증대 및 이동전화요금 인하에 미친 영향은 미비한 것으로 파악되고 있다. 1999년 6월부터 2001년 9월 독립 MVNO 가입자 수 기준 점유율이 거의 5% 감소한 반면, 이동전화 소매요금이 평균적으로 17% 하락했다. 이는 재판매사업자가 가격 인하에 미친 영향력이 상대적으로 미비하다는 것을 의미하는 것으로 이동통신서비스 도입 초기 망사업자에게 의무화했던 재판매 의무화와 관련한 규제를 폐지하는 계기가 되었다(Oftel, 2002). 또한 2001년 이후 MVNO의 ARPU(Average Revenue Per User)는 거의 변동이 없는 것으로 나타나고 있는데, 이러한 점을 미루어볼 때, 신규 진입한 MVNO가 소매시장에 경쟁 압력을 제공하지 못하고 MNO와 요금 경쟁을 하지 않았다고 볼 수 있으므로, MVNO 도입으로 가격 인하 효과가 달성되었다고 판단하기 어려운 실정이다.

최근 영국은 EU의 새 규제 프레임워크 발효 이후 MVNO, 로밍, (유무선) 재판매를 접속(access)의 한 형태로 규정했으며, 시장지배적 사업자의 경우, 경쟁 상황에 따라 MVNO에 대한 망 접속 제공을 의무화할 수 있는 것으로 규정하고 있다.

2. 프랑스의 MVNO 사례

1) 도입 배경과 정책 수단

프랑스의 경우 EU의 새 규제 프레임워크 발효 이전에는 통신법상 MVNO에 관한 법적 근거를 마련하고 있지 않았다. 따라서 프랑스의 우편통신규제청(Autorit de Regulation des Telecommunication: ART)[14)]은 EU의 구 접속 규제 지침을 준수해 MVNO가 최소한 MNO의 가입자 위치 인식장치(HLR)에서 가입자 관리를

13) 2010년 말 기준으로 시장 1위 사업자는 Everything Everywhere가 가입자 수 2,798만 명, 시장점유율 37% 수준이다(변정욱, 2011: 24).

14) 1996년 통신법에 의해 통신 분야 규제를 위한 ART가 창설되었으며, 2005년 이후 우편 부문에 대한 관할권의 확대로 인해 ARCEP(Autoritite de Regulation des Communications Electrioniques et des Psteres)로 명칭이 변경되었다.

위한 SIM 카드를 발행할 수 있어야 한다고 규정하고 있었다(ART, 2002). 이에 SIM카드 및 네트워크에 대한 통제력을 갖지 아니한 상태에서 과금, 고객관리 등과 같은 마케팅에 사업 목적을 두는 경우는 로밍으로 간주해 왔다(변정욱, 2007). 예를 들어, 2002년 12월 Tele2 France와 Orange France의 MNO-MVNO 간 접속 협상과 관련한 분쟁 당시, ART는 프랑스 구법률에 따라 MVNO에 대해 접속을 포괄하지 않는 것으로 판단해 MVNO가 MNO에게 접속을 요청할 권리가 없는 것으로 결정한 바 있다(ART, 2002).

EU의 새 규제 프레임워크의 발효와 함께 프랑스 통신법은 개정되었다(2004년 6월). 이로써 프랑스 규제기관은 지배적 사업자에 대한 사전 규제를 부과할 수 있는 권한을 갖게 되었으며, MVNO를 포함한 이동통신시장에 대한 시장분석과 경쟁 상황 평가가 이루어졌다. 평가 결과 결합지배력을 보유하고 있다고 판단되는 Orange France, SFR, 그리고 Bouygues Telecom에 대해서는 MVNO 접속 요청에 대해 망 제공을 할 것을 제시했다. 그러나 EU의 새 규제 프레임워크를 반영한 이러한 일련의 조치에도 불구하고 ART는 모든 MNO에 대한 MVNO의 접속 제공 의무화를 도모하고자 했다. 이는 당시 3사에 불과한 MVNO만으로는 소매시장 경쟁을 활성화시키기에 한계가 있고, 이들 MVNO가 주로 틈새시장을 공략하면서 적극적인 점유율 확보를 위해 노력하지 않으며, 특히 MNO들의 소매가 요금 경쟁 촉발 우려로 인한 MNO의 접속 제공 회피가 도매시장의 발달을 저해할 것으로 판단했기 때문이다. 즉, ART는 이동통신시장을 주도하고 있는 MNO들의 구조적 변화를 도모하기 위해 장기적으로 영향력을 지닌 MVNO의 출현이 필수적인 것으로 인식했고, 모든 MNO에 대한 MVNO의 접속 제공을 의무화하고자 한 것이었다(이재영 외, 2008: 128-129). 2005년 프랑스 규제기관(ARCEP)은 이러한 내용을 반영한 사전 규제 방안을 EU에 통보했다. 그러나 EU는 그간 도매사업자인 Orange France가 다수의 MVNO와 협정을 체결하는 등의 경과를 보임에 따라 프랑스의 사전 규제 방안을 유보하고 경쟁 상황 변화에 대한 관찰을 지속할 것을 권고했다(EC, 2005).[15] 이후 EU의 권고에 따라 프랑스는 도매시장에 대한 사전 규

15) EU는 모니터링을 통해 MVNO가 경쟁 활성화를 위한 촉매재로서 기능하는지 여부를 평가할 수 있을 것으로 판단했으며, MVNO의 영향이 구체화되는 2006년 말까지는 이동전화 도매시장에 관한 분석을 제출할 것을 요구했다(강인규 · 오기석, 2009).

제의 필요성 여부에 대한 규제 방안을 철회하고, 대신 시장 상황을 모니터링해 이동통신 접속시장에서 시장지배력 보유 사업자로 지정되면 해당 망 제공 사업자는 가격 상한 규제로 접속료 규제를 받도록 했다.

2) 정책 성과 및 최근 정책 방향

2008년 5월 현재 9개의 MVNO가 MNO와의 협정을 통해 서비스를 제공하고 있는 것으로 조사되고 있다. 또한 통신, 유통, 청소년 등 다양한 영역에서 사업을 영위하고 있어 서비스의 다양성이 증가하고 있다. 2005년 이래 MVNO 가입자는 지속적으로 증가해 2008년 1분기까지 267만 명이 가입한 것으로 분석되었으며, 2009년 3분기에는 가입자 수가 317만 명으로 전체 가입자 수 대비 5.5%의 점유율을 나타내고 있다. 나아가 프랑스의 MVNO들의 점유율은 2010년 말 6.3%, 2011년 1분기에는 8.4%까지 성장할 것으로 기대되고 있다(BMI, 2011). 그렇지만 MVNO의 매출량과 통화량 측면에서의 점유율은 2.4%, 1.4%에 불과해 아직까지는 MVNO의 시장 경쟁 및 가격 인하에 미치는 영향력이 미흡하다는 점을 시사하고 있다. 이에 대해 ARCEP는 MNO의 경우 후불제 가입자가 많지만 MVNO는 선불제와 후불제 가입자의 비중이 비슷해 ARPU가 상대적으로 낮기 때문이며, 아울러 MVNO가 선불제 위주의 마케팅 중심으로 사업을 전개해 요금 경쟁 역시 후불제에 한정되는 양상으로 전개되고 있다고 평가하고 있다.

한편, ARCEP는 이와 같은 저효과를 타개하고 MVNO 시장을 활성화하기 위해 정책 변화를 모색하고 있다. ARCEP는 MVNO의 경쟁력이 낮은 이유를 소매요금 차감 방식(retail-minus)의 망 대가 산정이기 때문에 MNO가 MVNO의 요금 인하 수준을 사전에 감지할 수 있게 하고, 당사자 간 협상 조건에 따라 MVNO가 네트워크 요소에 대한 통제 권한을 보유하지 않으므로 요금 인하와 혁신적 서비스를 출시하는데도 한계가 있다고 인식했다. 특히, 매우 긴 협상 기간과 MNO에 대한 우선권을 부여한 협상 조건 때문에 MVNO는 다른 MNO와 협상할 수 있는 기회를 갖지 못하며, 또한 협약 조건에 MVNO의 설비 확충을 제약하는 조건이 포함되면서 MVNO의 활발한 사업 전개를 제약하고 있다고 판단했다. 이에 따라 ARCEP는 시장 자체, 신규 사업권 할당에 대한 정책적 고려, 규제 차원에서 접근하기로 했는데, 시장 측면에서는 MNO의 자정(自淨) 노력을 촉구하며, 신규 사업권을 부여할 때도 기술, 대가, 계약 조건의 배타적 조항을 금지하는 방안을 추진하고 있다. 마지막으로 협정 기간과 MNO에 우선권을 부여한 협정 조건의 완화를 위해서는 규제기관의 개입으로 이를 해소하려 노력하고 있다(이재영 외, 2008: 122; 이경석, 2012: 51).

3. 미국의 MVNO 사례

1) 도입 배경과 정책 수단

미연방통신위원회(FCC)는 이동통신서비스 초기부터 통신시장의 경쟁을 촉진하고 시장 확대를 유도하기 위해 이동통신사업자에 대한 재판매 서비스 제공 의무를 부과하고 있다. 1981년 재판매 및 공동이용 결정(Resale and Shared Use Decision)에 따라 면허권자가 설비용량의 재판매를 제한하지 않도록 규정하고 있는데, 이 정책은 신규 사업자의 면허가 다수의 신청자 중에서 심사를 통해 선정되어 지역사업자의 면허보다 늦게 결정되기 때문에, 신규 사업자의 재판매를 통한 빠른 시장 진입을 보장하기 위해 제정된 것이었다.[16] 재판매 제공 대상은 호를 재판매하는 SP뿐만 아니라 호를 우회해 제공하는 IA사업자도 해당되었다. 이후 1992년에는 비전화계 신규 사업자가 면허를 취득한 5년 이후에는 지역전화계 이동전화사업자가 재판매를 제공하지 않아도 되는 예외를 인정하기도 했는데, 이는 신규 사업자가 시스템 구축보다는 재판매에 의존하려는 문제를 예방하기 위한 목적을 지닌 것이었다(이재영 외, 2008: 63).

한편, 1996년 개인통신서비스(Personal Communication Service: PCS)가 시작되면서 셀룰러 사업자에게 부과했던 재판매 제공 의무는 광대역 PCS사업자 및 일부 실시간 쌍방향 음성 통화가 가능한 특별이동통신사업자로 확대했다(변정욱 외, 2007). 이후 셀룰러와 마찬가지로 PCS 면허가 마지막으로 부여된 이후 5년간 신규 이동통신 도입과 신규 사업자 등장으로 경쟁이 확대되고, 재판매 의무의 필요성이 줄어든 것으로 판단해 재판매 의무를 2002년 11월 24일까지 유지되도록 했다.

16) 미국의 이동전화 면허정책은 1981년에 시작되어 전국 734개 지역으로 구분하고 각 지역마다 2개의 이동전화 면허를 부과했으며, 2개 면허중 1개는 해당 지역의 지역전화사업자에게 부여하고 나머지는 지역전화사업자 이외의 신규 사업자에게 부여하는 방식이다.

2) 정책 성과 및 최근 정책 방향

미국의 경우, 2003년부터 MVNO와 망사업자 간 자율적 협상에 따른 계약이 유지되면서 MVNO들의 시장 진입이 비교적 활발했다. 특히 청소년, 인종, 기업, 선불제 이용자 등과 같은 서비스 차별화 요구에 대해 좀 더 유연하게 대응할 수 있는 MVNO에 대한 관심이 높아지면서 재판매 가입자 수는 2005년 말 6%, 2006년 말에는 7%로 증가한 바 있다. MVNO에 대한 관심은 MVNO의 증가로 나타나는데, 미국의 대표적인 MVNO인 Virgin Mobile이 성공적으로 시장에 안착하면서 2006년에는 50개 이상의 MVNO가 사업을 영위하고 있는 것으로 보고된 바 있다(Smith, 2007). 그러나 이들 중 대부분이 시장 진입에 실패하면서 2008년 현재는 약 30개 정도의 MVNO만이 활동하고 있는 것으로 파악된다.

한편, 현재는 일몰 규정에 의해 이동통신사업자에게 부과된 재판매 제공 의무는 폐지된 상태이며, MNO와 MVNO간 상업적·자율적 협상에 따라 재판매가 이루어지고 있다.

4. 일본의 MVNO 사례

1) 도입 배경과 정책 수단

일본 총무성은 이동통신시장의 경쟁 활성화 및 서비스 다양화, 이로부터 소비자 편익을 증진시키기 위한 목적으로 MVNO 도입을 고려한 바 있다(정재현·이충기, 2010). 이에 MVNO의 사업 활동과 관련되는「전기통신사업법 및 전파법의 적용 관계에 관한 가이드라인」(2002.6.11)을 발표했고, MVNO가 새로운 사업을 실시하는 것과 관련한 법령의 적용 관계 및 경쟁의 틀을 명확히 하고자 했다(변정욱 외, 2007). 이에 따라서 MVNO 정의, 참여 수속 절차, MNO와의 계약 관계, 다른 사업자와의 접속, 번호, 이용자와의 계약 관계, 로밍을 제도적으로 규정했다. 가이드라인 발효 이후 이동통신사업자와 이동통신시장에 진입하기로 한 신규 기업 등이 사업을 시작하면서 MVNO의 시장 진입을 촉진하기 위한 제도적 필요성이 요청되었고, 2007년 2월 가이드라인을 개정해 발표했다. 개정된 규정에는 MNO 망 투자 의욕 저하를 우려해 망 제공 의무 부과보다는 양자 간 계약 체결을 유도하고, 당사자 협의에 따라 도매전기통신 역무 제공 또는 접속 형태를 선택하도록 하여

자율적인 계약을 존중하는 내용을 담고 있다. 그러나 개정된 가이드라인이 상업적인 계약 체결을 유도하고자 하는 방향의 내용을 포함하고 있다고 할지라도, 접속 요청에 대한 정당한 이유가 없으면 접속 요구에 응해야 한다는 내용을 담고 있어 실제적으로 정당한 이유가 발생할 가능성이 매우 적기 때문에 사실상 실효성에서는 의무화에 가깝다고 판단하고 있다(윤일재 · 김남훈 외, 2008: 23).

2) 정책 성과 및 최근 정책 방향

일본의 MVNO 사업은 이동통신망을 이용해 기업 대상의 데이터 서비스를 제공하고 있다는 것이 특징이다. 2002년 총무성의 가이드라인 발표를 전후해 3개 MVNO가 기업용 서비스를 제공했고, 2008년 현재 8개 정도로 MVNO가 확대되었지만 여전히 기업 대상 서비스에 특화된 정책을 추진하고 있다. 이러한 점으로 미루어, 일본 규제기관은 MVNO 진입 활성화를 통한 서비스 다양화 및 요금 인하에 대한 성과 달성 여부에 대해 현재까지 미흡한 것으로 평가되고 있다(이재영 외, 2008: 145). 이러한 이유로는 첫째, 기존 MNO의 자발적 제공 유인의 부재, 둘째, MVNO와 MNO 간 무선망 제공 조건 및 대가에 관한 분쟁, 셋째, MVNO가 기업 고객 위주의 데이터 서비스로 한정되면서 MVNO의 활성화 미흡 등으로 파악된다.

이러한 이유로 현재 일본은 MVNO 진입 활성화 대책을 전개하고 있으며, MNO에 일정한 개방 조건을 부과한 MVNO 가입 활성화 유도, 도매 대가에서도 표준도매 요금제와 제공 조건의 게시, 그리고 데이터 서비스 중심에서 일반 고객을 대상으로 한 서비스 MVNO 진입 등을 위해 노력하고 있다.

제 4 절 국내 MVNO 정책 과정 분석

1. 도입 배경과 정책 수단

국내 이동통신 서비스 시장은 1984년 독점 체제로 시작해 1996년부터 신규 사업자 진입 및 M&A를 거쳐 2002년 이후 SKT, KT, LGU+의 이동통신 3사의 과점적 경쟁 상태가 지속되어 왔다. 2010년 말을 기준으로 SKT의 점유율은 매출액 기준 54.4%, 가입자 수 기준 50.6%로 여전히 50%를 상회하고 있어(정보통신정책연구원, 2011: 266) 정부는 과점시장의 개선과 시장지배적 사업자(SKT)의 독점적 폐해를 방지하고 공정 경쟁으로 다양한 서비스와 요금 인하 효과를 유도하고자 MVNO 도입을 본격화했다. 사실 국내 MVNO 도입 논의는 지난 2003년부터 시작되었지만, 2010년에 이르러 통신시장 경쟁 활성화를 위한 「전기통신사업법」 제38조가 신설되면서 본격적인 MVNO 사업이 추진되었다.[17] 「전기통신사업법」 개정 이후, 방통위는 구체적인 도매 제공 의무 서비스 기준과 별정통신사업 등록 요건 규정 등이 포함된 동법의 시행령을 개정했다(2010. 10). 그리고 동년 11월에는 「도매 제공 의무사업자의 도매 제공 의무 서비스 대상과 도매 제공의 조건, 절차, 방법 및 대가의 산정에 관한 기준(도매 제공 고시)」을 제정했다. 이후 MVNO의 조속한 서비스 개시를 위한 지원 방안이 마련되면서(2011.5), 한국케이블텔레콤, 온세텔레콤 등 총 15개의 MVNO가 별정 4호로 등록 서비스를 제공하고 있다(2011년 현재).

이와 같은 MVNO 제도 도입과 관련된 주요 규제 및 촉진 수단을 중심으로 구체적 특징을 살펴보면 다음과 같다.

1) 망 제공 의무화

국내 MVNO 제도는 도매 제공 의무사업자로 시장지배적인 사업자에 한정하고 있다. 즉, 전기통신사업법 시행령에서는 도매 제공 의무사업자 및 의무 서비스로 시장점유율이 가장 높은 사업자의 이동통신서비스를 지정할 수 있도록 규정하고 있어, 시장지배적 사업자인 SKT는 도매 제공 사업자로 지정되었고, MVNO의 망

---

17) 2003년 구(舊)정보통신부는 「통신시장 경쟁정책 방향」(2003.7.24.)을 통해 후발 사업자가 선발 사업자의 통신설비를 공동으로 활용할 수 있는 필수설비 의무 제공 제도와 무선재판매 제도를 도입하는 문제에 대해 경쟁 상황 등을 감안해 신중하게 검토하기로 한 바 있다. 그러나 이를 위한 후속 조치는 이루어지지 않은 채 논의는 정체되었다. 이후 지난 2006년 정보통신부의 '중장기 통신규제정책 로드맵', 2007년 7월 「전기통신사업법」 제38조(전기통신서비스의 도매 제공) 개정안을 입법예고하면서 MVNO 제도 도입을 재추진했으나 도입 추진 과정에서 기관 간 의견 조정 등으로 인해 지연 및 법안이 폐기된 바 있고, 이후 2010년 3월 18대 국회의 재정안에 대한 의결로 전기통신서비스의 재판매 및 도매 제공 제도의 법적 토대가 마련되었다.

표 3-2 전기통신사업법 개정안 주요 내용

구분	주요 내용
도매 제공 의무 사업자 및 서비스 지정	기간통신서비스 중 전년도 시장 점유율이 일정 수준 이상인 기간통신사업자를 의무사업자로 지정
도매 제공의 조건, 절차 및 방법 고시	협정 체결을 위한 구체적 절차와 설비 및 서비스에 대한 도매 제공 기준·사용 기간·사용 제한·거절 사유 등을 규정
90일 이내 협정 체결 의무화 및 협정 인가제도 도입	도매 제공 의무사업자는 재판매 사업자가 협정을 요청할 경우 90일 이내에 협정을 체결하고 30일 이내에 방송통신위원회에 인가 신청
사업자 간 분쟁에 대한 사후 규제	재판매사업자는 협정이 법으로 정해진 기간 내에 체결되지 않거나 체결할 수 없는 경우에는 재정 신청을 할 수 있도록 근거 규정을 마련하고, 도매 제공 시 차별적 조건을 부과하거나 협정 체결을 거부하거나 협정을 불이행하는 것 등을 금지행위의 유형으로 규정
도매 제공 대가	정부가 사전적으로 규제하지 않고 시장 자율을 원칙으로 함.

제공 요청에 응대할 의무가 부여되었다. 그렇지만 시장 경쟁 상황에 따라 법 시행 후 3년까지만 유효한 일몰제로 추진되어, 한시적 사전적 규제로 시행되었다는 특징이 있다. 이는 당초 정보통신부가 MVNO 도입을 위해 고려했던 내용에서 변경된 것으로 이는 전기통신사업법 개정을 추진하면서 부처 간 의견 수렴 및 국회의 법안 심사 과정에서 방송통신위원회가 정책 방향을 수정한 데에서 비롯한다.[18)]

결과적으로 국내 MVNO 제도는 의무사업자 지정, 조건, 절차, 방법 등에 대해서는 규제기관이 사전적으로 규제하며, 국회 및 이해관계자로부터 과도한 규제라 지적받은 사전 대가 규제를 정부가 대가 기준을 정하는 것이 아니라 도매 제공 의무사업자가 공급 비용에 비해 부당하게 대가를 높게 결정할 경우에 금지행위로 규제하겠다는 방향으로 결정되었다.

18) 2006년 정보통신부의 '전기사업법 개정안'에 대해 공정거래위원회와 총리실은 재판매 의무화가 시장 자율성을 훼손할 수 있기 때문에 개별 서비스로 대상을 최소화하고, 시장 활성화가 될 경우 도매 제공 의무가 해제된다는 내용을 포함할 것으로 권고했으며, 이후 국회에서도 개정안이 규제 완화 추세에 부합하지 않고 행정력의 남용 소지를 우려한 바 있다. 방송통신위원회는 이와 같은 일련의 과정에서 개진된 의견을 수렴해 도매 제공 지정을 3년간 한시적으로 도입하고, 대가 산정에서도 사전 규제가 과도한 규제라는 지적에 따라 공급 비용에 대해 부당한 대가를 결정할 경우에 한정해 규제하는 사후규제로 변경했다.

2) 접속 대가 산정

전기통신사업법과 시행령 개정과 함께, 방송통신위원회는 「도매 제공 의무사업자의 도매 제공 의무 서비스 대상과 도매 제공의 조건, 절차, 방법 및 대가의 산정에 관한 기준」(도매 제공 고시 2010.11)을 제정해 도매 제공 의무사업자의 준수 기준을 제시했다. 도매 제공 고시에는 다량 구매 할인, 자가 소비 제한, 이용 약관 마련, 재제공에 대한 제한 등의 내용을 포함하고 있는데, 구체적으로는 ① 도매 제공 대가를 소매요금 차감 방식(retail-minus)으로 산정, ② MVNO의 시장 진입 및 경쟁 효과가 미흡한 경우 방송통신위원회는 SKT 및 MVNO사업자와 협의해 다량 구매 할인을 대가 산정에 반영, ③ MVNO가 자신 또는 구성원들의 통신비 절감을 주목적으로 하는 경우에는 SKT가 도매 제공을 거부할 수 있고, ④ SKT는 도매 제공 대가, 단일 협상 창구 등을 주요 내용으로 하는 이용 약관을 마련해 MVNO 사업자에게 공개, ⑤ 재제공은 원칙적으로 금지하되, MVNO사업자가 소비자 보호

표 3-3 도매 제공 조건 · 절차 및 대가 산정 기준 주요 내용

구분	도매 제공 고시	도매 제공 가이드라인
대가 산정 방식	도매 제공 의무사업자의 소매요금을 기준으로 소매 서비스를 제공하지 않음으로써 회피할 수 있는 비용을 차감해 산정하는 소매가 차감 방식(retail-minus) 적용	
다량 구매 할인	MVNO의 시장진입 또는 경쟁 촉진 효과가 미흡한 경우, 방송통신위원회는 SKT 및 MVNO와 협의해 다량 구매 할인을 대가 산정에 반영	가입자가 20만 명 이상일 경우 도매 제공 대가를 1%~6%까지 할인 데이터 전용 도매 대가는 기존 데이터 도매 대가 대비 50% 추가 할인
자가 소비 제한	MVNO가 자신 또는 구성원들의 통신비 절감만을 주목적으로 하는 경우에는 SKT가 도매 제공을 거부할 수 있도록 함.	자가 소비 규모는 자사 및 계열회사 임직원의 20% 초과를 금지
이용 약관 마련	SKT는 도매 제공 대가, 단일 협상창구 등을 주요 내용으로 하는 이용 약관을 마련해 MVNO 사업자에게 공개	
재제공(再提供) 제한	재제공은 원칙적으로 금지하되, MVNO 사업자가 소비자 보호 등에 문제가 없다는 것을 입증한 경우에는 SKT가 허용	재제공은 MVNO로 등록한 사업자에게만 가능하며, 재제공 시 이용자 보호에 대한 연대책임 의무를 부과

등에 문제가 없다는 것을 입증한 경우 SKT가 허용한다는 내용이었다.

한편, 방송통신위원회는 도매 제공 고시 이후 2011년 7월 도매 제공 조건, 절차 및 대가 산정 내용을 중심으로 하는 '도매 제공 가이드라인'을 제정해 MVNO 경쟁 여건 개선을 위한 지원 방안을 제시했다. 가이드라인은 ① 가입자가 20만 명 이상일 경우 도매제공 대가를 1~6%까지 할인하며,[19] ② 데이터 전용 도매 대가는 기존 데이터 도매 대가 대비 50% 추가 할인, ③ 자가 소비 규모는 자사 및 계열회사 임직원의 20% 초과 금지, ④ 재제공은 MVNO로 등록한 사업자에게만 가능하며, 재제공 시 이용자 보호에 대한 연대책임 의무를 부과하는 내용을 포함하고 있다.

3) MNO 자회사의 MVNO 시장 진입

이동통신사의 자회사가 MVNO 사업에 진출하는 것은 큰 이슈이다. 초기 MVNO의 시장 진출이 예상되고 있는 상황에서 계열사의 시장 진출은 독립 MVNO의 성공적 안착과 공정 경쟁을 저해할 우려가 있기 때문이다. 그러나 이에 반해 계열사의 자회사 진출을 규제하는 것은 법적 근거 및 과도한 규제라는 측면에서 논의가 계속되어 왔다.

MVNO 제도 도입 초기 방송통신위원회는 이동통신사 계열사의 재판매 시장 진입과 관련해서 계열회사의 재판매 진입 결정을 유보했고, 6개월 이상 기간이 경과한 후에 재검토하기로 결정한 바 있다(2011. 6). 이에 따라서 MVNO로서 사업을 준비해 오던 SKT의 자회사인 SK텔링크와 KT의 자회사인 KTIS는 MVNO 사업이 본격 시행되기 전 MVNO 도입 취지에 맞지 않기 때문에 시장 진입을 유보할 것으로 통보받기도 했다. 그러나 최근 방송통신위원회는 MVNO의 경쟁 환경이 지속되고 있고, 해외 사례에서도 계열사의 시장 진출을 규제한 바가 없다는 이유로 별정통신사업자 등록 후 1년 이내 사업 개시 의무 등을 고려해 이통사 계열회사의 재판매 시장 진입을 허용하기로 결정했다(2012. 10 31). 다만, ① 결합 판매 행위 제한, ② 판매영업 관련 공정 경쟁 의무, ③ 도매 제공 용량 제한, ④ 제공 서비스 제한 등 공정 경쟁에 관한 조건을 부과하기로 하여, 계열회사를 통한 불공정행

19) 방송통신위원회는 최근 시장 초기 재판매 사업자의 가입자 모집 유인과 상품경쟁력 제고를 위해 다량 구매 할인율 적용 기준을 완화하기로 하여 할인 구간별 가입자 규모를 각각 5만 명씩 하향 조정했다(방송통신위원회 보도자료, 2012.3.29).

표 3-4 MNO 자회사의 공정 경쟁 관련 부과 조치

구분	주요 내용
결합판매 행위 제한	기존 이통사의 결합판매 이용 약관 인가 의무를 계열회사에도 적용 ※ 계열회사가 SKT의 이동통신 서비스 또는 KT의 시내전화 서비스를 포함하는 결합상품을 판매하고자 할 경우에는 모기업과 동일하게 이용 약관 인가 의무를 부여
판매영업 관련 공정 경쟁 의무	모기업의 직원·유통망을 이용한 영업활동과 마케팅비 보조 금지
도매 제공 용량 제한	도매 제공 여유 용량을 계열회사에 부당하게 몰아주는 행위를 금지
제공 서비스 제한	2012.6.1부터 선불 서비스만 우선 제공하고, 후불 서비스는 일정 기간 경과 후 2013.1.1부터 제공 가능 ※ 이미 시장에 진입한 비계열 재판매 사업자의 후불 서비스 개시 (2011년 11월)로부터 1년 이상이 경과한 시점임.

출처: 방송통신위원회 보도자료(2012.5.4).

위를 예방하기 위한 장치를 마련했다.

4) MVNO 촉진 수단

MVNO 도입을 위한 위와 같은 여러 규제 수단과 함께 방송통신위원회는 MVNO가 조속히 시장에 안착하고 성공적인 사업을 영위할 수 있도록 다차원적인 지원 수단을 마련했다. 지원 방안은 2011년 두 차례의 전담반 운영을 통해 마련되었는데, ① MVNO의 단말 수급 방안, ② 부가 서비스 제공 방안, ③ MVNO와 도매 제공 의무사업자 간 설비 연동, ④ 설비 설치 비용 부담 주체 등과 관련된다.

2. MVNO 도입의 정책 성과

2010년 9월 전기통신사업법 시행 이후 2012년 5월 현재까지 국내 MVNO로 등록한 사업자(별정 4호)는 총 22개에 이르는 것으로 조사되고 있으며, 향후 MVNO들은 번호 이동 및 후불요금제의 가속과 함께 더욱 가속화될 것으로 예상된다. 한편, MNO별 MVNO를 살펴보면, SKT 4개, KT 9개, LGU+ 9개로 도매 제공 사업자로 지정된 SKT의 망을 임대하는 사업자 수가 적은 편이다.

표 3-5 MVNO 활성화를 위한 정책적 지원 수단

구분	내용
MVNO 단말 수급 지원	- 2012년 6월까지 도매 제공 의무사업자가 재고 단말 지원 - 도매 제공 의무사업자는 매달 MVNO에게 재고 단말의 종류와 수량 공개 - 재고 단말 물량이 부족할 경우 MVNO와 제조사가 협의할 수 있도록 도매 제공 의무사업자가 적극 중재 - MVNO의 단말 제작 지원을 위해 주파수, 프로토콜 등 단말 개발에 관한 기준을 제공
통화 가능 부가 서비스 제공	- 발신번호 표시, 영상통화, MMS 등 통화 관련 부가 서비스 15종을 제공하기로 합의 - MVNO가 독자적 부가 서비스를 제공하고자 하는 경우에는 도매 제공 의무사업자가 적극 협조
설비 설치 일정 합의	- 도매 제공 의무사업자는 HLR, UCMS 등 MVNO가 구축해야 하는 설비에 대해 표준규격을 공개 - MVNO 사업자는 표준규격이 공개된 설비에 대해 2011년 말까지 투자 구축 선불 서비스에 대해 MVNO 사업 수행을 위해 필요한 모든 사항을 도매 제공 의무사업자가 지원
설비 설치 비용 부담 경감	- MVNO 사업 초기 비용 부담 완화를 위해 2012년 말까지 설비 설치 비용을 유예

출처: *ZDnet Korea*, 2011년 5월 16일자.

표 3-6 이동통신사별 MVNO사업자 현황(2012.5)

구분	SKT	KT	LGU+
MVNO 사업자	아이즈비전, 한국케이블텔레콤, 한국정보통신, 유니컴즈	에넥스텔레콤, 에버그린모바일, KT파워텔, 프리텔레콤, 씨엔커뮤니케이션, 위너스텔, S로밍, 인스프리트, 온세텔레콤	몬티스타텔레콤, 씨엔엠브이엔오, 비앤에스솔루션, 자티전자, 에프아이텔, 리더스텔레콤, 인터파크, 스페이스네트, 머천드코리아

출처: 방송통신위원회 홈페이지 재구성.

비록 단기간에 많은 MVNO가 생겨나고 MVNO 가입자 수는 2012년 6월 말을 기준으로 하여 이동통신 3사 전체 814,549명에 이르고 있다. MVNO의 가입자 수 점유율을 분석해 보면, SKT 22.5%, KT 52.0%, LGU+가 25.5%이다. 그러나 KT

표 3-7 이동통신사업자별 가입자 수 현황

(단위: 명)

구분(명)		2011.11	2012.12	2012.1	2012.2	2012.3	2012.4	2012.5	2012.6	증감(%)
SKT	자사	26,452,876	26,497,267	26,497,787	26,457,577	26,437,705	26,443,279	26,451,287	26,476,126	0.01
	MVNO	36,137	55,449	73,711	89,299	118,443	143,037	159,671	182,872	26.07
	합계	26,489,013	26,552,716	26,571,498	26,546,876	26,556,148	26,586,316	26,610,958	26,658,998	0.09
KT	자사	16,233,415	16,249,110	16,297,611	16,302,650	16,245,354	16,152,757	16,085,715	16,063,633	-0.15
	MVNO	311,312	314,048	322,779	337,210	353,417	371,053	397,242	424,287	4.52
	합계	16,544,727	16,563,158	16,620,390	16,639,860	16,598,771	16,523,810	16,482,957	16,487,920	-0.05
LGU+	자사	9,304,790	9,357,731	9,395,259	9,449,607	9,344,841	9,468,842	9,567,560	9,644,495	0.51
	MVNO	35,027	33,188	31,412	30,407	209,324	208,550	207,677	207,390	28.93
	합계	9,339,817	9,390,919	9,426,671	9,480,014	9,554,165	9,677,392	9,775,237	9,851,885	0.77
합계		52,373,557	52,506,793	52,618,559	52,666,750	52,709,084	52,787,518	52,869,152	52,998,803	0.17

출처: 방송통신위원회 월별 통계자료 정리.

의 경우 과거 별정사업을 통해 재판매 서비스를 했다는 점을 고려할 때, MVNO들의 경쟁 환경도 지속적으로 개선되고 있다고 할 수 있다. 또한 MVNO 가입자 수가 기간망 사업자와 비교해 급격한 증가가 이루어지고 있으며, 특히 2012년 2월 이후, 7개월간의 가입자 수는 급격하게 증가하고 있다. 그러나 이동통신 전체 가입자 기준으로 볼 때 MVNO들의 점유율은 1.5%에 해당하며, 이들이 이동통신시장의 경쟁 압력에 미치는 효과는 매우 미흡한 수준이다. 즉, MVNO 제도 도입 효과가 나타나고 있으나, 아직까지 국내 재판매 시장이 충분히 활성화되지 못하고 있는 것으로 볼 수 있다.

한편, 변정욱(2011)에 따르면, 이동통신 소매시장의 경우 2010년 말 기준으로 SKT가 매출액 점유율 54.3%, 가입자 수 기준 50.6%, 통화량 기준 55.3%로 여전히 50%를 상회해 경쟁이 미흡한 것으로 분석된다. 또한 이동통신시장의 집중도(HHI) 지수는 최근 5년간 거의 변화를 보이고 있지 않다. 분석 시점이 MVNO 및 도매 제공 제도 초기 단계로서 MVNO의 가격 인하 효과를 파악하기 어렵지만, 재판매 사업자가 본격적인 사업을 전개하는 이후에 어느 정도 실효가 나타날 것으로

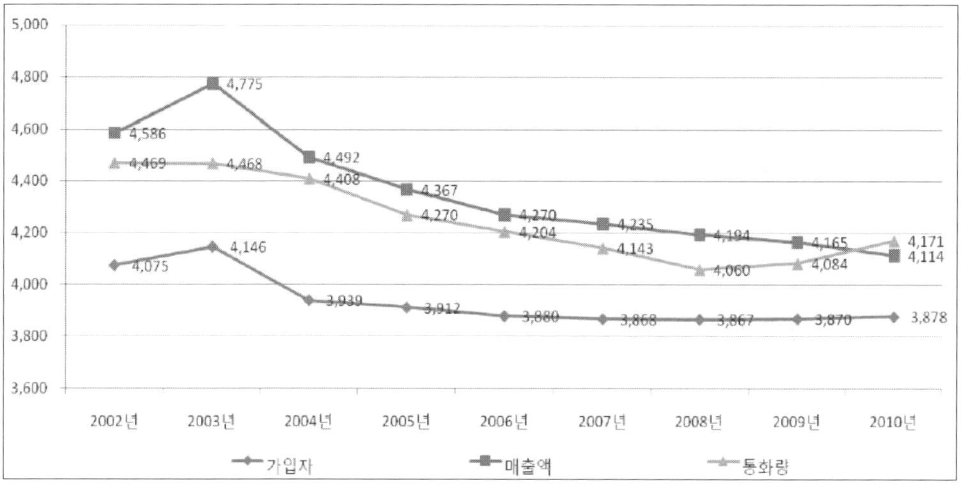

그림 3-3 이동전화 HHI지수 추이(무선 재판매 포함)

출처: 사업자영업보고서를 토대로 작성한 변정욱(2011: 239)에서 인용.

예상되고 있다.

3. 최근 정책 방향

MVNO 및 서비스 인지도, 선불제 중심 마케팅, 단말 라인업 부족, 번호이동성 미시행 등에 따라 MVNO에 의한 경쟁 압력이 미흡한 것으로 분석된다(변정욱, 2011). 사실 국내 MVNO들은 안정적인 시장 진입을 위해 선불제 중심으로 사업을 전개한 바 없지 않다. 〈표 3-8〉에서 볼 수 있는 바와 같이, 2012년 6월 기준 SKT 망 이용 MVNO는 약 90.1%, LGU+ 86.8%가 선불요금제 가입자이다. 같은 기간 망사업자의 가입자 수 대비 선불요금제 가입자 비중은 SKT 1.6%, KT 0.9%, LGU+ 2.1%로 MVNO의 선불요금제 비중이 월등히 높은 편이다.

최근 방송통신위원회는 도입 초기 미흡한 MVNO 제도 도입의 효과를 좀 더 강화하고 본격화하기 위한 후속 조치들을 추진하고 있다. 먼저 MVNO 활성화 종합계획을 마련(2012. 3. 29)해 후속 조치 이행의 기반을 마련했는데, 계획안은 ① 재판매 사업환경 개선, ② 재판매 이용 환경 개선, ③ 재판매 시장의 불확실성 해소 등 3대 전략과 10대 과제를 포함하고 있다. 먼저, 재판매 사업 환경 개선을 위해서

표 3-8 MVNO의 선불요금 가입자 추세 및 비중

(단위: 명)

구분		2012.1	2012.2	2012.3	2012.4	2012.5	2012.6
SKT 망 이용 MVNO	전체	73,711	89,299	118,443	143,037	159,671	182,872
	선불	64,193	79,415	108,127	137,072	151,434	164,805
	후불	9,518	9,884	10,316	5,965	8,237	18,067
	선불 비중	87.1%	88.9%	91.3%	95.8%	94.8%	90.1%
KT 망 이용 MVNO	전체	322,779	337,210	353,417	371,053	397,242	424,287
	선불	102,063	106,619	111,492	119,390	127,664	138,740
	후불	220,716	230,591	241,925	251,663	269,578	285,547
	선불 비중	31.6%	31.6%	31.5%	32.2%	32.1%	32.7%
LGU+ 망 이용 MVNO	전체	31,412	30,407	209,324	208,550	207,677	207,390
	선불	-	-	177,340	172,453	180,100	180,007
	후불	-	-	31,984	36,097	27,577	27,383
	선불 비중	-	-	84.7%	82.7%	86.7%	86.8%

출처: 방송통신위원회 월별 통계자료를 토대로 작성.

는 단말기 수급 환경 개선을 위한 USIM 제작 사양 공개 및 시험 기간 명확화, 단말 지원을 위한 이통사 중심의 단말기 유통구조 다양화, 재판매 제공 서비스 확대, 무선랜 망 도매 제공 전파사용료 비용 부담 완화와 번호이동 처리를 위한 일회성 비용도 면제하기로 했다. 재판매 이용 환경 개선을 위해서는 USIM 이동 확대와 번호이동제도 개선으로 모든 유형의 MVNO와 기존 이동통신사 간 이동과 선·후불제 간 이동도 추진하기로 했다. 그리고 재판매 시장의 불확실성 해소를 위해서는 도매 대가 재산정 및 다량 구매 기준을 완화하고자 했으며, 일몰제로 추진되는 현행 제도의 연장 검토와 의무 서비스를 확대하는 방안을 검토, 추진하고자 하는 내용을 담고 있다.

이러한 종합계획에 따라 이용자가 단말기를 구입해 희망하는 통신사를 선택해 이용 가능한 이동전화 단말기 자급제가 시행되었으며(2012. 5. 1), 이와 함께 단말기 유통 경로에 관계없이 요금 할인 혜택을 부여하는 할인요금제가 추진되는 등(2012. 5. 7) MVNO의 초기 시장 안착을 지원하고 경쟁 활성화를 위한 다양한 정책적 노력을 기울이고 있다.

4. 국내 · 외 사례분석의 종합 및 함의

전 세계적으로 MVNO 시장은 2000년대 중 · 후반 급속한 성장을 했다. 2000년대 초반 MVNO는 10개에도 미치지 못했지만, 매년 수십 개의 MVNO가 사업을 영위하고 있다. 가입자 수는 세계적으로 8,570만 명에 이를 것으로 예상될 만큼 빠른 성장을 하고 있다(OVUM, 2010). 이러한 추세에서 MVNO 제도 도입으로 이동통신시장의 경쟁 유인하기 위한 정책은 국가별로 다양한 시각과 관심을 가지고 진행되어 왔다. 살펴본 바와 같이 영국과 프랑스의 경우는 이동통신사업자의 소매시장에 대한 지배력 전이를 막고 서비스 기반의 경쟁 활성화를 위해 NO와 SP를 분리하고, 네트워크 설비에 대한 의무 제공을 추진해 왔다. 그러나 2002년 시장지배적 사업자에 대한 망 접속 제공을 의무화하는 EU의 새 규제 프레임워크가 발효된 이후에는 망 제공 의무를 폐지하고 상호간의 자율 협상으로 정책을 변경했다. 또한 미국 · 일본 등은 초기부터 재판매 제공에 대한 의무 규정을 별도로 두지 않고 있으며, 현재까지도 재판매가 자율 협상을 통해 이루어질 수 있도록 하는 등 시장의 자율성에 위임하는 방향으로 정책이 추진되고 있다.

우리나라의 MVNO 제도는 시장지배적 사업자가 존재하는 상황에서 MVNO-MNO 간 완전한 자율적 협상에 의존하지 않고, 시장지배적 사업자에게 망 제공 의무화를 제도화하고 있어, 제도 도입 초기 MVNO 사업의 활성화를 위한 규제기관의 역할을 좀 더 강조한 것으로 파악할 수 있다. 아울러, 최근 방송통신위원회의 MVNO 활성화 방안에는 시장의 불확실성 해소를 위해 3년 일몰제로 추진되었던 의무화 규정을 재검토하는 내용을 포함하고 있어, 당분간 의무 제공 사업자 선정의 사전 규제에 대한 논란은 지속될 것으로 예상된다. 향후 망 제공 의무화가 미국 및 유럽 국가와 같이 완전하게 시장의 거래에 의해서 추진될 수 있을지는 예의주시해야 할 필요가 있으나, 의무화를 유지하기 위해서는 면밀한 시장 상황 분석 및 MVNO의 시장 기여에 대한 평가가 공정하게 선행될 필요가 있을 것이다.

한편, MVNO제도 도입의 성과를 살펴보면, MVNO 도입으로 소매시장의 행위자가 증가하고 있고, 사업자들의 점유율이 일정 정도 증가하고 있어(미국 8%, 영국 12.6%, 프랑스 6% 등) 소매시장에 대한 경쟁 압력이 증가하고 있는 것으로 분석되고 있다. 그뿐만 아니라 외국의 MVNO와 국내에서 현재 사업을 준비하고 있

표 3-9 각국의 MVNO 제도 및 현황 비교

	도매 제공 의무화	대가 산정 방식	MVNO 점유율	MVNO 수
미국	1983년 무선 재판매 의무화 2002년 규제일몰로 폐지	자율 협상	8% (2008. 6)	60개 (2010년)
영국	1985년 무선 재판매 의무화(사업권) 2002년 규제 폐지(SMP 가능)	자율 협상→ 원가기반 규제 가능	12.6% (2009. 12)	29개 (2010년)
프랑스	MVNO 도입 전 규제 없음. 2002년 SMP 가능	자율 협상→ 원가기반 규제 가능	6.15% (2010. 3)	29개 (2010년)
일본	MVNO 도입 전 규제 없음. 2002년 가이드라인 발표 (사실상 의무화)	자율 협상	0.2% (2008. 12)	11개 (2008년)
한국	2011년 가이드라인 발표 도매 제공 의무화(SMP 한정)	자율 협상 소매요금 공제	1.5% (2012. 6)	22개 (2012. 5)

출처: 정재현 · 이충기(2010:88-90), 변정욱 외(2010: 50), 변정욱 외(2011: 20-21)를 수정 보완.

는 MVNO들은 저가의 서비스를 제공하고 있어 MVNO 간 경쟁 및 소매시장에서의 가격 인하가 유발되고, 이에 따라 소비자의 선택폭도 증가할 것으로 예상할 수 있다. 그렇지만, 이들이 최종적으로 이동통신시장의 가격 인하에 미치는 영향은 미흡한 것으로 분석되고 있다. MVNO 도입에 따른 통신요금 인하 효과는 다차원적인 제도가 결합되어 있어 제도 도입의 순효과를 도출하기 어려운 측면이 있다. 그럼에도 불구하고 유럽 국가에서는 MNO-MVNO 간 자율 협상에서 MVNO의 상대적으로 낮은 협상 지위가 미치는 영향과 도매가 산정 과정에서 MNO의 영향력으로 인해 MVNO가 충분히 활성화되지 못한 데에서 비롯하는 것으로 판단하고 있다. 따라서 국내 MVNO 도입의 궁극적 효과 창출을 위해서는 MNO와 MVNO 간 공정한 협상 과정이 될 수 있도록 규제기관의 관심이 집중되어야 할 것으로 판단된다.

여러 국가에서 MVNO 도입 초기 MVNO들은 안정적 시장 진입을 위해 선불제 요금 고객 확보를 경영전략의 핵심으로 추구하는 것으로 분석되었다. 이러한 점은 결국 MVNO들이 고(高)ARPU 고객군을 확보하지 못하게 되고, 나아가 MNO가 상대적으로 집중하고 있는 후불요금제와의 경쟁을 회피하게 되어 가격 인하에 대한 효과를 창출하지 못하게 된다. 이러한 점에서 영국과 프랑스의 사례에서 MVNO

들이 발달하게 되는 이유가 MNO와 견고한 계약으로 고(高)하이엔드 ARPU군을 확보하고자 하는 MVNO의 시장전략 추구가 원동력이 되고 있음을 상기해 볼 필요가 있다. 따라서 국내 MVNO 시장을 활성화하기 위해서는 망 제공 관련 규제와 더불어, 시장 상황을 예의주시해 MVNO의 수익성을 제고하기 위한 여러 정책 수단이 종합적으로 지원될 필요가 있다.

제 5 절 결론

MVNO 제도는 국내 이동통신시장에서 오랫동안 핵심 이슈로서 제기되어 왔다. MVNO 도입은 경직된 국내 이동통신시장을 좀 더 효율적인 경쟁 체제로 유인할 수 있다는 데 그 의의가 있다. 효율적 경쟁이 이루어질 경우 서비스의 양과 질이 향상되므로 가격 인하가 가능하고, 나아가 통신산업 전반의 경쟁 활성화를 야기해 사회적 후생을 증진시킬 수 있다. 아울러 MVNO 제도 도입과 함께 새로 생겨나는 틈새시장(niche market)을 활용하기 위한 다양한 MVNO의 활약으로 시장구조의 변화가 기대된다.

이 연구는 이러한 맥락에서 추진되고 있는 국내 MVNO 제도가 성공적으로 추진되기 위한 조건들을 해외 사례를 통해 분석하고 이를 통해 국내 MVNO 제도에 대한 발전적인 함의를 모색해 보고자 했다. 국·내외 사례를 종합해 국내 MVNO 제도의 미래 방향 및 규제기관의 역할에 대한 함의를 정리하면 다음과 같다.

첫째, 성공적인 MVNO의 활성화를 위해서는 MNO와 MVNO 간의 협력이 요구되며, 자율적인 협상에 의해 재판매가 이루어질 수 있는 환경 조성이 필요하다. EU의 새 규제 프레임워크에서 권고하고 있듯이 MVNO 사업은 MNO와의 자율적 협의에 의해 진행되는 것이 일반적이며, 시장 우위를 지니고 있는 MNO들이 MVNO가 사업을 영위하는 데 여러 도움을 주고 있다. 다만, 해외에서도 시장지배적 사업자가 존재하는 경우는 망 제공에 대한 의무 규제가 MVNO의 초기 정착을 도모하고, 기대한 성과를 창출하는 데 유리한 것으로 분석되는 바, 현 국내 이동통신시장의 경쟁 상황을 고려할 때, 의무 제공 사업자 선정은 글로벌 규제 추세에서 바람직해 보인다. 그러나 최근 방송통신위원회는 3년 일몰 규정으로 추진된 의무제공 사업자 선정에 대해 시장의 불확실성을 제거하고 MVNO 활성화를 위한다는 이유로 재검토하기로 한 바 있다. 3사 구조의 경직된 통신시장의 유연성을 도모하고, 다양한 서비스 제공이 가능한 사업자를 증가시키기 위한 규제기관의 역할은 바람직할 수 있으나, 과도한 사전 규제가 시장의 경직성을 초래한다는 측면에서 규제기관은 자유로울 수 없으며 MNO의 자발적 협력을 촉진할 수 없다. 따라서 추후 시장의 경쟁 상황에 대한 객관적 기준과 협의가 필요하고, 이는 면밀한 시장 상황 평가를 전제로 수행되어야 할 것이며, 궁극적으로 통신시장에 대한 개입을 최소화하는 방향에서의 정책 결정이 필요하다. 국내 MVNO 제도 도입에 따른 반대 논리는 다양한 측면에서 제기되고 있지만, 문제의 중심에는 규제기관의 과도한 시장 개입에 있다. 이러한 논란의 배경에는 해외 사례에서 볼 수 있듯이 MVNO의 도입 효과에 대한 경험적 결과의 부재에서 비롯한다. 국내 MVNO 제도가 3년간의 의무화를 유예 조건으로 상정하고 있기 때문에 단기적으로는 MVNO들의 진출과 시장성이 보장될 수 있을 것이라고 기대할 수 있지만, 향후 이동통신시장에 대한 규제는 시장의 경쟁 상황을 예의주시하고 평가하는 정부의 역할이 좀 더 중요하며, 정부 개입으로 인한 왜곡과 재정 비용을 최소화하는 방향에서의 역할을 강구할 필요가 있다.

둘째, MVNO 관련 규제는 MVNO의 진입과 가격 효과의 측면에 국한하지 않고, 미래 설비투자 확대와 신규 서비스 창출로 연결될 수 있는 방향으로 모색되어야 한다. MVNO 제도는 이동통신시장의 과점적 시장 구도를 다양한 성격의 사업자를 경쟁에 유인해 유무선 통신이 융합되는 시장환경 속에서 하나의 시장 내 시장 지배력이 다른 시장으로 전이되는 것을 약화시키려는 데 그 목적이 있다. 따라서 MNO와 같은 제너널리스트(generalist)에게 끊임없이 자극을 주기 위한 스페셜리스트(specialist)를 양성할 수 있어야 하며, 이러한 측면에서 MVNO가 성공 가능한 분야에 대한 개발 및 정책적 지원 등으로 상호 자극을 촉진할 수 있어야 한다. 이와 같은 방향에서 다양한 경쟁 촉진 수단(예: USIM 제도, 선불요금제, 번호이동 등)의 문제에 대해서도 제도의 실효성을 강화할 수 있는 방향으로 강화할 필요가 있다. 이동통신사들의 콘텐츠 및 유통 체계가 오랜 경영적 노하우를 축적한 보이지 않는 장벽으로 작용할 가능성이 높다는 점에서 초기 MVNO의 사업 기간을 어느 정도 보장해 줄 필요가 있다고 판단되며, 이와 관련해 최근 방송통신위원회의 MVNO 활성화를 위한 후속 조치인 이동전화 단말기 수급환경 개선(자급제 및 할인요금제 등), 무선랜(WiFi)망 도매 제공, USIM, 번호이동제도 개선 등과 같은 후속 조치들이 조속히 추진될 필요가 있다. 이와 같은 여러 지원 수단이 종합적으로 지원될 때, MVNO는 '저가 이동통신사'라는 이미지에서 탈피해 고부가 서비스를 제공하는 저가의 이동통신사로서 진화해 시장에서 의도한 효과를 창출할 수 있을 것이다.

셋째, 정부는 MVNO와 MNO와의 자율적 협약이 전략적으로 이용되는 자율성의 역설적 현상을 예의주시할 필요가 있다. 해외 사례에서 일부 나타나듯이, 국내와 같이 오랜 과점적 시장 구도에서는 MNO들의 MVNO 이용 전략으로 의도와는 달리 사업자 간의 종속성을 높여 시장지배력을 경쟁력을 강화시킬 수도 있다는 우려가 존재한다(이승현, 2007: 30; 윤일재 · 김남훈 외, 2008: 34). 이러한 점과 관련해서 모기업의 MVNO 도입은 좀 더 신중한 판단이 요구된다. 비록 외국에서는 모기업의 MVNO 자회사 설립을 규제하고 있지는 않지만, MVNO 도입 이후 성과를 나타내고 있는 기업들은 주로 MNO의 자회사들이라는 점을 상기할 필요가 있다. 최근 방송통신위원회는 이통사 계열회사의 MVNO 시장 진입을 조건부 허용한 바 있는데, 계열사의 불공정행위 가능성에 대한 우려로 인한 네 가지의 부과 조건을 첨부했다고 할지라도 공정 경쟁을 할 수 있도록 예의주시하며 감시하는 역할이 필요하다.

이러한 정책적인 함의에도 불구하고 이 연구는 충분하고 객관적인 자료에 근거해 실제 MVNO 제도 도입에 따른 효과에 대한 실증적 연구는 진행하지 못한 한계가 있다. 사실 국내 MVNO 제도는 이동통신시장의 오랜 논의였고, 이동통신시장의 구조 변화를 도모하기 위한 정책임에도 불구하고 정책학적 배경에서 큰 관심을 갖지 못했다. 휴대폰을 비롯한 이동통신은 국민의 삶의 일부로서 꾸준한 소비자 수요가 확대되고 있다. 또한 통신시장은 경제학적으로 자연 독점시장이지만 여타 독점시장(전력, 상수도 등)과는 달리 이미 구축된 통신망 시설은 임대해 사용해도 자원 고갈이 되지 않는 특성이 있다. 이와 같은 통신시장의 특수성과 사회적 욕구를 고려할 때, 향후 이동통신 자원의 효율화를 위한 정책과제는 꾸준히 등장하게 될 것이다. 따라서 이 연구의 여러 한계에도 불구하고 MVNO에 대한 학술적 · 정책적인 관심을 유인하며, 나아가 향후 MVNO 제도의 성공적 추진 방향을 설계하기 위한 정책 결정에서 유의미한 함의를 제공할 수 있다고 판단된다.

참고 문헌

김기태(2008). MVNO 도입 논의와 기대효과. 「산업이슈」. 산은경제연구소.

김낙경 · 이상록 · 최윤영(2011). 「2011년 방송통신시장 전망」: 1-43. KT 경영경제연구소.

김병운(2003). 유선사업자의 MVNO 시장 사례와 규제 방안. 「전자통신동향분석」, 18(1): 75-84.

______(2010). 전기통신사업법 개정에 따른 MVNO 통신시장 진입 방향. 「통신연합」, spring: 66-71. 한국통신사업자협회 KOTA회보.

김병운 · 설성호(2006). MVNO제도 도입의 경제 효과 추정 및 최적 정책 결정을 위한 주요 시사점. 「산업조직연구」, 14(3): 85-111.

김성환 · 김형찬 · 강인규 · 김종진 · 김태현(2006). 「주요국 통신시장 서비스기반 경쟁정책의 효과분석」. 정보통신정책연구원. 연구보고 06-07. 정보통신정책연구원.

김진기(2002). MVNO 제도의 도입 타당성에 관한 해외 사례 분석. 「정보통신정책」, 14(4): 1-17.

김현경(2007). 이동통신시장의 MVNO 도입 및 정책 시사점. 「정보사회현안분석」, 7: 1-15. 한국정보사회진흥원.

문병주(2007). MVNO (Mobile Virtual Network Operator) 동향. 「주간기술동향」, 1310: 44-53. 정보통신산업진흥원.

박재천 · 양제민(2008). 무선통신 재판매 동향과 시사점. 「경제규제와 법」, 1(2): 31-41.

방송통신위원회(2009). 국회 문화체육관광방송통신위원회 보고자료.

방송통신위원회 보도자료. 방통위, 이동통신 재판매(MVNO) 활성화 종합계획 마련. 2012. 3. 29(목)일자.

______. 이통사 계열회사의 이동통신 재판매 시장진입 조건부 허용. 2012. 5. 4(금)일자.

______. 이동전화 단말기 자급제 관련 할인요금제 출시. 2012. 5. 7(월)일자.

______. 이동전화 단말기 자급제 시행. 2012. 5. 1(화)일자.

변정욱 · 김형찬 · 강인규 · 홍범석 · 황주연 · 송준호(2007). MVNO 개념 및 주요국의 규제 · 사업 현황. 「KISDI 이슈리포트」, 07-12: 1-53. 정보통신정책연구원.

변정욱 · 이경석 · 강인규(2010). 「도매제공 활성화를 통한 통신시장 경쟁촉진 방안 연구」. 정책연구 10-07. 정보통신정책연구원.

변정욱 · 전주용 · 이경석 · 최아름 · 윤두영(2011). 「도매제공 도입에 따른 MNO · MVNO 상생협력 방안 마련」. 방송통신정책연구 11-진흥-가-10. 방송통신위원회.

서이만(2007). 통신사업자, 전략 바꿔야 하나. 「산업정보」, 26-30. LG경제연구소 LG주간경제.

서일원 · 이덕희 (2007). MVNO 도입에 따른 시장효율성 분석. 「한국통신학회논문지」, 32(4): 234-245.

신성문 (2008). 가상이동망사업자(Mobile Virtual Network Operator) 해외시장 현황 및 주요 이슈. 「KISDI IT FOCUS」, 2001년 8월호: 5-31. 정보통신정책연구원.

아시아경제. "패밀리폰' 'CGV폰' … MVNO의 반격. 12. 3. 23일자.

양용석 (2009). 통신시장 도매 활성화를 위한 미래지향적 입법 방향과 법적 과제. 「통신연합」, summer: 66-71. 한국통신사업자연합회 KOTA회보.

윤일재 · 김남훈 · 최승훈 (2008). 「경쟁촉진정책 추진에 따른 국내 이동통신 시장구도 전망」, 제1호: 1-47. 하나금융연구소 산업연구시리즈.

이경석 (2012). 프랑스 이동통신시장 현황 및 MVNO에 대한 시사점. 「방송통신정책」, 24(4): 45-54.

이내찬 · 이상규 · 변정욱 · 유기주 · 김남심 · 오기석 · 양지선 (2002). 「재판매 활성화와 통신시장의 경쟁」. 정보통신정책연구원 연구보고서 02-24. 정보통신정책연구원.

이상호 · 박성욱 · 조수미 (2006). 우리나라 이동통신시장에서 가상이동망사업과 경쟁정책. 「산업혁신연구」, 22(2): 67-90.

이승현 (2007). 이동통신시장 태풍의 핵 MVNO. 「산업정보」, 26-30. LG경제연구소 LG주간경제.

이재영 · 이종화 · 임준 · 강인규 · 오기석 · 백윤미 (2008). 「통신서비스 재판매시장 영향분석과 재판매시장의 전망 연구」. 정보통신연구원 연구보고서 08-51. 정보통신정책연구원.

정재현 · 이충기 (2010). 이동통신산업 경쟁과 규제에 관한 정책이슈: MVNO제도를 중심으로. 「재정정책논집」, 12(1): 71-100.

최아름 (2012). MVNO 제도 및 주요 사업자 현황. 「방송통신정책」, 24(2): 32-40.

ART (2002). *Press Release on ART Publishes Its Ruling on a Dispute Between Tele2 and Orange.*

Baranes, E. & Bourreau, M. (2005). An Economist's Guide to Local Loop Unbundling. *Communications & Strategies*, 57(1): 13-31.

Bourreau, M. & Dogan, P. (2004). Service-based vs. Facility-based Competition in Local Access Networks. *Information Economics and Policy*, 16(2): 287-306.

Bourreau, M., Drouard, J., & Ferrali, F. (2008). The ladder of investment in the Mobile Market. In L. Benzoni, & P. Geoffron (eds.). *Infrastructure versus Service-based Competition: The case of Mobile Telecommunications* (pp. 85-96). Paris: Quantifica.

BMI (2011). Industry Trend Analysis-MVNO Continue to Capture Market Share. *Business Monitor*, 2011.3.9.

Cave, M. (2006). Encouraging Infrastructure Competition via the ladder of Investment. *Telecommunications Policy*, 30(3-4): 223-237.

Cave, M. & Vogelsang, I. (2003) How Access Pricing and Entry Interact. *Telecommunications Policy*, 27(10-11): 717-727.

Crandall, R. (1997). Are Telecommunications Facilities Infrastructure? If They Are, So What?. *Regional Science and Urban Economics*, 27: 161-179.

Dewenter, R. & Haucap, J. (2007). Incentives to License Virtual Mobile Network Operators (MVNOs). In R. Dewenter & J. Haucap (eds.). *Access Pricing: Theory and Practice*. Amsterdam: Elsevier B. V.

EC (1999). *Access to Fixed and Mobile Network Infrastructures Owned by Operators Designated as Having Significant Market Power*.

______ (2002). *On Access to, and Interconnection of, Electronic Communications Networks and Associated Facilities*.

Ergas, H., Waters, P., & Dodd, M. (2005). Regulatory approaches to Mobile Virtual Network Operations (MVNOs). In Vodafone (eds.). *Regulating Access to Network: Vodafone Policy Paper*, Series, No. 3(pp. 10-15). London: Vodafone.

ERG (2006). *Mobile Access and Competition Effects. European Regulators Group*. ERG Report 45.

Garrard, G. A. (1997). *Cellular Communications: World Wide Market Development*. Artech House.

Gerpott, T. J. & Massengeil, S. W. (2002). Strategic Determinants of Reseller Profitability in the US Wireline Telecommunications Market. *Information Economics and Policy*, 14(1): 111-131.

Guthrie, G. (2006). Regulating Infrastructure: The Impact on Risk and Investment. *Journal of Economic Literature*, 44(4): 925-972.

Hausman, J. & Sidak, G. (2004). *Did Manadatory Unbundling Achieve Its Purpose?: Empirical Evidence from Five Countries*. Working Paper 04-40: 1-71. Massachusets Institute of Technology Department of Economics Working Paper Series.

Informa (2005). *Mobile Industry Outlook 2006*. Informa.

ITU (2001). *Mobile Virtual Network Operators, Geneva*. International Telecommunications Union.

Katsianis, D., Rokkas, T., Sphicopoulos, T., Hamo, J., & Welling, I. (2007). 3G Mobile Virtual Network Operators(MVNOs): Business Strategies, Regulation, and Policy Issues. In S. Park (2007). *Strategies and Policies in Digital Convergence*. Idea Group Inc.

Kotakorpi, K. (2006). Access Price Regulation, Investment and Entry in Telecommunications. *International Journal of Industrial Organization*, 24(5): 1013-1020.

Laffont, J. & Tirole, J. (2000). *Competition in Telecommunications*. The MIT Press.

Lehr, W. (2001). Vertical Integration, Industry Structure, and Internet Telephony. In L. M. McKnight, W. Lehr., & D. D. Clark(eds.), *Internet Telephony*. The MIT Press.

Lewin, D. (2003). *Overview of Mobile Regulation*. OVUM.

NERA (2006). *The Economics of Mobile Virtual Network Operators*.

OECD (1995). *Telecommunications Infrastructure: The Benefits of Competition*. The Information, Computer and Communications Policy Committee. Report by Sam Paltridge, Monograph 35.

Ofcom (2004). *The Communications Market 2004: Telecommunications*, October 2004 (www.ofcom..org.uk/research/cm/cmpdf/telecoms.pdf)

Oftel (1999). *Mobile Virtual Network Operators: OFTEL Inquiry into What MVNO*. Oftel. Fair Trading in the Mobile Telephony Market.

OVUM (2000). *Virtual Mobile Services: Strategies for Fixed and Mobile Operators*. Market Research Report by OVUM Research and Consultancy.

______ (2005). *Assessing the Impact of MVNOs in Europe*. London: OVUM.

______ (2010). *Global MVNO outlook*: 2010-15.

PTS (2001). *The Mobile Telecommunications Market in Sweden form a Consumer and Competition Perspective A Report*.

______ (2006). *Competition and Regulation in the Nordic Mobile Markets*.

SG-Greffe (2005). *Case SE/2005/0203: Access and Call Origination on public Mobile Telephone Networks*.

Shin, D. H. & Bartolacci, M. (2007). A Study of MVNO Diffusion and Market Structure in the EU, US, Hong Kong, and Singapore. *Telematics and Informatics*, 24: 86-100.

Woroch, G. A. (1998). Facilities Competition and Local Network Investment: Theory, Evidence and Policy Implications. *Industrial and Corporate Change*, 7(4): 601-614.

ZDNet Korea. 제4이통, SKT '재고단말'로 요금 인하?. 2011년 5월 16일자.

제 4 장

재난구호 봉사활동의 참여 메커니즘 분석*
-태안살리기 운동(Hebei Spirit호) 사례-

유민이 · 공동성**

이 연구는 봉사활동의 참여 유형을 매개단체의 속성에 따라 귀납적으로 도출하고, 이를 기반으로 봉사활동 참여 메커니즘을 밝히고자 한다. 이를 위해 태안살리기운동을 사례로 활용했다. 태안살리기운동은 여러 가지 측면에서 다른 국내 및 해외 재난 사례와 구별된다. 특히 봉사활동 참여자의 규모, 정부 주도적인 동원적 참여의 확대, 재난의 위험성에 따른 정부의 참여통제 허술 등은 특히 주목할 만한 특징이다. 태안살리기운동의 경우, '봉사활동 참여 심리 형성'에는 언론의 역할이 지대했고, '봉사활동 실제적 참여'는 매개단체(개별적 참여 포함)를 통해 이루어졌다. 참여의 유형은 세 가지 기준(참여 동기, 참여 기간, 인센티브)을 활용해 세 가지 유형(동원적 참여, 협의적 참여, 자발적 참여)으로 구분했다. 이러한 경험적 자료에 기초한 참여 메커니즘의 도출은 봉사활동 거버넌스를 매개단체에 초점을 두고 그 과정 및 참여자를 체계적으로 분석했다는 차원에서 이론적인 기여가 있다 하겠다. 또한 이러한 참여 유형과 메커니즘은 향후 유사한 재난구호에 대비해 봉사활동 참여의 확대를 위해서는 어떠한 전략이 필요하고 어떻게 관리해야 하는지에 대한 실무적 통찰력을 제공한다는 차원에서 정책적 함의가 있다.

[주제어: 재난구호, 봉사활동 참여 유형, 태안살리기운동]

---

* 이 사례연구는 한국행정학보(2013, 47(2), pp. 367-394)에 게재된 내용을 수정 · 보완한 것으로, 한국행정학회로부터 사용 허가를 받았으며, 이 논문은 2010년 정부(교육과학기술부)의 재원으로 한국연구재단의 지원을 받아 수행된 연구임(NRF-2010-330-B00250).

** 교신 저자.

제 1 절 서론

국가재난과 같은 위기 상황에서 모집된 봉사자들은 얼마나 자발적(voluntary)인가? 재난이 발생하면 불확실성과 복잡성이 증대되기 때문에 행정기관만으로 구호활동에 대응하기는 어렵다는 공감대가 형성되며(이은애, 2007: 80), 재난구호 과정에서 봉사자 역할의 중요성이 더욱 커지고 있다(이재은 · 양기근, 2009: 245-246). 정부는 봉사활동에 대한 제도적 지원 체계를 마련해 시민들의 봉사활동 참여를 유도하고 있으며, 사회적 인식 역시 봉사활동을 장려하는 쪽으로 변화하고 있다(김창수, 2009: 107-108). 재난구호 봉사활동 참여자의 규모와 구성은 재난에 따라 다양하게 나타난다.[1)]특히 재난 발생지역의 접근 용이성과 봉사활동 수행 작업의 간편성, 그리고 위험성 등은 봉사활동의 성격을 결정하는 중요한 요인이며(이명석 외, 2008: 171), 재난 수습 과정상 전문성의 요구 여부[2)] 등도 고려되어야 할 요인이라고 할 수 있다.

이 연구에서는 시민들의 봉사활동 참여심리는 재난에 따라 다르지 않음에도 실제 봉사활동 규모 및 현황은 서로 다르게 나타난다는 문제의식을 토대로, 참여자의 봉사활동 메커니즘에 따른 봉사활동 유형을 체계적으로 구분하고자 한다. 이를 위해 재난구호 봉사활동의 참여 메커니즘을 시민들이 봉사활동에 참여하려는 심리가 형성되는 과정, 참여심리가 형성된 시민들을 재난 현장으로 이끄는 과정이라는 두 가지의 세부 메커니즘으로 구분해 분석한다(박재묵 · 이정림, 2009: 181-182). 더욱 구체적으로 첫째, 봉사활동 참여 과정에서 언론이 동원적 및 자발적 참여 규모에 얼마나 영향을 미치는가를 분석한다. 둘째, 참여 과정에서 매개단체(정부, 시민단체, 기업 등)의 성격 및 참여의 특성(참여 동기, 참여 기간, 인센티브 등)에 따라 참여를 유형화한다.

---

1) 소방방재청(2005)은 2003년 대구 지하철 참사는 67일 간 27,055명, 2003년 9월 태풍 매미로 인한 재해복구에는 734,900명, 전북지역 폭설피해 복구활동에는 115,804명이 봉사활동을 수행했다고 기록하고 있다.

2) 예를 들어 구제역과 같은 재난에는 봉사자의 파견보다 전문성을 가진 소수의 조직과 인력이 재난 수습 과정에 더욱 효과적이라고 할 수 있다(주효진 · 노지영, 2011: 359).

이 연구에서 선정한 사례는 '태안살리기운동'[3]이다. 태안살리기운동 사례는 국내 최대 유류 유출사고의 구호활동이라는 특성 외에도 재난 수습 과정에서 가장 많은 봉사활동이 이루어진 사례라고 할 수 있다. 따라서 참여자의 동기와 참여 방식 등이 다른 재난 사례에 비해 상대적으로 다양하게 나타나기 때문에 재난구호 봉사활동에 참여한 봉사자들의 메커니즘을 포괄적으로 보여주고 있으며, 이에 따라 참여의 유형도 다른 사례와 비교해 좀 더 포괄적인 형태로 이루어졌다. 사례 개요 및 분석 자료는 해당 기간 동안 태안살리기운동과 관련된 신문기사, 보고서 및 백서, 기존의 연구자료, 실제 참여자의 인터뷰 등을 포함한다.

봉사활동의 참여 메커니즘 및 참여 유형에 대한 연구가 기존에 많이 다루어지지 않은 것은 봉사활동의 참여가 대규모로 일어난 사례가 많지 않기 때문이라고 할 수 있다. 이러한 측면에서 이 연구는 봉사활동 참여 과정을 좀 더 체계화했다는 점에서 추후 이론적인 모델을 구축하는 데 기여한다고 볼 수 있다. 또한 봉사자의 참여 메커니즘 및 유형에 대한 이해는 대형 재난 시 어떠한 방법으로 봉사자의 참여를 제고할 수 있는지에 대한 정책적 함의를 내포한다 할 수 있다.

제 2 절 이론적 및 제도적 배경

1. 봉사활동 참여 메커니즘

시민 참여(citizen participation)를 특성으로 하는 현대적 의미의 봉사활동은 공적 부조 대상자에 대해 자조(自助, self-help), 자기결정(self-determination), 자기통치(self-government)의 원칙을 적용한 1960년대 미국의 국가정책에서 비롯되었다(조휘일, 1988: 35; Friedlander & Apte, 1980: 84). 프리들랜더와 앱트(Frie-

3) 태안살리기운동에 대한 명칭에는 다양한 의견이 있다. 지역에 부정적인 이미지 형성 가능성으로 인해 사고 책임자의 명명을 따른 삼성-허베이 스피리트호(Hebei Spirit)호 사건, 또는 허베이 스피리트호사건 등으로 불리기도 한다. 하지만 이 연구에서는 재난 사건 자체보다 봉사자들의 재난구호활동 과정에 중점을 두기 때문에 당시 언론 및 봉사자들이 명명한 '태안살리기운동'으로 사례 제목을 정했다.

dlander & Apte, 1980: 84)는 시민 참여가 현대의 봉사활동으로 계승되었다는 관점을 제시하며 "구조 대상자들이 스스로 삶의 질을 높일 수 있는 능력을 키우고, 자신들의 욕구에 적합한 공공 서비스를 고안·기획하는 데 필요한 권한을 위임받음으로써 봉사활동이 시작되었는데, '빈곤과의 전쟁(war on poverty)' 프로그램이 그 시초이다"라고 주장한다.

봉사활동 참여의 메커니즘에서 중요한 것은 초반 봉사활동에 참여할 수 있도록, 그리고 지속적으로 참여하도록 동기(motivation)를 부여하는 데 있다. 봉사활동의 동기란 자의 혹은 타의에 의해 봉사활동에 참여할 유인이 제공되고, 이를 지속시킬 수 있도록 함을 의미한다(길귀숙, 2004: 101). 봉사활동의 동기는 이타적 동기와 이기적 동기로 구분된다. 이타적 동기는 봉사활동의 자발적 특성을 강조하는 것으로 "타인의 복지와 이익을 위해 봉사활동을 수행하며 외적인 보상에 의해 동기화되지 않는 자발적 행동"으로 정의할 수 있다(Mizrahi, 2008: appendix 4: 68). 이타적 동기는 전통적 의미의 자원봉사 동기인 타인 지향적 동기(otherdirected)와 같은 맥락이다(조휘일, 1998: 48). 하지만 이타주의는 상대적이며 봉사활동의 결정에는 다양한 사회적 요인이 작용할 수 있다고 주장하는 이기주의 동기이론(selfish, self-interest)이 등장한다(Baron & Byrne, 1981: 421-424; 길귀숙: 2004: 102-103; Dolnicar & Randle, 2007: 152-153; 성기환 외, 2009: 44-45; 허성호·정태연, 2011: 289-290). 이는 자기 지향적(self-directed) 동기로 표현되기도 한다. 이기주의 동기란 자아 실현이나 성취 욕구 등의 자아 지향적인 동기를 말하는 것으로, 머슬로(Abraham H. Maslow)의 욕구 단계 중 최상위의 욕구인 '자아 실현의 욕구'에 기반해 자아 성취를 이루는 한 방식으로 봉사활동을 설명한다. 이는 주로 조직심리학, 조직행동의 동기이론에서 주로 연구가 되어 왔다(조휘일, 1998: 50-53). 바인야드(Vineyard, 1981: 12)는 개인을 둘러싼 환경과 조직에서 개인의 봉사활동에 대해 인정(recognition)해 주는 것은 봉사활동의 동기 중 하나가 될 뿐 아니라 봉사활동을 지속할 수 있는 동기 역시 제공한다고 주장한다.

봉사활동의 참여 동기는 이타주의적 또는 이기주의적 접근의 유효성에 따라 쟁점 사항이 되기도 하며, 일부 학자들은 봉사활동에는 두 종류의 동기가 모두 내포되어 있다고 주장하기도 한다. 이러한 배경에서 봉사활동의 기능주의 동기이론(functional approach to volunteerism)이 등장한다. 기능주의 동기이론은 봉사활동에 참여하는 사람들은 다양한 동기와 목적을 가지고 있으며, 이에 따라 봉사활동의 지속성 여부와 성과가 달라진다는 내용을 포함한다(Clary & Snyder, 1999: 156-159; Houle et al., 2005: 337-344; Stukas et al., 2005: 35-38; 강대선 외, 2010: 62). 기능주의 동기이론에서 봉사활동 참여는 단지 자발적 동기뿐 아니라 개인의 다양한 동기와 욕구가 혼합되어 있다고 보는 관점이기 때문에 봉사활동의 자발적 특성만을 강요하지 않는다.

기능주의 동기이론에서 봉사활동에 참여하는 동기는 개인 내부에서 동기화되는 방식과 사회 환경적으로 동기부여를 촉진시키는 방식으로 구분한다. 후자는 봉사활동을 문화로 정착시키려는 시도에서 시작되었다고 볼 수 있다. 한국에서 사회환경적으로 봉사활동 동기를 부여하는 방식은 제도적인 동기부여 방식과 봉사활동에 참여할 수 있는 경로를 마련해 주는 방식으로 나눌 수 있다(김범수, 2001: 118-135). 전자가 중·고교생의 봉사활동 의무화, 대학에서 사회봉사 과목 개설 및 학점 취득 기회 제공, 기업체에서 봉사활동을 사회봉사 경력으로 인정하는 것이라면, 후자는 언론·종교기관·교육기관 등에서 시민들이 봉사활동에 참여할 수 있도록 프로그램을 전개하는 것을 말한다(길귀숙, 2004: 101-102). 또한 송금희(2005: 82)는 봉사활동 전달 경로를 ① 정부, ② 기업, ③ 교육기관, ④ 사회복지관 등의 복지시설, ⑤ 청소년자원봉사센터, ⑥ 시민사회단체, ⑦ 구호·종교단체, ⑧ 보건의료기관, ⑨ 국제봉사단체, ⑩ 행사 및 전문단체 등으로 나누고 있다. 이러한 전달 경로를 확인하는 것은 봉사활동의 사회환경적 동기 부여가 구체적으로 어떤 경로를 통해 구현되는가를 명확하게 해준다.

2. 재난구호 봉사활동의 특성

1) 재난구호 봉사활동 참여의 특수성

재난구호 봉사활동의 참여는 일반적인 봉사활동 참여와는 차이가 있다. 2004년 제정된 「재난 및 안전관리기본법」에서는 재난을 "국민의 생명·신체 및 재산과 국가에 피해를 주거나 줄 수 있는 것"으로 정의한다. 재난은 일반적으로 중앙정부와 지방정부의 일상적인 절차나 지원을 통해 관리할 수 없는 경우가 많으며, 보통 예측가능성이 없이 갑작스럽게 발생하는 것이 특징이다(이성록, 2003: 376-377).

이와 같은 재난의 특성으로 인해 정부 단독의 대응만으로는 효과적인 재난관리가 어렵다. 그렇기 때문에 시민들의 봉사활동을 통한 인명구조 및 피해 복구가 전개되는 경우가 많다. 이는 우리나라뿐 아니라 세계적으로 보편적인 현상이다. 정부에 의한 재난관리 시스템이 제도화되기 이전부터 시민사회 영역에서는 재난관리를 위한 나름의 대응 체계를 갖추고 있었기 때문이다(한동우, 2007: 107-108). 재난의 특성으로 말미암아 재난 시 봉사활동은 일상적 봉사활동보다 특수한 환경이 조성된다. 재난구호 봉사활동 시 봉사자가 제공할 수 있는 서비스의 종류는 제한되며, 주로 위험을 수반하는 환경에서 이루어지는 육체적 노동이 주를 이룬다. 그뿐만 아니라 서비스를 제공하는 장소 역시 재난이 일어난 현장으로 한정되는 경우가 많기 때문에 봉사활동에 참여하고자 하는 시민들은 적지 않은 시간과 비용을 들여 해당 장소로 이동하게 된다. 봉사활동 서비스를 제공할 수 있는 시기 역시 일상적인 봉사활동과는 차이가 있다. 대부분의 재난구호 봉사활동이 재난 직후 짧은 시기에 집중되기 때문이다. 즉, 일반적 봉사활동은 봉사자가 스스로 서비스의 종류·장소·시기를 선택할 수 있는 기회가 많지만, 재난 시 봉사활동은 구호활동이라는 특수한 요소가 봉사자의 활동을 제약한다는 것이 가장 큰 차이점이다(송금희, 2005: 272; 박재묵·이정림, 2009: 182).

2) 재난구호 봉사활동의 참여 메커니즘

우리나라에서는 재난이 발생하면 일반적으로 가장 먼저 소방·경찰·군인이 인명구조 작업을 벌인다. 특히 군은 구조조난·수습 및 복구에 지속적으로 참여해왔으며, 이에 필요한 막강한 조직과 장비 및 인원을 갖추고 있다(임송태, 1996: 34). 행정기관에서는 대피소 설치나 긴급물자 조달 등의 업무를 맡는데 이들과 더불어 위기 상황에 개입하는 사람은 재난 발생 지역사회의 주민조직 혹은 특수기능집단의 자원봉사자인 경우가 많다. 그 이후에 법률이나 제도가 규정한 전문구호집단의 조직적 활동이 수행되고, 동시에 일반시민의 봉사활동이 나타난다(이성록, 2003: 380-381). 따라서 재난 시 봉사활동에는 일상적 봉사활동보다 더욱 다양한 동기와 목적을 지닌 개인들이 참여하게 된다.

재난 시 봉사활동 참여에는 특수한 동기가 형성된다. 특수한 동기 형성이란 평범한 사람이 친사회적 행동을 하게 만드는 동원(mobilization) 과정을 말한다. 동원 과정은 문화적 영향을 받기 때문에 사회마다 다른 양상으로 나타날 수 있지만, 대체로 긴급 상황으로 인해 친사회적 행동을 자극하는 강렬한 메시지가 대중매체 또는 인터넷 매체에 의해 전달되는 경향이 있다(박재묵·이정림, 2009: 181-182). 언론의 보도는 시민들의 인지와 행태에 영향을 미치게 되는데(Sandman, 1988: 37-38; Singer & Endreny, 1993: 8), 특히 재난 발생 시 시민들은 위험을 더욱 강하게 인지하기 때문에 재난에 대한 대처를 독려하거나 경고하는 역할에 언론은 상당한 영향력을 발휘한다(성기환, 2008: 169). 언론 등의 영향으로 시민들에게 특수한 동기가 형성되면 친사회적 행동이 급속하게 증가하는 방향으로 가치와 패러다임이 변화하게 되는데, 이를 치료공동체(therapeutic community) 또는 애타적 공동체(altruistic community)의 출현이라고 한다(Fritz, 1961: 661-665; Barton, 1969: 273; Cuthbertson & Nigg, 1987: 463; Perry & Lindell, 1987: 111-113). 재난 발생 이후 심리적 공동체가 형성되면 시민들은 친사회적, 합리적, 목적 지향적, 협력적인 반응을 보이게 된다(Michel, 2007: 634; 박재묵·이정림, 2009: 181-182).

봉사활동에 대한 동기가 형성되면 이를 행동에 옮겨 참여를 하게 되는데, 구호봉사활동에 참여하는 방법은 크게 세 방법으로 나뉜다. 첫째는 지역의 자원봉사센터에서 수행하는 재난구호 자원봉사활동 프로그램에 참여하는 것이다. 이는 주로 재난 발생 인근 지역의 주민들이 택하는 방법이다. 둘째는 재난지역에서 봉사활동을 펼치고 있는 단체의 활동에 직접 참여하는 것이며, 세 번째 방법은 자신이 속해 있는 산업단체·종교단체·노동조합·학생회 등에서 재난지역에 봉사활동을 계획하고 있다면 이에 참여하는 것이다(송금희, 2005: 279).

하지만 재난 현장에서 실제로 수행하는 업무는 봉사자의 의지와 능력 및 참여 형태에 따라 유형이 달라질 수 있다. 봉사자가 해당 재난에 대한 전문성과 더불어 조직성을 갖춘 경우에는 가장 적극적으로 재난구호 활동을 할 수 있다. 이들은 대부분 활동 영역이나 활동 목적이 어느 정도 명확하게 명시되어 있는 단체로서 대한적십자사가 대표적이다. 두 번째 참여 형태는 전문성은 있으나 조직에 속하지 않고 이루어지는 봉사활동이다. 예를 들면 의사, 간호사, 인명구조단, 보육교사 등의 구호활동과 같이 이재민의 지원에 큰 힘이 되는 전문가를 말한다. 세 번째는 전문성은 없으나 특정 조직에 속한 봉사자로서 재난에 대비한 훈련 경험이 없는 기업체의 사원, 지역단체 등에 속한 사람들이다. 이들은 많은 봉사자가 필요하거나 계속적인 인원의 투입이 필요한 상황에서 특정한 지식이나 경험이 없어도 큰 힘이 될 수 있다. 마지막으로, 특별한 전문성도 없고 조직에도 속하지 않는 봉사자이다. 이들은 대규모 재난이 발생했을 때 가장 많이 모일 가능성이 있다(이성록, 2003: 381; 성기환, 2007: 12-13). 이 밖에도 참여를 하게 되는 사회적 맥락, 참여의 의도에 따라 참여는 다양하게 나타날 수 있기 때문에 전체적인 참여의 과정, 참여를 가능하게 한 메커니즘에 따라 재난구호 봉사활동 참여의 유형화가 가능하다.

3. 재난구호 봉사활동 관리 방식

재난구호 봉사활동에서는 봉사활동의 참여를 이끌고 관리하는 정부와 이에 참여하는 시민의 관계, 즉 봉사활동의 관리자와 봉사자의 관계를 선행적으로 확인함으로써 최종적인 유형화가 가능할 것이다. 재난 구호활동의 봉사활동을 관리하는 사람은 주로 정부 또는 정부의 유관기관으로부터 파견된다. 이들은 스스로 봉사활동을 수행하기도 하지만 시민 봉사자를 관리하는 역할을 주로 맡게 된다. 이들을 '봉사활동을 관리하는 봉사자(Volunteers who Manage other Volunteers: VMVs)'라고 한다(Hill & Stevens, 2011: 107). 힐과 스티븐스(Hill & Stevens, 2011: 109-110)는 봉사활동 과정에서 관리적 역할을 수행하는 사람과 봉사활동에 참여하는 사람의 관계에 따라 네 가지 종류의 봉사활동 조직을 구분했다.

첫째, 봉사자가 주도하고 운영하는(volunteer-led and run) 조직에서 VMVs는 조직의 리더십과 관리에 책임을 지며 일상적 활동의 관리를 수행한다.

둘째, 유급 직원이 지원되는(staffsupported) 조직에서는 전략의 통제, 관리의 책임이 봉사자에게 있지만 조직의 일상적 운영(근무일정 부여, 봉사자와의 의사소통 등)은 유급 직원이 맡는다.

셋째, 봉사자가 지원되는(volunteer-supported) 조직에서는 유급 직원이 지원되는 조직과 역할이 반대로 나뉜다. 유급 직원은 전략의 결정 및 관리의 책임을 맡고 봉사자는 일상적인 활동을 맡는다. 봉사자가 관여하는(volunteer-involving) 조직에서 봉사자는 서비스의 전달 등 단순 업무를 맡고 관리와 관련되는 업무는 모두 유급 직원이 맡게 된다. 이를 정리한 것이 〈표 4-1〉이다.

표 4-1 봉사자 관리의 유형

	유형	봉사자 관리의 수준
봉사자 주도 (volunteer-led)	봉사자의 주도와 운영 (led and run)	봉사자 스스로 조직화 전략과 관리를 봉사자가 주도
	스태프 지원 (supported)	전략 및 관리는 봉사자가, 일상 업무는 유급 직원 (paid staff)
스태프 주도 (staff-led)	봉사자 지원 (supported)	전략 및 관리는 유급 직원(paid staff)이, 일상 업무는 봉사자
	봉사자 관여 (involving)	대부분의 업무는 유급 직원(paid staff)이, 봉사자는 서비스 전달 등에 한정

출처: Hill & Stevens(2011: 110)에서 재구성.

즉, 봉사활동 수행 업무의 할당 방식에 따라 봉사자가 스스로 업무를 조직하고 분배하며 수행한다면 봉사자 주도라 할 수 있고, 관리를 위한 스태프가 존재하며 이들이 결정하고 부여한 업무에 따라 봉사활동이 이루어지면 스태프 주도라고 할 수 있다. 이를 재난 구호활동에 적용하면, 정부의 결정에 따라 유급 직원인 공무원이 직접 봉사자로 파견된 경우를 스태프 주도, 즉 정부의 결정에 동원된 경우라고 볼 수 있다. 반면 봉사자가 스스로 봉사활동 계획을 세워 재난 현장에 방문해 실제 활동을 수행하는 경우를 봉사자 주도, 즉 자발적인 결정에 의한 참여라고 볼 수 있다.

제 3 절 태안살리기운동 사례 개요

태안살리기운동은 시간의 흐름에 따라 사고 수습 과정과 복구 참여자의 확대 과정으로 나눌 수 있는데, 복구 참여자 확대 과정에서 봉사활동 차원의 태안살리기운동이 본격적으로 시작되었다고 볼 수 있다. 2007년 12월 7일 태안군 원북면 신도 남서방 해상에서 크레인선 삼성1호가 원유 운반선 허베이 스피리트(Hebei Spirit)호와 충돌하며 총 12,547kℓ의 원유가 해상에 유출되었다(해양경찰청, 2008: 12).

이에 따라 해양경찰청, 해양관리공단, 해군 등에서 선박과 인력을 사고 현장에 출동시키며 수습에 착수했다. 재난의 발생 직후에는 위기대응 매뉴얼에 따라 재난대응 업무를 수행하게 된다. 위기대응 매뉴얼이란 갑자기 발생한 사고에 대해 최대한 효과적으로 초기 수습을 할 수 있도록 국가방제기본계획(National Contingency Plan: NCP)에 따라 방제의 임무·절차·조직뿐 아니라 정부부처의 협조 및 지방자치단체의 역할을 명시해 놓은 것이다(김상운, 2008: 115). 이에 따라 초동 방제는 이틀 만에 종료되었다.

태안살리기운동이 본격화되는 복구 참여자 확대 과정에서는 재난구호 봉사활동의 참여자가 다양해지고 대규모로 증가한다. 공식적인 기록에 의하면 2008년 3월 15일까지 봉사활동자의 수는 총 1,078,344명이다(행정안전부, 2008: 98-101). 공식적으로 집계되지 않은 인원이 존재할 가능성이 있으므로 봉사활동자의 수는 100일의 기간 동안 100만 명을 상회하는 인원이 참여한 것으로 예상할 수 있다. 사건 이튿날인 2007년 12월 8일에 공무원·군을 제외하고 가장 먼저 방제 현장에 참여한 단체는 대한적십자사였다. 충청남도는 대한적십자 대전·충청남도지사에 서해안 기름 유출 피해 수습에 대한 구호 요청을 했고, 대한적십자사와 아마무선봉사회는 만리포 현장에 급파되었다. 이 밖에도 삼성그룹(삼성중공업·삼성물산·삼성토탈)은 사고 이후부터 직원 1,000여명을 매일 방제 현장에 파견했다. 현대오일뱅크 역시 일정한 인력을 방제 현장에 파견했다. 삼성중공업은 태안사고의 책임자로 지목되고 있었고, 현대오일뱅크는 유조선이 운반하던 중유를 인계하려던 기업이다. 12월 9일부터는 본격적인 민·관·군 합동 방제작업이 시작되었다. 이들은 해양경찰청 방제대책본부에서 요청한 것으로 사고 발생 후 초반에는 하루 7,000~8,000여 명이 파견되었다. 2007년 12월 11일에는 당시 대통령이었던 노무현 대통령이 재난 현장을 방문해 방제 상황에 대한 보고를 받고 대책을 지시했으며, 차기 대통령 선거를 앞둔 시점에서 대통령 후보들의 연이은 방문 역시 이어졌다. 종교계의 참여도 나타났는데, 한국기독교총연합은 하루 1,000명분의 점심식사를 제공했으며, '서해안 살리기 한국교회봉사단'을 조직하는 등 기독교 측에서는 2,322개 단체에서 6,783명이 모두 104회 동안 피해복구 작업에 참여했다. 12월 14일경부터는 각 중앙정부와 지방자치단체에서 방제 인력 파견 및 구호물품 기부가 이어졌다. 각 지방자치단체는 소속 공무원과 자원봉사센터의 자원봉사자, 해병대전우회, 의용소방대,

새마을회 등과 함께 방제 현장에 파견되어 기름 제거작업을 했다.

2007년 12월 15일 이후부터 방제작업의 참여자는 더욱 다양해졌다. 기존에 있던 지방자치단체에서의 방제작업 파견은 계속 진행되었고, 종교계의 참여가 더욱 활발해졌다. 또 하나 주목할 것은 기업들의 참여가 활발해졌다는 것이다. 대기업을 포함해 중소기업에서도 방제활동에 참여했는데, 특히 연말과 연시를 맞이해 기업에서는 송년회 및 신년회의 일환으로 태안 기름 유출 현장을 찾았다. 시민・이익단체들이 직접 방제 현장에 투입되는 경우도 있었지만 방제 현장에 투입되지 않더라도 기름 유출사고에 도움을 주는 일들을 기획했다. 12월 말까지 태안살리기운동 현장에 참여한 자원봉사자 수는 558,769명이었으며, 이들은 2007년 12월 28일 한국환경기자클럽에서 '올해의 환경인'으로 선정되는 등 사회적 이슈가 되었다.

2007년 말이 지난 후 강추위가 계속되고, 기상이 악화되면서 2007년 12월과 같은 대규모의 봉사활동이 나타나지는 않았지만, 참여는 지속적으로 이루어졌다. 사고 발생 직후 12월부터 방제활동을 해오던 종교계와 기업(삼성그룹)의 봉사활동은 2008년이 들어선 이후에도 계속되었다. 2008년 1월 중반부터 시작된 책임자에 대한 사법 기소와 판결, 그리고 이에 대한 주민들의 반발 등으로 녹색연합, 참여연대와 같은 시민단체의 참여가 집중되었다. 또한 기름 유출 피해를 입은 각 시・군에 대한 정부의 배상 방식이 발표되었고 배상에 대한 갈등이 표면화되었다. 이에 지역주민들은 방제작업에 참여하기보다 삼성중공업 본사, 법원 등에서 반발 집회 등의 활동에 더욱 집중할 수밖에 없었다. 이 시기에 방제 현장은 지역주민보다 다른 지역에서 방제활동에 파견된 지방자치단체 공무원 및 자원봉사센터 봉사자와 시민단체, 그리고 개별적인 참여자들이 주를 이루었다.

태안살리기운동은 여러 가지 측면에서 해외 재난 사례와 구별된다. 특히 봉사활동 참여자의 규모, 정부 동원적 참여의 확대, 재난의 위험성에 따른 정부의 참여통제 허술 등이 주목할 만한 특징이다. 일본의 나호드카(Nakhodka)호 침몰사고의 경우, 재난구호를 위해 봉사활동에 3개월 동안 30여만 명이 참여했다는 점에서 유사하나, 태안살리기운동은 유사한 기간(100일) 동안 무려 100만여 명이 참여했다는 점에서 그 규모가 훨씬 크다. 또한 나호드카호 침몰사고의 경우 주요 참여 단체가 지역의 사회복지협의회(후쿠이현, 효고현, 고베시)에 머물렀다는 점(강창구, 1998: 22)에서 매개단체의 역할이 태안살리기운동 사례만큼 광범위하지 못했다.

태안살리기운동 사례는 초반 정부의 동원적 참여가 독려되었으며, 이로 인해 다양한 매개단체가 재난구호 과정에 중요한 역할을 할 수 있었다. 재난구호 봉사활동의 규모도 중요하지만 재난구호 현장의 봉사활동은 위험성을 수반하기 때문에 엄격한 관리와 통제가 필요하다. 미국의 경우, 연방재난관리청(FEMA)의 지휘 하에 봉사자를 초반부터 배치하고 봉사자의 수를 제한한다(Kreps, 1991; 임승빈, 2004: 22). 하지만 이 사례에서는 위험 요소에 대한 통제 모습은 거의 볼 수 없었다.

제 4 절 연구 방법

1. 자료 수집 방법

봉사활동의 참여 메커니즘을 분석하기 위해 선행 연구의 봉사활동 참여 메커니즘을 바탕으로 태안살리기운동 참여 동기와 참여 방식을 구분했다. 기존의 태안살리기운동에 참여한 봉사자들의 참여 동기를 분석한 선행 연구들에서는(성기환, 2008; 김민철·양승훈, 2009; 박동균, 2009; 윤순진·박효진, 2011) 공통적으로 재난 시 언론의 보도와 봉사활동에 대한 참여는 높은 상관 관계가 있음을 밝히고 있으며, 또한 이 연구를 수행하기 전 태안살리기 봉사활동 참여자를 대상으로 실시한 파일럿 면접조사에서도 유사한 답을 들을 수 있었다. 이 연구에서는 단순한 언론 보도의 양뿐 아니라 언론 보도의 내용에 따라 참여의 종류가 다르게 나타남을 밝히고자 한다. 또한 선행 연구에서는 일간지의 보도만을 분석했지만 방송 역시 영향력 있는 언론매체이기 때문에 공중파 방송 뉴스 분석을 함께 실시함으로써 선행 연구를 보완하는 한편 실제 언론과 봉사활동 참여자의 수의 관계를 더욱 적절히 반영할 수 있도록 설계했다. 이를 바탕으로 사고 직후인 2007년 12월 7일에서 2008년 3월 15일까지(100일간) 정치적 성향이 다른 네 종류의 일간신문(조선일보, 중앙일보, 한겨레, 경향신문)과 공중파 뉴스(KBS 9시뉴스, MBC 뉴스데스크, SBS 8시뉴스)의 보도 자료를 수집했다.[4]

4) 이건호(2008: 113)의 연구에서는 2007년 언론 현장과 학계는 '조·중·동·한·경·서'라는 이름으

신문 자료 수집을 위해 먼저 두 종류의 신문(조선일보, 경향신문)에서 해당 기간(2007년 12월 8일에서 2008년 3월 15일) 동안 태안살리기운동과 관련해 보도된 모든 신문기사를 찾아 내용을 수집 및 코딩했다. 코딩된 내용을 통해 사례를 대변할 수 있는 키워드를 ① 태안, ② 방제, ③ 바다, ④ 보상, ⑤ 봉사 다섯 가지로 추출했다. 나머지 두 신문(중앙일보, 한겨레)에 대해서는 추출된 키워드로 신문기사 포털 웹사이트(www.kinds.or.kr)를 통해 자료를 수집했다. 키워드 추출을 위해 먼저 조사를 했던 두 종류의 신문(조선일보, 경향신문)에 대해서도 다시 한 번 검색을 통해 누락된 부분을 보충했고, 전체 신문기사에 대해 반복적인 검토를 통해 자료의 정확성을 제고했다. 공중파 뉴스는 해당 기간의 뉴스 보도를 웹을 통해 수집했으며 신문과 뉴스의 코딩 작업은 두 명의 코더가 수행했다.

내용분석을 위한 자료 수집 과정에서 제기되는 문제 중 하나는 데이터의 신뢰도이다. 신뢰도란 관찰에 사용되는 측정 도구들이 시간과 장소 및 상황에 크게 구애됨이 없이 높은 일관성을 유지해야 함을 뜻하는데, 내용 분석의 신뢰도를 높이기 위해서는 자료의 범주와 이에 대한 정의가 선행되어야 한다(정익재·정창무, 1996: 94). 이를 다음의 〈표 4-2〉에서 정리했다.

신문의 경우 일요일에는 발간되지 않으며, 휴일인 주말에는 봉사활동이 더욱 활발히 이루어졌기 때문에 이를 고려해 기간을 주차로 나누었다. 보도 유형의 구분은 유현정·이재은(2008: 108-109)의 태안 주민들의 인식을 근거이론으로 범주화한 연구 결과를 토대로 이 연구의 자료인 신문 및 뉴스 보도 내용을 구분했다. 유현정·이재은(2008) 연구에서는 '자원봉사', '책임과 책임 회피', '과시 봉사' 등 세 가지로 구분하고 있다. 이를 수집한 언론 자료에 적용하면 ① 상황과 책임에 대한 보도, ② 봉사활동 홍보에 대한 보도 ③ 기타로 나눌 수 있다. 기타로 분류한 유명인의 방문은 봉사활동에 대한 홍보 효과 가능성도 있지만 '과시 봉사'의 내용과 유

로 정리된 「조선일보」, 「중앙일보」, 「동아일보」, 「한겨레신문」, 「경향신문」, 「서울신문」을 대표적 언론으로 보고 있음을 명시했다. 특히 한국언론재단에 따르면 "조선-중앙-동아는 한국을 대표하는 3대 보수지로, 한겨레-경향-서울은 앞선 3개 신문과는 다른 성향의 기사를 싣고 있는 종합지로 불리며 대척점을 세웠다"라고 기술하며 각 신문의 정치적 성향에 대해 언급했다. 하지만 서울신문의 경우 이 연구에서 필요한 2007년 12월부터 2008년 3월까지의 기사 웹DB 구축이 되어 있지 않아 자료 수집이 불가능했고, 따라서 보수 성향 신문 두 종류, 진보 성향 신문 두 종류를 맞추어 구성하기 위해 조선일보, 동아일보, 한겨레신문, 경향신문, 총 네 종류의 일간신문을 선정했다.

표 4-2 언론 자료 수집을 위한 범주화

코딩 번호	구분	범주 및 정의	
1-7	언론기관	1.조선 2.중앙 3.한겨레 4.경향 5.KBS 6.MBC 7.SBS	
01-15	기간	1. 1주차(2007년 12월 07일 ~ 2007년 12월 09일) 2. 2주차(2007년 12월 10일 ~ 2007년 12월 16일) 3. 3주차(2007년 12월 17일 ~ 2008년 12월 23일) 4. 4주차(2007년 12월 24일 ~ 2007년 12월 30일) 5. 5주차(2007년 12월 31일 ~ 2008년 01월 06일) 6. 6주차(2008년 01월 07일 ~ 2008년 01월 13일) 7. 7주차(2008년 01월 14일 ~ 2008년 01월 20일) 8. 8주차(2008년 01월 21일 ~ 2008년 01월 27일) 9. 9주차(2008년 01월 28일 ~ 2008년 02월 03일) 10. 10주차(2008년 02월 04일 ~ 2008년 02월 10일) 11. 11주차(2008년 02월 11일 ~ 2008년 02월 17일) 12. 12주차(2008년 02월 18일 ~ 2008년 02월 24일) 13. 13주차(2008년 02월 25일 ~ 2008년 03월 03일) 14. 14주차(2008년 03월 04일 ~ 2008년 03월 11일) 15. 15주차(2008년 03월 12일 ~ 2008년 03월 15일)	
1-3	보도 내용 유형	1. 상황 책임	현장에서 실제로 나타나는 기본 사항 현상에 관한 분석 및 재난의 책임 소재 보도
		2. 봉사홍보	봉사활동 및 기부활동에 대한 명시 자원봉사 모집 공고 및 자원봉사 혜택 소개 피해 주민 사연 소개 등 감성에 호소하는 내용
		3. 기타	비(非)기자의 사건 관련 의견 제시(칼럼, 사설) 유명인사(정치인, 연예인 등)의 방문 보상을 둘러싼 지역주민들의 갈등 주민들의 건강문제 및 피해자 자살사건 등

사하므로 이를 기타에 포함했다. 또한 주민의 건강문제 및 피해자 자살에 대한 보도는 봉사활동으로 인해 지병이 발생한 내용을 주로 담고 있어 봉사활동의 홍보보다 저해의 요인이 되므로 기타에 배치했다. 또한 피해자의 자살은 어업의 중단으로 인한 생활고를 담고 있으므로 봉사활동 홍보와는 직접적인 관련성이 없으므로 이 역시 기타에 포함시켰다.

이러한 기준을 바탕으로 코더 2인의 보도 내용 코딩 신뢰도를 확인하기 위한 방법으로 코더들 간의 일치도를 검증했는데(Riffe, 1998; 박영률(역), 2001: 181-182), 두 명의 코더 간 신뢰도를 구할 때 주로 사용되는 스코트 P_i 검증을 실시했다. 검증 결과 신뢰도는 0.826으로 일반적인 신뢰도 기준 0.8을 충족했다.

다음으로 참여의 메커니즘을 이해하는 데 핵심적 요소인 매개단체에 대한 정의 및 구분을 〈표 4-3〉에 요약했다. 즉, 참여단체 자료 수집을 체계화하기 위해 각 매개단체를 정의하고 동일 기간에 봉사활동에 참여한 사람과 단체 수, 단체의 종류를 구분했다. 상위 범주인 단체의 구분은 관(官)의 동원 여부에 따라 '동원적 봉사활동', 그렇지 않은 경우 '자발적 봉사활동'으로 구분했다.

표 4-3 참여단체의 정의

상위 범주	하위 범주	단체에 대한 정의	예시
동원적 봉사활동	중앙정부	중앙정부의 부처의 이름으로 자원봉사활동	환경부, 행정자치부
	지방정부	지방자치단체의 이름으로 자원봉사활동 (태안군의 지역주민 봉사활동 제외)	충청남도, 서울특별시
	관변단체[5]	정부로부터 운영비를 지원받는 단체 한국재난안전네트워크(KDSN) 단체	새마을운동중앙회, 자유총연맹
자발적 봉사활동	시민단체	비영리민간단체 중 관변단체를 제외한 시민단체(이익집단을 포함)	녹색연합, 시민대책단
	종교단체	종교적 신념에 따라 결성된 단체	한국교회봉사단
	기업	민간기업, 공기업, 은행 등의 기업	삼성사회봉사단
	개별 참여	개별 행위자들이 조직화	인터넷 카페 단체, 친목회, 향우회

2. 분석의 개념적 틀

앞서 기술한 재난 시 봉사활동의 특수성, 참여 메커니즘의 분석, 그리고 참여의 유형화를 위한 개념적 틀은 [그림 4-1]과 같다. 재난이 발생함에 따라 재난에 대한

5) 2000년부터는 「비영리민간단체지원법」이 제정되며 관변단체와 시민단체의 구분이 뚜렷하지 않으나, 실제로 정부의 단체 지원이 정액으로 보조되는 경우 관변단체라고 할 수 있다. 특히 관변단체는 일반 시민단체와 비교해 전국 읍 · 면 · 동에 걸쳐 1,700여 개의 대규모 조직이 구성되어 있다.

다양한 언론의 보도는 잠재적 봉사자(일반시민)들의 봉사활동 참여심리를 형성한다. 하지만 심리가 형성된다고 하여 참여가 바로 이루어지는 것은 아니다. 이러한 심리를 구호활동 현장으로 이끄는 방식이 중요한데, 태안살리기운동에서는 매개단체(중앙 및 지방정부, 관변단체, 시민단체, 종교단체, 기업 및 개별적 참여)를 통한 참여 방식이 주로 나타났다. 참여를 유형화하기 위한 기준은 매개단체의 참여 동기, 참여 기간 그리고 인센티브의 여부이다. 참여의 유형은 이론 및 제도적 배경에서 살펴본 바와 같이, 힐과 스티븐스(Hill & Stevens, 2011)의 봉사활동 관리자(정부)와 봉사자(시민)의 관계에 따라 동원형과 자발형으로 구분했으며, 그 중간 영역으로 협의적 참여를 추가했다.

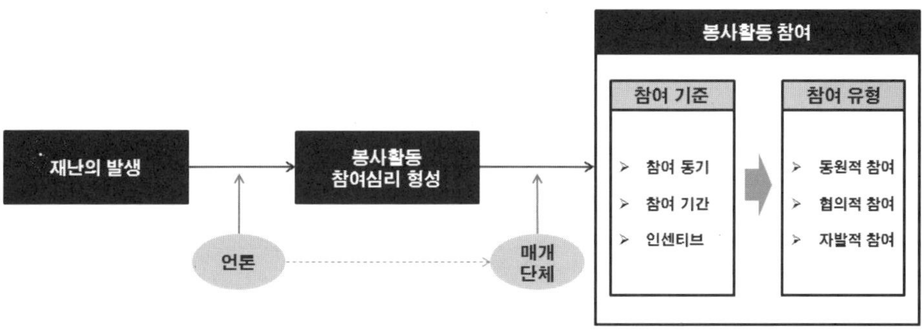

그림 4-1 분석의 개념적 틀

제 5 절 분석 결과

1. 봉사활동 참여 메커니즘 분석

1) 언론과 참여자 수

분석 결과, 사고 발생 이후 100일 동안 매체별 보도 수는 〈표 4-4〉와 같다. 조선일보 134건(20.6%), 중앙일보 97건(14.9%), 한겨레 257건(39.6%), 경향신문 161건(24.8%)의 신문기사가 검색되었다. 뉴스는 KBS 9시뉴스 140건(40.6%), MBC

뉴스데스크 112건(32.4%), SBS 8시뉴스 93건(27.0%)으로 총 345건의 뉴스 보도가 검색되었다. 신문은 한겨레가, 뉴스는 KBS가 태안살리기운동에 관해 가장 많은 보도를 했다. 뉴스는 신문에 비해 절반 정도의 보도 수를 나타냈는데, 이것은 신문 지면상 제약보다 뉴스 시간상 제약이 더욱 크기 때문인 것으로 추론할 수 있다.

표 4-4 언론매체별 기사 수

2007년 12월 7일 ~ 2008년 3월 15일					
매체	기사 수	퍼센트	매체	기사 수	퍼센트
조선일보	134	20.6	KBS	140	40.6
중앙일보	97	15.0	MBC	112	32.4
한겨레	257	39.6	SBS	93	27.0
경향신문	161	24.8			
계	649건	100.0%	계	345건	100.0%

다음으로 신문기사와 뉴스 보도의 내용 그리고 봉사활동 참여자의 수를 기간에 따라 분석하면 〈표 4-5〉와 같다. 사고 발생 이후 1~2주 동안은 언론 보도 중 상황 책임에 관한 내용이 가장 많았다. 이 시기에는 사건 발생의 배경과 기름 유출 현황 등에 대한 기사가 주로 보도되었기 때문에 상황에 대한 언론 보도 내용이 많을 수밖에 없었다. 또한 서해안의 기름띠가 어느 정도까지 퍼져나갈지 예측하는 보도가 많이 나타났으며, 유조선과 예인선 간 책임이 누구에게 있는지 추궁하는 보도 역시 다수를 차지했다. 하지만 보도 내용에서는 주로 유인선과 예인선이라는 단어를 언급했고 '삼성중공업' 또는 '허베이 스피리트호'와 같은 선박의 이름을 언급하는 보도 내용은 미미했다.

사고 발생 이후 3~4주는 봉사 및 홍보에 대한 보도가 가장 많았다. 이 시기에 태안살리기운동과 관련해 보도된 전체 239건 중 봉사 및 홍보 유형의 보도는 158건으로 약 66%를 차지한다. 봉사활동 참여자의 수 역시 209,968명으로 가장 높은 숫자를 보이고 있다. 사건 발생 이후 7~8주째에는 상황 및 책임에 대한 보도 내용

표 4-5 기간별 언론 보도 유형과 봉사활동 참여자 수

(단위: 건, 명)

기간	신문 기사				뉴스 보도				봉사활동 참여자 수
	상황책임	봉사홍보	기타	계	상황책임	봉사홍보	기타	계	
1주	15	1	0	16	25	8	6	39	77,576
2주	85	59	33	177	40	43	29	112	107,737
3주	24	44	25	73	10	22	6	38	52,035
4주	11	53	9	73	12	39	4	55	157,933
5주	12	22	11	45	8	6	3	17	66,303
6주	19	14	10	43	3	4	1	8	43,159
7주	20	16	10	46	8	10	6	24	102,819
8주	38	12	14	64	12	8	0	20	23,227
9주	9	7	9	25	1	1	1	3	17,673
10주	1	5	0	6	0	3	0	3	2,136
11주	7	4	5	16	0	0	0	0	12,800
12주	5	9	6	20	5	1	2	8	11,806
13주	10	9	3	22	2	0	0	2	11,435
14주	5	9	2	16	5	2	2	9	9,295
15주	4	2	1	7	0	4	3	7	9,752
계 (%)	265 (40.8)	246 (37.9)	138 (21.3)	649 (100)	131 (38.0)	151 (43.8)	63 (18.3)	345 (100)	705,686[6]

출처: 행정안전부(2008: 98-101).

이 다시 늘어나는 것을 볼 수 있다. 이는 2008년 1월 21일 대전지검에서 사고의 책임자라고 지목되는 5명을 검찰에 기소하며 이 사건에 관한 기사 내용이 급증했기 때문이다. 이후에도 책임자 처벌 문제, 피해 지역주민 보상 문제 등으로 상황·책임 내용의 보도는 지속적으로 이어지며, 반사적으로 봉사/홍보에 대한 보도는 점차 줄어드는 추세를 보였다. 특히 뉴스의 경우 이러한 경향이 더욱 강했다.

6) 행정안전부의 발표에 따르면, 2008년 3월 15일까지 봉사활동 참여자의 수는 1,078,344명인데 〈표 4-5〉에서는 705,686명으로 집계된 이유는, 이 연구에서는 매개단체에 집중해, 10인 이상의 단체를 이루어 참여한 수를 파악했기 때문이다. 즉, 705,686명은 10인 이상으로 집단을 이루어 참석한 사람의 수를 뜻한다.

2) 매개단체와 참여자 수

〈표 4-6〉은 각 주차별로 봉사활동 참여단체의 수와 참여자의 수를 나타낸 것이다. 사고 발생 후 100일 간 자원봉사에 참여한 시민들은 1,078,344명이며, 이들 중 단체를 통해 참여한 인원이 705,686명으로 65.4%에 해당한다(행정안전부, 2008: 445-447). 하지만 시민을 봉사활동 현장으로 이끈 매개단체 중 정당과 교육기관은 배제했으므로 이를 포함할 경우 단체를 통한 참여는 70% 이상일 것으로 예상된다.

표 4-6 봉사활동 참여단체 수와 인원

(단위: 개, 명)

주	구분 \ 단체	매개단체							계
		동원적 봉사활동 참여			자발적 봉사활동 참여				
		중앙 정부	지방 정부	관변 단체	시민 단체	종교 단체	기업	개별 조직	
1주	단체 수	0	1	4	0	2	1	0	8
	인원	0	64,528	1,406	0	300	11,342	0	77,576
2주	단체 수	28	52	44	16	24	48	6	218
	인원	9,590	37,914	30,793	4,550	9,062	15,189	639	107,737
3주	단체 수	11	35	28	19	44	38	20	195
	인원	2,044	6,980	7,867	5,362	11,658	10,089	8,035	52,035
4주	단체 수	21	13	25	11	32	29	28	159
	인원	16,959	1,595	65,578	24,467	29,067	12,977	7,290	157,933
5주	단체 수	5	16	9	11	26	27	23	117
	인원	601	10,345	5,105	9,733	10,441	22,795	7,283	66,303
6주	단체 수	6	14	6	10	26	29	14	105
	인원	4,620	2,460	1,590	2,850	12,550	14,451	4,638	43,159
7주	단체 수	3	8	12	11	18	30	11	93
	인원	2,902	2,164	20,097	17,870	5,884	51,958	1,944	102,819
8주	단체 수	1	3	7	5	8	15	4	43
	인원	300	1,241	2,716	1,120	7,922	7,828	2,100	23,227
9주	단체 수	4	5	3	4	4	6	7	33
	인원	900	6,103	1,020	3,633	2,774	2,260	983	17,673

10주	단체 수	0	2	2	0	1	2	2	9
	인원	0	410	270	0	111	298	1,050	2,136
11주	단체 수	2	8	3	2	11	11	9	46
	인원	620	1,070	810	220	3,635	3,864	2,581	12,800
12주	단체 수	0	2	8	1	8	15	8	42
	인원	0	270	1,429	180	3,630	2,332	3,965	11,806
13주	단체 수	1	3	6	3	6	2	2	23
	인원	170	1.910	2,160	470	5,600	250	875	11,435
14주	단체 수	1	4	3	4	5	7	5	29
	인원	400	560	500	3,645	780	2,250	1,160	9,295
15주	단체 수	1	2	7	1	3	4	5	23
	인원	1,000	200	1,970	120	5,262	550	650	9,752

참여 유형과 참여자 수를 그래프로 나타내면 [그림 4-2]와 같다. 동원적 봉사활동 참여는 4주차를 기점으로 참여자가 급격히 줄어들고 있음을 알 수 있다. 4주차에 봉사자의 수가 확대된 것은 관변단체의 참여가 활발해졌기 때문이다. 반면 자발적 봉사활동은 4주를 기점으로 참여가 활발히 일어났고 이후로도 동원적 봉사활동보다 계속적으로 많은 참여자의 수를 보인다. 8주차를 기점으로 참여자는 모두 감소했다.

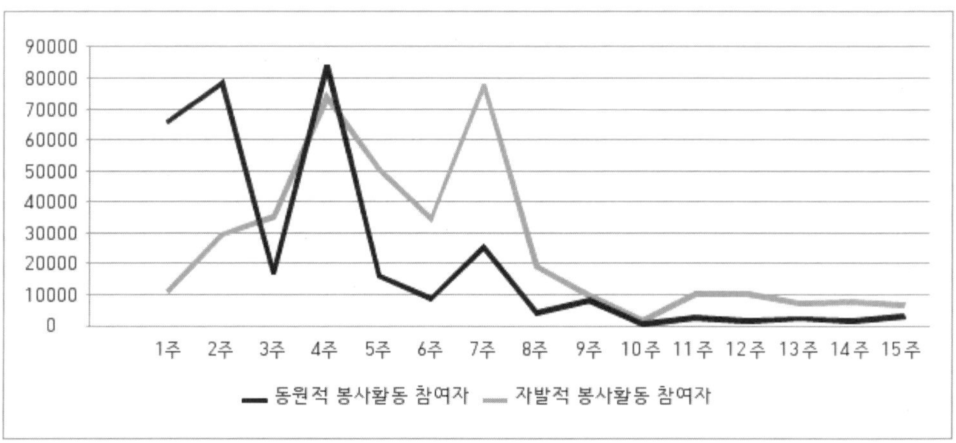

그림 4-2 동원적 · 자발적 봉사활동 참여자 추이

1주차는 총 77,576명이 태안살리기운동에 참여했다. 지방정부와 관변단체, 그리고 기업이 주로 봉사활동에 참여했으며, 지방정부는 태안군청에서 파견한 공무원 및 자원봉사센터 직원의 참여가 많았다. 또한 새마을회를 비롯한 관변단체, 삼성사회봉사단이 봉사활동에 활발히 참여했다. 사고의 책임자였던 삼성에서는 사고 다음날부터 하루에 만 여명의 봉사자를 파견했다. 1주차에서는 전체의 83%가 지방정부로부터 참여한 것으로 확인되었다. 2주차에서 가장 많은 참여를 보인 곳은 여전히 지방정부와 관변단체, 그리고 기업(각각 52개, 44개, 48개의 기관에서 37,914명(35%), 30,793명(28.6%), 15,189명(14.0%)의 참여)이지만, 중앙정부의 각 부처에서도 공무원 및 부처에 속한 자원봉사센터의 협력과 함께 태안살리기운동에 참여했다. 2주차는 총 107,737명이 참여했다. 3주차에 접어들자 단체들의 참여가 2주차의 절반 정도로 줄었다. 3주차 중 12월 19일은 대통령 선거일로 주말을 제외하고도 하루의 공휴일이 더 있었기 때문에 태안살리기운동에 대한 참여가 더욱 활발할 것으로 생각되었지만 오히려 수가 줄어든 것을 알 수 있다. 이는 정당 및 교육기관을 분석의 대상에서 제외했기 때문이다.[7] 공휴일을 맞이해 중앙 및 지방정부에서의 참여는 줄어든 반면 종교단체의 참여는 늘어났다. 또한 사람 수가 감소한 것에 비해 단체의 수는 많이 감소하지 않았는데, 이것은 중앙·지방정부에서 대규모로 파견된 봉사활동 참여자가 줄어들었기 때문이다.

4주차부터는 약간의 변화가 발생했다. 가장 많은 봉사활동 참여자를 파견하던 지방정부의 참여가 줄어들었고, 종교단체에서 가장 많은 총 32개 기관, 29,067명의 참여자를 양산했다. 관변단체의 경우 종교단체보다 참여단체의 수는 줄었지만 참여자 수는 더욱 증가했다. 관변단체는 25개 단체에서 총 65,578명의 참여가 있었다. 이는 4주차 전체 인원의 41.5%에 해당하는 수치이다. 즉, 대규모로 이루어진 관변단체의 참여로 인해 단체의 수는 다른 단체에 비해 적지만 방제 인력의 공급에서는 가장 많은 수를 차지한 것이다. 5주차에 들어서며 종교단체와 기업의 참여가 많이 늘어났다. 이 단체들 각각은 중앙정부와 지방정부 측의 참여 인원을 합친 것보

7) 3주차(12월 17일~12월 23일) 기간 동안 전체 참여자의 수는 221,794명으로, 분석 대상에 포함되지 않은 단체인 정당과 교육기관을 통한 참여가 많았다. 대통령선거 이후 선출되지 못한 후보자(정동영, 이회창 후보)와 정당 관계자 및 당직자들이 19일 태안을 방문했다. 또한 방학이 시작되며 교육기관을 통해 교직원과 학생들의 봉사활동 참여자가 증가했다.

다 많은 수를 나타냈다. 연말과 연초에 기업의 방제활동이 크게 늘어난 것은 기업 차원에서 송년회 및 신년회를 태안에서 개최한 것도 하나의 이유가 되었다. 이들은 낮에는 방제작업에 참여했고, 저녁에는 워크숍, 송년회, 신년회를 하며 태안을 방문하게 된 경우가 종종 있었다. 종교계의 참여는 1주차부터 꾸준히 이어졌다. 특히 6주차에는 개별 참여를 조직화한 경우가 10%를 넘어섰다. 하지만 8주차에 들어서며 단체의 참여가 큰 폭으로 감소했다. 이것은 1월 말이 되며 강추위와 대설특보 등으로 방제작업이 중단되었고, 설 연휴가 시작되며 태안살리기운동에 대한 사회 전반적인 관심이 줄어들었기 때문으로 해석할 수 있다.

설 연휴 이후로 중단되었던 방제작업이 재개되자 지방정부에서는 다시 참여 인력을 투입해 8개 기관에서 1,070명의 참여가 이루어졌다. 이후에 6개의 관변단체에서 2,160명이 방제작업에 참여하는 등 관변단체에서도 방제작업을 재개하려는 노력이 나타났다. 수는 줄었지만 종교단체와 기업은 꾸준히 태안살리기운동에 참여하고 있었고, 초반에는 큰 양상을 보이지 않았던 시민단체의 참여도 보이기 시작했다. 시민단체의 경우 종교단체나 기업, 혹은 관변단체와 같이 대규모 인력을 갖춘 단체가 많지 않기 때문에 많은 시민단체가 참여했어도 참여자 수에서는 비중이 적을 수밖에 없었다.

태안살리기운동의 봉사활동 참여자 및 참여 빈도를 정리하면, 초반에는 지방·중앙정부의 참여가 활발했으나 참여가 지속되지는 못했다. 또한 관변단체를 통한 봉사활동 역시 정부 부문과 비슷하게 초반부터 꾸준히 지속되었다. 즉, 사고 초반에는 동원적 봉사활동이 활발했던 것으로 볼 수 있다. 사고 중반부터는 종교단체와 기업의 참여가 가장 활발했으며, 종교단체의 경우 중반 이후 15주차까지 활발한 참여를 이어갔다. 시민단체와 개별조직(동호회, 친목회, 온라인을 통해 형성된 조직 등)은 참여자의 수에서 규모가 크지는 않지만 큰 변화 없이 지속적으로 봉사활동을 수행한 것을 알 수 있다.

3) 언론과 참여 유형별 참여자 수 추이

다음의 [그림 4-3]은 언론의 봉사홍보 유형 보도 내용과 봉사활동 참여자의 관계를 나타낸 것이다.

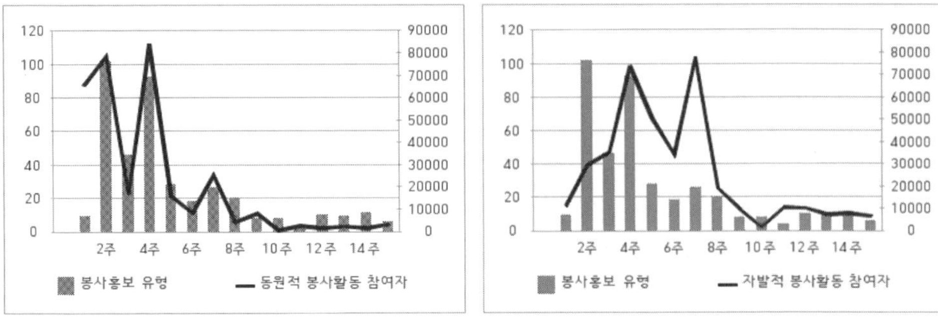

그림 4-3 봉사홍보 유형의 언론 보도와 봉사활동 참여자 간 관계

언론의 봉사홍보 유형과 동원적 봉사활동은 유사한 모양을 나타낸다. 2·4주차에 봉사홍보 유형의 보도 내용이 많이 이루어졌는데, 이 시기에 동원적 봉사활동 역시 가장 활발했다. 이후 5주차부터 봉사홍보 유형과 동원적 봉사활동 모두 급격히 감소하는 것을 볼 수 있다. 이것을 해석하면, 사고 발생 후 1주차에 언론이 보도한 것은 동원적 봉사활동이라고 볼 수 있다. 즉, 언론의 봉사홍보 유형에 관한 보도와 동원적 봉사활동은 상호 연관되어 있음을 알 수 있으며(Pearson 상관계수=0.762, P<0.01), 초반 기름 유출 사고에 대한 언론의 초점이 '봉사활동'에 대한 강조에 집중되었음을 추측해 볼 수 있다.

언론 보도와 자발적 봉사활동의 경우에는 동원적 봉사활동과는 다른 모습을 보인다. 봉사홍보 유형의 그래프 모양(M자형)과 약 2주 이후 자발적 봉사활동의 그래프 모양이 비슷하게 나타난다. 즉, 동원적 봉사활동은 거의 동시에 이루어진 반면, 자발적 봉사활동은 2주 정도의 시차를 가지고 구현되었다(Pearson 상관계수=0.656, P<0.05). 이는 자발적 참여자는 초반 동원적 참여자의 봉사활동에 대한 언론의 보도를 접한 후 참여심리가 형성되었지만 준비물, 동행자와의 일정 조율, 위험성 판단, 날씨 등 심리적 및 물질적 준비 시간이 필요하다고 해석할 수 있다.

태안살리기운동에 대한 기사 방향은 사고 발생 중반 이후 책임에 대한 보도로 이어지며 봉사활동에 대한 관심이 지속되지는 못했다. 이는 재난구호 봉사활동의 일반적인 특성이기도 하다. 하지만 이 사례는 재난 직후 약 한 달간 폭발적 참여가 이루어졌으며, 초반에는 동원적 형태, 후반으로 갈수록 자발적 형태의 참여가 언론과의 연관성을 보이며 이루어졌다는 데에서 사고 초반에는 참여가 집중되지만 지속되지는 않는 다른 재난 사례와 차별성을 갖는다.

2. 봉사활동 참여의 유형화 및 메커니즘

동원적 참여는 정부의 주도에 의한 참여를 말하는 것으로, 봉사활동에 참여하라는 정부의 공식적인 결정에 따르고, 이에 대한 금전적 또는 다른 형태의 인센티브를 제공받는 것을 말한다. 인센티브에는 외적 인센티브와 내적 인센티브가 있으나, 내적 인센티브의 경우 개인의 성향 및 상황에 따라 인지의 차가 크게 발생한다. 또한 이 연구는 매개단체라는 참여의 메커니즘을 통한 유형의 구분이므로 매개단체의 내적 인센티브 측정의 어려움으로 인해 외적 인센티브만을 기준으로 했다. 기간적으로는 단발성에 그치는 것 역시 또 하나의 유형 구분 기준이 된다(길귀숙, 2004: 101). 단발성의 기준은 참여가 지속적으로 이어지지 않는 것으로서, 이 연구는 단체를 중심으로 참여 기간을 측정하기 때문에 해당 단체들이 참여한 이후 4주 이내로 참여가 더 이상 나타나지 않는 경우를 단발성이라고 정의한다.[8]

협의적 참여는 정부의 직・간접적인 요청에 응하는 참여로 정부의 공식 또는 비공식적 참여 요청 여부가 중요한 기준이 된다. 또한 기간으로는 중기적으로 참여를 한 경우, 그리고 참여에 대한 인센티브가 있음을 인지했다면 협의적 참여 유형으로 볼 수 있다.

자발적 참여는 봉사활동 참여자가 자기 판단에 의해 주도적으로 참여한 것으로, 자발적 심리에 의해 스스로 봉사활동을 기획해 참여했는지가 기준이 된다. 이러한 경우 대체로 참여의 기간이 길어지며 인센티브 여부는 상관하지 않게 되고, 오히려 시간과 비용을 들여 봉사현장 활동을 찾는 등의 적극성을 띤다. 이상의 내용을 정리하면 〈표 4-7〉과 같다.

첫째로 중앙정부의 활동을 보면 중앙정부는 부 10개, 처 1개, 청 4개, 위원회 1개 기관 등 16개 기관에서 태안살리기운동에 참여했다. 중앙정부의 참여 집계는 업무상의 참여가 아닌 실제 기름제거작업을 한 봉사활동만을 말한다.[9] 2007년 12월

---

8) 예를 들어 서울시가 12월 20일에서 22일까지 3일 동안 참여하고, 강원도가 12월 22일에서 24일까지 3일 동안 참여했으며, 지방정부의 참여 기간은 20일에서 24일인 총 5일이 된다.

9) 업무상의 참여란 중앙재난안전대책본부 등과 같이 재난관리의 직무를 수행하는 공식적인 공무원의 업무활동을 말한다.

표 4-7 참여의 유형과 기준 정의

참여 유형	정의	기준		
		참여 동기	참여 기간	인센티브
동원적 참여	정부의 단방향적 결정에 응하는 참여	정부의 공식적 참여 결정	초반 단발성 (4주 이내)	인지와 활용
협의적 참여	정부의 직·간접적인 요청에 응하는 참여	정부의 (비)공식적 참여 요청	초중반 중기성 (8주 이내)	인지
자발적 참여	정부의 개입 없이 봉사활동 참여자가 주도적으로 참여	스스로 기획	지속적인 장기성 (8주 이상)	무

8일 열린 장관급 회의 이후 국방부에서는 가용할 수 있는 모든 병력을 방제작업에 동원해야 할 것을 지시했다. 또한 방제대책본부회의에서는 풍향의 변화에 따라 피해 지역이 확산된다면 방제 인력은 적어도 하루에 5,000명 이상 집중 투입되어야 한다는 전망을 내놓았다(행정안전부, 2008: 96). 이 밖에도 2008년 1월 8일자 한겨레신문 14면에는 다음과 같은 구절이 나온다: "…전체 공무원의 10%에 해당되는 인력이 봉사활동에 참여하도록 하라는 행정자치부의 지침에 따라…."[10)]

이러한 중앙정부의 태안살리기운동에 대한 봉사활동은 동원성이 크게 작용한 것을 알 수 있다. 이것은 방제기본계획이라는 제도적인 면에서 관계 부처의 협력을 명시화하고 있다는 점, 또한 이번 사례의 경우 방제작업에 참여하는 인력 증대가 방제계획에 포함되어 있어 각 부처에 협조를 구했다는 점 등이 동원적인 요인으로 볼 수 있다. 참여 기간을 보면, 중앙정부의 참여는 다른 단체에 비해 참여의 감소 양상이 시기적으로 빠르게 나타났다. 인센티브 기준의 측면에서는 공무원의 경우 방제활동에 참여한 후 출장비를 지급받은 것으로 나타났는데 이것은 「공무원 여비규정」에 명시되어 있다.[11)] 일각에서는 출장비를 다시 모아 태안살리기운동 현

10) 이 신문기사는 행정자치부 장관의 말을 그대로 인용한 '직접 인용'에 해당된다. 신문기사에서 직접 인용은 기사 작성의 타당성과 인용 구문의 충실성과 관련된다. 즉, 직접 인용은 정확성에 기반해 이루어진다(이준웅 외, 2007: 66).

11) 출장비의 지급을 통한 공무원의 봉사활동 참여는 업무상 참여의 성격으로 볼 수 있지만, 이 연구에서 자원봉사자 수의 자료로 활용한 행정안전부(2008)의 공식 집계는 출장비를 지급받은 공무원 역

장에 기부를 하는 모습도 나타났지만 이는 일부분에 불과했다. 즉, 재난 현장에 파견된 공무원에게 1인당 5~8만 원의 출장비와 교통비가 지급되고 자원봉사 확인증 발급을 통해 5만 원의 소득공제 역시 가능했다. 또한 출장비 이외의 시간외수당을 지급하는 경우도 있었다(중앙일보, 2008년 1월 31일자 3면). 실제로 중앙정부의 참여 일자를 보면 공휴일보다는 대부분 평일에 참여를 한 것으로 나타나 공무원이 아닌 일반시민과는 상반된 양상을 보였다. 대다수 공무원의 태안살리기운동 참여는 일상 업무와 같이 이루어졌음을 알 수 있으며, 동원성을 띠지 않으면 불가능했다고 해석할 수 있다.

태안살리기운동 봉사활동에 가장 많은 참여를 한 매개단체 중 하나는 지방정부이다. 지방정부에서는 각 지방자치단체 공무원, 자치구 자원봉사센터, 주민자치위원회 등 다양한 모습으로 참여가 이루어졌다. 2007년 12월 8일과 9일 양일 간 태안군청에서는 총 64,528명의 공무원이 방제작업에 참여했다. 이완구 당시 충청남도지사는 태안유류 유출사고에 정부와 국민이 모두 관심을 갖고 도움을 줄 것을 요청하는 호소문 발표 및 기자회견을 했다. 2007년 12월 14일 중앙재난안전대책본부에서는 각 지방자치단체에 민방위대원·자원봉사자·예비군·학생 등에 대한 봉사활동 참여를 요청했다. 이렇게 태안살리기운동에 참여를 독려한 이유를 태안해안사무소의 생태담당자는 다음과 같이 전했다.[12]: "바위와 몽돌에 붙어 사는 해양동식물을 살리고 생태계를 복원하는 가장 좋은 방법은, 비록 시간과 인력이 많이 필요하지만 사람들이 꼼꼼하게 기름을 닦아내는 것 이상은 없다."

즉, 허베이 스피리트호 기름 유출사고의 경우 방제작업의 가장 좋은 방법은 사람의 손으로 직접 기름을 닦아내는 것이며, 이러한 방법이 가장 효과적이기 때문에 방제활동을 위해서는 무엇보다 인력이 필요했다는 것을 알 수 있다. 지방정부에 소속된 공무원 역시 중앙정부의 공무원과 같이 참여 동기에서 동원적 특성이 나타난다. 지방자치단체의 전체적인 참여 기간은 지속적으로 이루어졌지만 개개 지방자치단체별로 분석할 경우 지속적으로 태안살리기운동에의 참여가 이어지기보다 1~2일에 걸쳐 나타나는 경우가 많았다(행정안전부, 2008: 183-251). 또한 지방정부의 공무원 역시 중앙정부의 공무원과 동일하게 「공무원 여비규정」에 따라

시 자원봉사자로 인정해 집계를 했으므로 봉사활동에 포함시켰다.

12) 한겨레, 2007년 12월 17일자 10면.

인센티브가 지급되었다. 이와 관련해 자원봉사센터의 참여에 대한 인센티브가 지급되었는지를 밝히는 것이 중요하다. 김미숙 · 김성희(1998: 48)의 연구는 자원봉사센터의 봉사활동 참여자에 대한 보상이 무엇이 있는가를 분석했는데, 이들에 따르면 자원봉사센터의 활동에 따른 보상 내용으로는 정부 및 기관의 포상, 각종 행사 제공 및 지원, 활동 관련 경비 지원 등이 있다. 이중 정부 및 기관의 포상이 가장 큰 비중(41%)을 차지하는 것으로 나타났는데, 2008년 태안살리기운동 우수자원봉사자의 선별에서 각 자원봉사센터의 수상 기록이 빈번하게 발견됨을 알 수 있다. 즉, 자원봉사센터가 봉사활동에 참여할 유인이 존재했다는 해석이 가능하다.

우리나라의 관변단체에는 새마을중앙회, 바르게살기운동협의회, 자유총연맹 등이 있다. 이러한 관변단체들은 정치적 영향력을 받고 또한 일정한 수준에서 정치적 영향력을 행사하며 존립한다고 할 수 있다. 태안살리기운동에서 역시 관변단체는 큰 역할을 했다. 실제로 사고 발생 직후 대한적십자회, 대전서구새마을회, 천안새마을지회, 태안부녀회 등이 방제현장에 파견되었기에 관변적 성격을 가진 단체들이 가장 많은 지원을 한 것으로 분석되었다(단체 수 기준). 이 사례에서 관변단체의 특징은 중앙 · 지방정부의 참여와 비슷한 양상을 보인다는 것이다. 특히 지방정부의 경우 8주차를 기점으로 참여가 하락한 후 9주차부터 다시 증가의 모습을 보이는데, 관변단체는 그것과 1주의 차로 9주차까지 참여가 하락한 후 10주차부터 다시 증가하는 모습을 보인다. 이것은 지방정부가 태안살리기운동 현장에 참여할 당시 새마을회, 자유총연맹 등과 함께 방제작업에 참여한 경우가 많았기 때문으로 해석할 수 있다(행정안전부, 2008: 183-403). 관변단체의 참여 유형을 기준에 따라 분류하면, 먼저 참여 동기에서는 정부의 요청에 응하는 형태인 것을 알 수 있다. 특히 지방정부의 요청에 응하는 경우가 많았다. 관변단체는 기타 시민단체와는 달리 전국의 읍 · 면 · 동에 널리 퍼져 존재하기에 중앙보다는 지방에 기반을 두고 있기 때문이다. 참여 기간을 보면 7주 이후로 급격히 감소하는 모습을 보이며 중기적 참여를 보였다. 관변단체는 사회적 활동에 대한 정부의 지원 자체가 인센티브 요인이 된다. 즉, 관변단체의 존립을 위해서는 정부의 지원이 필요하고, 이러한 정부 지원의 반대급부로서 관변단체는 정부의 요청에 부응할 수밖에 없다.

태안살리기운동에서 초기에는 시민단체의 참여가 활발하지 않았다. 이는 실제로 참여가 적었을 가능성 외에도 시민단체 참여가 소규모로 이루어지는 경우가 많았기 때문에 집계에서 누락되었을 가능성 역시 배제할 수 없다. 하지만 시민단체의 참여가 시간이 지남에 따라 일정한 비율로 꾸준히 이어진 점은 초반보다는 중·후반에 시민단체의 참여가 더욱 활발히 일어났다는 것을 보여준다. 시민단체의 경우 단순히 방제작업 참여뿐 아니라 사건에 대한 책임 규명·보상 배분 관련 문제 등에도 관여했고, 정부의 초동 방제 대응 과정에서 문제점이 무엇인지에 대한 보고서를 작성하는 등의 활동 역시 수행했다. 또한 환경단체와 변호사단체의 연합으로 피해 주민에게 무료법률 상담활동도 하며 방제활동 외에도 다양한 봉사활동 행태를 보였다. 시민단체의 인센티브 요인은 시민단체가 정부로부터 지원을 받기 위해서는 비영리민간단체에 등록을 해야 한다는 것에 중점을 두고 분석했다. 등록을 위해 시민단체는 사업계획서를 행정자치부와 시·도에 제출해야 한다. 심사 항목은 단체 역량, 사업 내용, 산정 예산 등 세 가지 분야이다. 이 중 단체 역량의 심사항목으로 '최근의 공익 실적'에 대한 평가가 들어간다. 지원을 위한 심사의 기준인 공익 실적에서 태안살리기운동은 인센티브로 작용할 수 있다. 특히 태안살리기운동의 경우 자원봉사증을 제공하므로 증빙자료가 될 수 있기 때문이다. 시민단체의 경우 자발적인 동기가 우세하고 참여가 지속적으로 이루어졌지만 인센티브가 전혀 존재하지 않은 것은 아니었다. 즉, 인센티브를 시민단체가 활용했는지의 여부를 알 수는 없지만 인지는 가능했다는 것이다. 행정안전부(2010: 408)에 따르면 2007년의 경우 7,072개 단체가 비영리민간단체로 등록되어 지원을 받았으며, 2008년에는 이보다 약 10% 정도 많은 7,749개 단체가 지원을 받았다.

태안살리기운동에서 가장 많은 봉사활동 참여자를 배출한 단체는 기업이었다. 특히 대기업의 경우 한 번에 대규모 인력의 참여가 가능하기 때문에 단체의 수가 적어도 참여자의 수가 많은 경우가 비일비재했다. 또한 봉사활동 영역에서 각 기업의 업종별 특성을 살려 기름 유출사고 방제 현장에 기부를 하는 등의 행태도 보였다. 기업은 시기상 연말과 연초에 가장 많은 참여가 이루어졌는데, 이는 연말에는 송년회 및 신년회를 태안에서 갖는 기업이 많았기 때문이다. 또한 신입사원 연수를 태안에서 시행하는 기업도 종종 있었다. 사고 발생 초반에 참여한 기업은 태안 지역과 1사1촌을 맺은 금융기관(우리은행, 신한은행 등)이 있었으며, 기름 유출사고의 책임자로 지목되었던 삼성그룹의 경우 초반에는 태안 방제 현장에 하루 1만 명의 직원, 이후에는 1,000명의 직원을 파견해 방제활동을 하도록 했는데 이들도 모두 행정자치부에서는 봉사자로 집계를 했다. 이 밖에도 여러 기업이 수익의 일정 비율을 태안살리기운동의 일환으로 기부했다. 금융기관의 경우 태안자원봉사 활동증이 있으면 금리를 인상한 통장 개설을 기획하는 등 다방면에서 아이디어를 내놓았다. 2007년 12월 14일에 국세청에서는 태안살리기운동에 기부한 전 물품에 대해 소득공제 해택을 주는 계획을 발표했다. 손원익(2009: 56)의 연구에 따르면, 기업의 기부액에 따른 소득공제 혜택은 기업이 기부를 결정하는 요인이 된다. 또한 박헌준・이종건(2001: 18-19)은 실증연구를 통해 기업의 기부행위가 기업의 명성・가치・생산성을 향상시킨다는 결과를 도출했다. 즉, 사회공헌 활동이 기업에 미치는 긍정적 효과를 강조한 것이다. 기업들이 이러한 인센티브 요인에 대해 인지하고 태안살리기운동에 참여했는지는 향후 연구가 필요하지만, 실질적으로 기업들의 참여에 인센티브가 존재함은 알 수 있다. 이를 종합하면 기업은 스스로 봉사활동을 기획하기도 했지만, 유류 유출사고와 관련된 기업의 봉사활동 역시 대규모로 나타났기 때문에 혼합적인 동기가 있었다. 참여 기간은 지속적이었으며 참여에 대한 인센티브는 존재했지만 이를 기업이 활용했는지는 이 연구에서 밝히기는 어렵다.

종교단체는 태안살리기운동에서 기업에 이어 두 번째로 많은 참여자를 배출했다. 특히 각 종교별로 장기간 방제활동 및 무료급식 배부 등의 활동을 했다. 시간이 지남에 따라 전체적인 태안살리기운동 참여자 수가 줄어들었고, 종교단체의 참여 역시 줄어들었지만, 비율상에서 종교단체의 참여는 지속적으로 늘어나는 추세에 있었다. 종교단체는 태안살리기운동 참여에 대한 강제적인 환경이나 요청이 존재하지 않았음에도 방제작업 2주차부터 '서해안 살리기 한국교회봉사단', '대한불교 조계종 중앙긴급재난구호 대책위원회' 등 임시적인 봉사단체를 조직했고, 이 밖에 원불교・천주교에서도 지속적인 참여를 보였다.

태안살리기운동 현장에는 공식적인 단체에 속하지는 않지만, 종친회・향우회・동창회 등을 통하거나 임시적인 단체를 조직해 참여하는 경우가 있었다. 이러한 다양한 참여의 양상들이 기타 재난구호 봉사활동과 태안살리기운동 봉사활동의 차이라 할 수 있다. 이들은 언론 등의 영향으로 태안살리기운동에 참여한 경우가 대부분이었다.[13] 참여의 연속성에서는 한 번 참여하는데 그치고 지속적으로 참여가 이루어지지는 못한 것으로 보인다. 공식적인 단체에서는 한 번 참여가 진행되면, 이에 대한 경험을 가진 사람들이 다음의 참여를 독려해 지속적인 참여로 이어지지만, 임시적으로 동기화된 단체의 경우에는 지속되기가 어렵다.

지금까지의 논의를 토대로 매개단체를 세 가지 기준에 따라 유형화하면 〈표 4-8〉과 같다.

표 4-8 기준에 따른 참여의 유형화

매개단체	유형 기준			참여 유형
	참여 동기	참여 기간	인센티브	
중앙정부	정부의 결정	초기 단발성	인지와 활용	동원적 참여
지방정부	정부의 결정	초기 단발성	인지와 활용	
관변단체	정부의 요청	중기성	인지와 활용	협의적 참여
시민단체	혼합적	지속적 장기성	인지	
기업	혼합적	지속적 장기성	인지	
종교단체	스스로 기획	지속적 장기성	없음	자발적 참여
개별 참여	스스로 기획	중기성	없음	

세 가지 기준에 따라 관변단체, 시민단체, 기업이 협의적 참여 유형에 속한다고 할 수 있다. 하지만 관변단체의 경우 동원적 참여와 협의적 참여의 중간에 위치한

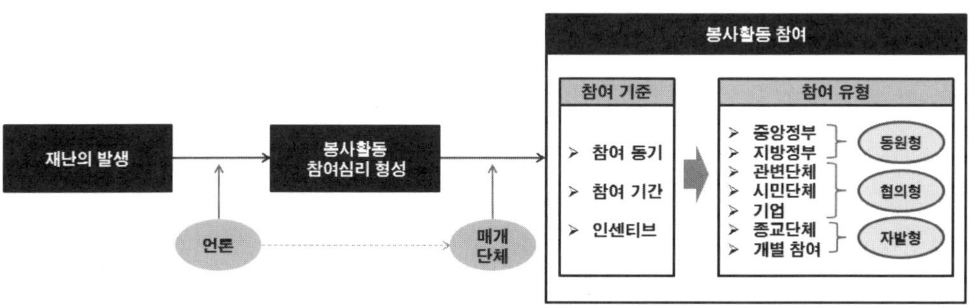

그림 4-4 태안살리기운동 참여 메커니즘 및 유형화

13) 이 내용은 개별 참여자 6인과의 인터뷰를 진행한 결과를 통해 서술했다.

다고 볼 수 있다. 자발적 참여는 스스로 기획해 봉사활동에 참여하며, 그렇기 때문에 인센티브가 없어도 지속적으로 참여하는 형태이다. 이러한 유형에 속하는 단체는 종교단체와 개인의 조직화된 참여라고 할 수 있다. 이러한 분석의 모든 과정을 구체화하면 [그림 4-4]와 같다.

제 6 절 결론

태안살리기운동은 여러 가지 측면에서 다른 국내 및 해외 재난 사례와 구별된다. 태안살리기운동의 경우 100일 동안 100만 명이 넘는 봉사자가 참여했으며, 이 숫자는 한국뿐만 아니라 세계적으로도 기록적이다. 재난 발생과 함께 봉사활동 참여를 촉구하는 언론의 역할은 지대했고, 이와 함께 정부의 적극적인 참여 독려는 동원적 성격을 띠기는 했지만 봉사자의 수를 늘리는 데는 효과적이었다. 다만, 태안살리기운동도 다른 재난 사례와 같이 봉사자의 안전을 위협하는 위험성이 있었지만, 이에 대한 통제 및 관리는 미국이나 일본에 비해 허술했다고 볼 수 있다.

재난구호 참여 메커니즘은 재난의 발생 후 '봉사활동 참여심리 형성'과 '봉사활동 실제적 참여'로 구분된다. 태안살리기운동의 경우, '봉사활동 참여 심리 형성'에는 언론의 역할이 지대했고, '봉사활동 실제적 참여'는 주로 매개단체(개별적 참여 포함)를 통해 이루어졌다. 참여의 유형은 세 가지 기준(참여 동기, 참여 기간, 인센티브)을 활용해 세 가지 유형(동원적 참여, 협의적 참여, 자발적 참여)으로 구분했다.

이 연구의 분석 결과를 요약하면 다음과 같다.

첫째, 정부 주도에 의해 참여하는 동원적 참여는 재난 초기에 즉각적으로 이루어졌으며, 자발적 참여는 3~4주 후에 가시적으로 폭증했다. 흥미로운 것은 자발적 참여의 증가와 함께 동원적 참여자의 수는 급감한다. 즉, 동원적 참여는 재난 초기에 비교적 짧게 나타난 반면, 자발적 참여의 경우 3~4주 시차를 두고 활성화되었고 비교적 길게 지속되었다.

둘째, '봉사활동 참여심리 형성'과 관련해 언론의 역할은 지대하다. 언론의 봉사홍보의 보도 횟수와 봉사활동 참여자 수는 높은 상관 관계를 보였다. 다만, 동원적 봉사자의 수는 시차 없이, 그리고 자발적 봉사자의 수는 2주의 시차를 두고 상관 관계를 형성해, 동원적 참여에 대한 언론 보도 내용이 자발적 참여활동에 영향을 주었음을 추론할 수 있다.

셋째, 참여 유형은 세 가지 기준(참여 동기, 참여 기간, 인센티브)을 활용해 귀납적으로 구분했다. 즉, 정부의 참여 요청이 있었는지, 이들의 봉사활동 참여 기간은 얼마나 되었는지, 그리고 금전적 및 다른 형태의 인센티브가 있었는지에 따라 유형화했다. 주목할 것은 자발적 참여의 경우, 참여 기간은 제일 길었지만 외적 인센티브는 없었다.

마지막으로 위의 발견들을 토대로 봉사활동 참여 메커니즘을 도출했다. 재난 발생과 함께 언론의 역할 또는 영향력에 따라 '봉사활동 참여심리'가 형성되고, 이러한 심리를 가진 자는 잠재적 참여자라 할 수 있다. 그러나 이 연구는 '실제적 참여'는 매개단체에 의해 실현된다는 것을 보여준다. 이러한 경험적 자료에 기초한 참여 메커니즘의 도출은 봉사활동 거버넌스를 매개단체에 초점을 두고 그 과정 및 참여자를 체계적으로 분석했다는 차원에서 이론적인 기여가 있다 하겠다. 또한 이러한 참여 유형과 메커니즘은 향후 유사한 재난구호에 대비해 봉사활동 참여의 확대를 위해서는 어떠한 전략이 필요하고 어떻게 관리해야 하는지에 대한 실무적 통찰력을 제공한다는 차원에서 정책적 함의가 있다.

이 연구는 봉사활동 참여심리 형성에 영향을 주는 여러 요인 중에서 언론에만 초점을 맞추었다. 이는 이 연구의 한계점 중 하나로 향후 특히 문화적 요인 등을 함께 고려해 봉사활동 참여심리 형성 요인을 좀 더 광범위하게 분석할 필요가 있다. 그리고 자료 수집 및 코딩 과정에서 오류가능성을 완전히 배제하지 못한 점 역시 한계점이다. 또한 이 연구는 매개단체를 중심으로 참여의 유형을 구별했기에, 매개단체의 속성과 개인의 참여 속성이 일치하지 않을 가능성을 배제했으며, 특히 이 과정에서 참여자의 내적 인센티브를 고려하지 못했다. 이는 자료 수집의 한계로서, 개인의 재난 봉사활동 참여 과정의 추적 또는 참여 직후에 참여자에 대한 광범위한 서베이를 통해 보완할 수 있을 것이다. 마지막으로 이 연구가 단일 사례연구이기에 일반화의 한계점이 있다. 향후 더 많은 관련된 사례연구가 축적되면 일반화의 가능성을 제고할 수 있으리라 생각한다.

참고 문헌

강대선 · 배의식 · 류기형(2010). 자원봉사자 참여 동기와 유형별 자원봉사과업 만족도 및 지속 의지와의 관계에 관한 연구. 「한국사회복지학」, 62(4): 58-77.

강창구(1998). 대형 유조선사고, 어떻게 대처할 것인가? 「한국해양환경공학회지」, 11(1): 15-26.

길귀숙(2004). 여자대학생의 성격 유형과 저원봉사활동 동기 및 태도 요인의 관계 연구. 「한국심리유형학회지」, 11: 99-121.

김미숙 · 김성희(1998). 자원봉사센터의 현황과 효율적 운영 방안. 「보건복지포럼」.

김민철 · 양승훈(2009). 미디어를 통해서 본 볼런투어리즘 담론 형성 과정. 「관광학연구」, 33(4): 105-124.

김범수(2001). 「자원봉사의 이해」, 서울: 학지사.

김상운(2008). 허베이 스프리트호 원유 유출사고와 방제시스템 개선 방안. 「대한환경공확회지」, 30(2): 146-152.

김창수(2009). 해양오염 방제를 위한 관료제와 네트워크: Hebei Spirit호 사고의 사례의 분석. 「한국사회와 행정연구」, 19(4): 81-112.

박동균(2009). 허베이 스피리트호 기름 유출사고를 통해 본 재난 보도의 문제점. 「한국콘텐츠학회논문지」, 9(5): 241-248.

박재묵 · 이정림(2009). 허베이 스피리트호 기름 유출사고 자원봉사자 분석. 「ECO」, 13(1): 173-215.

박헌준 · 이종건(2001), 기부행위외 환경보호활동: 한국 기업의 사회공헌활동과 경제적 성과에 관한 실증적 연구. 「한국비영리학회 발표논문집」.

성기환(2007). 재난관리 자원봉사자 실태분석을 통한 수요 및 필요 역량 연구. 「재난관리자원봉사자의 수요와 필요 역량」, 희망제작소 재난관리연구소.

______(2008). 자원봉사활동에 관한 매스미디어의 역할 분석: 태안 자원봉사활동을 중심으로. 「한국사회복지행정학」, 10(3): 165-191.

성기환 · 손영수 · 최남희 · 한동우(2009). 「재난관리 자원봉사자의 임파워먼트」, 서울: 대영문화사.

소방방재청(2005). 「자주적 재난관리와 방재단의 역할」.

손원익(2009). 기업 기부의 결정 요인에 대한 분석. 「재정학연구」, 2(4): 39-60.

송금희(2005). 「자원봉사론」, 서울: ㈜대왕사.

유현정 · 이재은(2008). 근거이론적 접근을 통해 본 이재민의 반응분석. 「소비자정책교육연구」, 4(2): 97-118.

윤순진 · 박효진(2011). 원유유출사고를 둘러싼 위험의 사회적 구성과 위험 정보 소통: 삼성중공업 허베이 스피리트호 원유유출사고 자원봉사에 대한 언론보도를 중심으로. 「ECO」, 15(1): 7-52.

이건호(2008). 한 · 미 신문기사의 심층성과 신뢰도 및 독창성 분석: 6개 한국 신문과 2개 미국 신문 1면 기사를 중심으로. 「한국언론학보」, 52(5): 107-129.

이명석 · 오수길 · 배재현 · 양세진 (2008). 재난대응 거버넌스 분석: 민간자원봉사 네트워크를 중심으로. 「한국정책학회보」, 17(3): 163-188.

이성록 (2003). 「자원봉사 메니지먼트」, 서울: (주)금영에드컴.

이은애 (2007). 한국의 재해구호서비스 효율화 방안. 「한국위기관리논집」, 3(2): 69-81.

이재은 (2012). 「위기관리학」, 서울: 대영문화사.

이재은 · 양기근 (2009). 재난관리 과정과 시민참여.박재창 외(편). 「시민참여와 거버넌스」, 서울: 도서출판 오름.

이준웅 · 양승목 · 김규찬 · 송현주 (2007). 기사 제목에 포함된 직접인용 부호 사용의 문제점과 원인. 「한국언론학회보」, 51(3): 64-90.

임송태 (1996). 「긴급구조 구난체계의 확립 방안」, 한국지방행정연구원.

임승빈 (2004). 지방자치 및 공공안녕 분야 정부조직 개편. 「한국행정학회 · 한국 조직학회 2004년도 공동기획세미나 발표논문집」, 2004. 5.

정익재 · 정창무 (1996). 재난의 유형과 재난관리: 신문사설 내용분석. 「한국행정학보」, 30(1): 1093-1112.

조휘일 (1988). 자원봉사의 동기에 관한 이론적 고찰. 「서울여자대학논문집」, 17: 31-55.

주효진 · 노지영 (2011). 재난관리 단계별 관점에서의 구제역 사태에 대한 심층분석: 2010년 구제역을 중심으로. 「한국정책연구」, 11(3): 347-366.

한동우 (2007). 재난관리 자원봉사자 역량 강화를 위한 교육체계 연구. 「시민 보호를 위한 세계 재해구호 거버넌스와 재난관리 협력 체계」.

해양경찰청 (2008). 「2007년도 해양경찰백서」.

행정안전부 (2008). 「자원봉사 활동백서: 허베이 스피리트호 기름방제 활동」.

_______ (2010). 「행정안전백서」.

허성호 · 정태연 (2011). 대학생의 자발적 봉사활동에 대한 질적 연구: 근거이론을 중심으로. 「한국심리학회지: 사회문제」, 17(3): 287-304.

Baron, R. A. & Byrne, D. (1981). *Social Psychology: Understanding Human Interaction.* Boston: Allyn & Bacon. Inc.

Barton, A. H. (1969). *Communities in Disaster.* New York: Basic Books.

Clary, E. G. & Snyder, M. (1999). The motivations to Volunteer: Theoretical and Practical Considerations. *Current Directions in Psychological Science*, 8: 156-159.

Cuthbertson, B. H. & Nigg, J. M. (1987). Technological Disaster and the Nontherapeutic Community: a Question of True Victimization. *Environment and Behavior*, 19: 462-483.

Dolnicar, S. & Randle, M. (2007). What Motivates which Volunteers/Psychographic Heterogeneity among Volunteers in Australia. *Voluntas*, 18: 135-155.

Friedlander, W. A. & Apte, R. Z. (1980). *Introduction to Social Welfare*, Englewood Cliffs, N.J.: Prentice-Hall.

Fritz, C. E. (1961). Disaster. In R. K. Merton & R. A. Nisbet(eds.). *Contemporary Social Problem*. New York: Harcourt, Brace and World.

Hill, M. & Stevens, D. (2011). Volunteers Who Manage Other Volunteers and the Professionalisation of Volunteer Management: Implications for Practice. *Voluntary Sector Review*, 2(1): 107-114.

Houle, B. J., Sagarin, B. J., & Kaplan, F. M. (2005). A Functional Approach to Volunteerism: Do Volunteer Motives Predict Task Preference?. *Basic and Applied Social Psychology*, 27(4): 337-344.

Kreps, G. (1991). Organizing for Emergency Management. In T. E. Drabek & G. J. Hoetmer(eds.). *Emergency Management Principles and Practice for Local Government*, Washington, DC: International City Management Association.

Michel, L. M. (2007). Personal Responsibility and Volunteering after a Natural Disaster: The Case of Hurricane Katrina. *Sociological Spectrum*, 27: 633-652.

Mizrahi, T. (2008). *Encyclopedia of Social Work*. Washington D.C.: NASW. appendix4: p.68.

Perry, R. W. & Lindell, M. K. (1978). The Psychological Consequences of Natural Disaster: A review of Research on American Communities. *Mass Emergencies*, 3: 105-115.

Riffe, D. et al. (1998). *Analyzing Media Message*. Lawrence Erlbaum Associates, INC; 박영률 (역). 「미디어내용 분석방법론: 양적 분석을 중심으로」, 서울: 커뮤니케이션북스, 2001.

Sandman, P. M. (1988). Telling reporters about risk. *Civil Engineering-ASCE*, 58(8): 36-38.

Singer, E. & Endreny, P. M. (1993). *Reporting on Risk: How he Mass Media Portray Accidents, Diseases, Disasters, and Other Hazards*, New York: Russell Sage Foundation.

Stukas, A. A., Daley, M., & Cowling, M. J. (2005). Volunteerism and Social Capital: A Functional Approach." *Australian Journal on Volunteering*, 10(2): 35-44.

Vineyard, S. (1981). *Beyond Banquets, Plaques and Pins: Creative Ways to Recognize Volunteers and Staff*, Heritage Arts.

제 5 장

비선호시설 입지 갈등 과정 분석*
-부안, 경주 방사성폐기물처리장 입지 선정을 중심으로-

이순철 · 정문기**

이 사례는 중앙정부가 비선호시설 입지 선정 과정에서 발생하는 갈등을 어떻게 관리하는지 기술하고 있다. 기존 비선호시설 입지 선정 논의는 DAD, 경제적 보상, 협상, 공모 등의 논의가 주를 이루었다. 그러나 부안과 경주의 방사성폐기물처리장 입지 선정 과정은 중앙정부에 의한 다양한 수단들의 조합이 입지 선정 결과에 어떠한 영향을 미치는지를 설명하는 사례이다. 따라서 기존 비선호시설 입지 선정 논의로는 부안과 경주의 입지 선정 과정을 설명하는 데 한계가 있어, 메타거버넌스 개념을 도입했다. 사례의 분석을 통해 경제적 지원을 기반으로 한 제도 변화(자치단체 간 경쟁 도입)가 경주 방사성폐기물처리장 입지 선정의 주요 원인임을 밝혀낼 수 있었다.

[주제어: 비선호시설, 제도 변화, 갈등과 경쟁]

제 3 절 서론

게임의 규칙(제도) 또는 거버넌스가 어떻게 구성되느냐에 따라 비선호시설은

* 이 사례연구는 한국지방자치학회보(2012, 24(2), pp 67-94)에 게재된 내용을 수정 · 보완한 것으로, 한국지방자치학회로부터 사용 허가를 받았으며, 이 논문은 2013년 정부(교육부)의 재원으로 한국연구재단의 지원을 받아 수행된 연구임(NRF-2013S1A3A2055108).

** 교신 저자.

지역 내부적 갈등이 아닌 지역 간 경쟁의 개념으로 설명할 수 있다. 일반적으로 비선호시설은 부정적 외부성으로 인해 시설이 입지하는 주변 지역주민들의 반대로 인한 갈등이 발생한다. 반면 선호시설은 시설이 가지는 긍정적 외부성으로 인해 여러 지역 간 시설을 서로 유치하려는 경쟁이 발생한다. 그러나 2005년 대표적인 비선호시설 중 하나인 방사성폐기물처리장(이하 방폐장)을 유치하기 위해 지역 간 경쟁이 발생했다.

구체적으로 방폐장 입지와 관련 2003년 부안에서 주민 반발이 있었던 데 반해, 2005년에는 방폐장을 유치하기 위해 경주・포항・영덕・군산 4개 지역 간 경쟁이 발생했고, 주민투표를 실시한 결과 89.5%의 찬성률을 보인 경주시가 최종 후보지로 선정되었다. 방폐장은 공용화장장, 쓰레기매립장, 추모공원 등 다른 비선호시설에 비해 위험도가 높은 시설로서 부지 선정에 많은 어려움을 겪어 왔다. 따라서 지난 1980년대부터 2003년 부안에 이르기까지 약 20년간 방폐장 부지 선정에 관한 갈등이 지속되었다. 그러나 2005년에는 자치단체 간 서로 유치하려는 경쟁 상황 속에서 경주시가 최종 부지로 결정되었다. 이러한 과정에서 이해관계자들 간의 숙의적 문제 해결 기제보다는 지역 간 경쟁의 도입이 중요한 역할을 하게 되었다.

이와 같은 배경에서 이 연구는 비선호시설인 방폐장 입지 선정이 갈등에서 경쟁으로 변화하는 과정을 메타거버넌스적 접근을 통해 분석했다. 기존의 방폐장의 입지 선정과 관련한 선행 연구는 크게 주민 참여, 부지 선정 방식(보상, 공모 등), 정부간 관계, 주민 갈등 등을 중심으로 진행되었다(김길수, 2004; 노진철, 2004; 김길수, 2007; 김흥회, 2008; 김영종, 2005; 차성수 외, 2006; 윤순진, 2006a; 윤순진, 2006b; 최봉기, 2006). 하지만 이와 같은 선행 연구들은 중앙정부의 제도 및 전략 변화 등을 포괄하는 거버넌스의 변화 과정을 종합적・구체적으로 고찰하는 데 한계가 있다. 따라서 부안과 경주 부지 선정 과정의 비교분석을 통해 중앙정부의 거버넌스 변화 과정을 메타거버넌스적 접근을 통해 고찰하고자 한다.

기존의 방폐장 입지 선정과 관련된 주민 참여 및 거버넌스 논의는 하나의 특정 형태의 거버넌스(계층제, 시장, 네트워크 거버넌스)로 한정해 방폐장 문제를 설명하려 했다. 이 연구는 방폐장 입지 선정이라는 사회문제의 중요성과 복잡성으로 인해 거버넌스의 조합(mix of governance)이 일어났음에 주목했다. 즉, 중앙정부가 사회문제를 고려해 계층제, 시장, 네트워크 등의 요소들을 어떻게 적절하게 조합해 특정 결과(방폐장 부지 선정)를 도출하기 위해 거버넌스 유형을 조정해 가는지를 강조한다(Jessop, 2003: 6; Meulman, 2008: 313). 이 과정에서 중앙정부는 행위자들의 전략(상호작용 형태)에 영향을 미치기 위해 프레이밍(제도) 변화, 경제적 보상, 직접적 참여 등 다양한 전략을 구사한다(Sørensen, 2006: 101-102; Sørensen & Torfing, 2009: 246-251; Haveri et al., 2009: 542-544). 따라서 2003년에서 2005년 사이 방폐장 부지 선정 과정의 분석을 통해 중앙정부가 어떠한 과정(제도적 요소의 변화)을 거쳐 거버넌스 유형을 변화시켰는지 살펴볼 것이다. 실증분석을 위해 사례연구 방법을 사용했다. 사례분석은 정부 공고, 성명서, 신문기사 등 다양한 종류의 문헌 및 기록 자료를 통해 이루어졌으며, 분석의 타당성과 신뢰성을 높이기 위해 공무원 및 시민단체와 인터뷰도 병행했다.

이상의 논의를 바탕으로 제2절에서는 메타거버넌스와 비선호시설에 관한 이론적 논의 및 선행 연구들을 검토했다. 제3절에서는 이론적 논의를 통해 도출된 분석 요소들을 중심으로 2003년 부안 이후 2005년 경주의 부지 선정 과정의 사례에 대한 심도있는 분석을 실시했다. 이를 통해 거버넌스의 변화 과정 및 수단의 변화를 고찰한다. 제4절 결론에서는 사례분석을 통한 이론적 · 정책적 함의를 도출하고 연구의 한계를 제시했다.

제 2 절 이론적 논의

1. 메타거버넌스

쿠이만(Kooiman, 1993: 2-3)은 거버넌스를 사회 · 정치 · 행정 행위자들이 특정 목적 달성을 위해 조정 · 통제 · 관리 등의 통치활동을 유발하는 패턴으로 정의했다. 거버넌스를 통치활동의 패턴으로 정의했을 때 발생할 수 있는 패턴의 유형(거버넌스 유형)은 크게 시장, 계층제, 네트워크 세 가지 형태로 구분할 수 있다. 시장 형태의 거버넌스는 재산권을 중심으로 한 계약 관계와 가격 메커니즘을 통해 행위자 간 관계 · 갈등을 조정하는 형태이다(Lowndes & Skelcher, 1998: 318). 시장에서는 자기 이익을 최대한 늘리는 차원에서 행위자 간 자발적 조정이 발생하고(Powell, 1990: 302), 행위자들은 본인의 능력과 의사에 따라 대안을 선택한다(Treib, 2007: 9). 계층제 형태의 거버넌스에서는 한 사람 또는 소수의 행위자가 다른 행위자와의 합의 없이 구속력 있는 결정을 내린다(Treib, 2007: 9). 행위자 간 협동은 행정적 명령과 조직 상위 행위자에 의해 진행되며, 계층제를 통한 협동은 시장 내에서 협력의 문제(기회주의 등) 등을 보완하는 면이 있다(Lowndes & Skelcher, 1998: 318). 네트워크 형태의 거버넌스는 행위자 간 상호 보완적인 이윤 확보가 가능하다는 관점에서 출발한다. 상호작용 관계(협동)의 발전은 신뢰, 충성도, 호혜성 등의 발전을 통해 이루어진다(Lowndes & Skelcher, 1998: 318). 네트워크 형태의 거버넌스에서는 독립된 조직 간 상호작용을 통해 자원을 활용하고 공동문제를 해결한다(Powell, 1990: 303). 즉, 시장 유형에서 가장 핵심적인 메커니즘이 가격에 의한 행위자 간 경쟁이라면, 계층제는 행정적 명령이고, 네트워크 형태는 신뢰와 협력이 가장 중심이 된다(Rhodes, 2000: 61). 거버넌스 유형으로서 시장, 계층제, 네트워크는 2003년과 2005년의 부지 선정 과정이 어떠한 형태로 진행되었는지를 논의하는 데 유용하다.

한편 거버넌스는 실패하기 마련이라는 전제 하에 상이한 거버넌스를 조합·조정하는 개념으로서 메타거버넌스(metagovernance)의 논의를 들 수 있다(Jessop, 2002: 216-246). 메타거버넌스란 '통치의 통치(governing of governing)'로 정부의 명령과 통제가 없는(계층제와 다른) 거버넌스 상호작용에 관한 통치를 의미한다(Kooiman, 2003: 170-172; Torfing & Triantafillou, 2011: 2). 예솝(Jessop, 2003: 6)과 뮬레만(Meuleman, 2008: 313) 등은 메타거버넌스를 "계층제, 시장, 네트워크 등을 적절하게 조합(judicious mixing)해 가능한 최상의 산출을 도출하는 과정"으로 정의했다. 그러나 예솝(Jessop, 1998: 42)은 메타거버넌스가 거버넌스 유형들의 총합으로 규정되는 것은 아니라고 주장했다. 그보다는 사회문제 해결 등 특정 목적 달성을 위해 각 유형들을 적절하게 조합하는 것을 메타거버넌스로 보았다.

메타거버넌스를 "거버넌스 상호작용에 관한 통치", "협동 거버넌스를 향상시키는 방법", "계층제, 시장, 네트워크 등의 조합" 등으로 정의한다면 어떠한 수단을 통해 메타거버넌스의 목적을 달성할 수 있을지에 대한 문제가 발생한다. 이러한 논의들에 대해 쇠렌슨(Sørensen, 2006: 101-102)은 프레이밍(framing), 스토리텔링

(story-telling), 지원 및 촉진, 참여를 통해 거버넌스 행위자들의 상호작용에 영향을 미칠 수 있다고 논의하고 있다. 프레이밍이란 정치, 재정, 조직적 맥락에 관한 외형적 형태를 결정하는 것을 말하고, 스토리텔링은 외형적 유형이 아닌 사회·정치적 의미와 정체성 형성 등을 통해 거버넌스 행위자들의 행태 및 관념에 영향을 미치는 것을 말한다. 지원 및 촉진이란 메타 통치자가 (물질적·비물질적) 자원을 지원하는 것을 말하고, 참여란 메타 통치자가 거버넌스 상호작용에 직접 참여하는 것을 말한다. 쇠렌슨과 토핑(Sørensen & Torfing, 2009: 246-251)은 메타거버넌스가 네트워크 거버넌스를 향상시키기 위한 방안으로 네트워크 디자인(네트워크 범위, 특성, 구성, 제도적 절차 등 형성), 프레이밍(개략적 목표, 재정적·법적 상태 설정, 네트워크 미션 등 스토리라인 형성), 네트워크 관리(네트워크 내 거래비용 절감, 특정 행위자에 대한 임파워먼트 등), 참여(정책의제, 의사 결정 과정 등 네트워크 거버넌스에 참여)로 구분하고 있다. 마지막으로 하베리 외(Haveri et al., 2009: 542-544)는 지역 정책 결정 내 행위자들의 참여를 이끌기 위한 수단으로 정책과 자원 프레이밍(개략적 목표 설정 등), 제도적 디자인(자원의 전략적 배분과 선택에 관한 설정), 촉진(행정적 지원, 갈등중재, 정보 제공, 커뮤니케이션 촉진 등), 직접적 참여(참여를 통한 네트워크 내 행위자 설득 등)를 들고 있다. 이상과 같은 방법을 통해 선행 연구들은 네트워크 거버넌스에 영향을 행사하기 위한 방안을 논의하고 있다. 특히, 거버넌스 실패와 관련해 주목할 점은 벨과 파크(Bell & Park, 2006: 65-68)가 지적하듯이 거버넌스가 공공-민간 간 협력을 중시하고 양자 간 경계를 허무는 것과 같이 국가 기능의 축소를 중시했다면, 메타거버넌스는 거버넌스 체제 내에서 정부의 지속적 역할을 강조한다는 점이다.

선행 연구에서 제시된 메타거버넌스 관련 중요한 특징 또는 수단들을 요약하면, 프레이밍, 경제적 지원(지원 및 촉진), 참여(또는 정부의 관여)로 유형화할 수 있다. 첫째, 프레이밍이란 메타 통치자가 법적·제도적·관념적 형태를 결정해 행위자들의 행태에 영향을 미치는 것을 말하며, 앞서 논의한 프레이밍(Sørensen, 2006), 스토리텔링, 네트워크 디자인, 네트워크 관리 등을 포함한 개념이다. 둘째, 지원[1]이란 물질적·경제적 지원을 통해 행위자들의 행태를 특정 방향으로 유도하

1) 지원 및 촉진에 관한 개념은 경제적·비경제적 요소를 모두 포함한 개념이다. 그러나 방폐장 사례에서 지원 및 촉진 개념은 주로 경제적 지원에 초점을 두고 있으므로, 편의상 추후 논의에서는 경제적

는 것을 말하며, 앞서 논의한 지원 및 촉진 등을 포함한 개념이다. 마지막으로 참여란 메타 통치자가 거버넌스 과정에 참여하는 것을 말한다. 참여 과정에는 중앙정부가 지방자치단체 네트워크 등에 권한을 가지고서 직접 참여하는 개입주의(interventionism)적 참여(Haveri et al., 2009: 544)와 중앙정부가 적은 권력을 가지고 다수의 행위자 중 하나로서 협상하는 경우(Mayntz, 1991: 12)와 같이 두 가지로 구분할 수 있다. 참여의 측면에서 메타거버넌스가 일반적으로 논의되는 거버넌스와 차이점을 보이는 것은 앞서도 살펴보았듯이(각주 1 참조), 기본적으로 거버넌스를 실패를 보완 또는 활성화시키는 등의 목적 달성을 위한 중앙정부의 개입 또는 역할을 강조한다는 점이다. 후술하는 방폐장 입지 선정 과정에서도 중앙정부의 관여가 참여의 측면에서 중요한 역할을 하게 된다. 이러한 요소들은 메타거버넌스를 논의할 때 상대적으로 정부의 역할과 능력이 강조되어야 함을 담고 있다. 따라서 기존 거버넌스 개념, 특히 네트워크 거버넌스가 국가 기능의 축소를 초래했다고 지적하고 앞서 지적한 수단(프레이밍, 경제적 지원, 참여)들을 통한 정부의 지속적 역할을 강조하고 있다(Bell & Park, 2006: 65-68 참조).

기존 거버넌스 개념에 대해 메타거버넌스 개념을 구분하는 실익에 대해 화이트헤드(Whitehead, 2003: 7)는 다음과 같이 두 가지를 들고 있다. 첫째, 메타거버넌스 개념은 국가 권력, 전략, 개입 패턴의 변화에 의해 거버넌스가 어떻게 변화하는지에 대해 설명할 수 있다. 둘째, 기존 거버넌스 논의와 달리 메타거버넌스 개념은 정부(government)와 거버넌스(governance) 개념을 명확하게 구분지으려 하지 않음으로써 양 개념을 동시에 고찰할 수 있다는 장점이 있다.

2. 비선호시설

1) 비선호시설에 관한 논의

비선호시설이란 방폐장, 원자력 등 지역주민들로 하여금 거부감을 불러일으키는 시설을 의미하며, 님비(NIMBY: Not In My Back Yard)는 비선호시설을 지역주민들이 반대하는 현상을 의미한다. 비선호시설은 시장을 통해 공급될 수 없기 때문에 정부의 개입을 필요로 하는 공공재적 특징(Rabe & Gilroy, 1993: 150), 시

지원으로 표시하도록 한다.

설 입지로 인한 편익을 누리는 집단과 비용을 지불하는 집단이 분리되는 등의 특징이 있다(김도희, 2004: 165). 이러한 행위자 간 갈등은 '관리'가 필요한데, 갈등관리에 대해 버코비치(Bercovitch, 1984: 22)는 갈등이 확대・악화되는 것을 막고, 갈등이 특정 결론으로 도출될 수 있도록 하는 것으로 정의했다. 비선호시설 부지 선정 과정에서 갈등, 경쟁 등 행위자 간 상호작용의 배경 및 원인을 살펴보고자 할 때에는 각 행위자가 속한 '제도'[2]를 고려해야 한다(이민창, 2005: 76-77). 따라서 이후 논의에서는 비선호시설 부지 선정 과정의 제도로서 부지 선정 방식에 대해 살펴보도록 한다.

비선호시설의 부지 선정 방식이란 비선호시설 부지 선정 과정에서 행위자 간 상호작용 결과를 '비선호시설 부지 선정'으로 도출하기 위해 중앙정부, 사업추진자 등이 사용해 온 접근 방식을 의미한다. 비선호시설의 부지 선정 방식은 DAD, 경제적 보상, 협상, 공모 방식으로 구분해 살펴볼 수 있다. 첫째, DAD는 결정(Decide)-공포(Announce)-방어(Defence)의 순서로 비선호시설의 입지를 선정하는 방식이다(Ducsik, 1981: 159). 둘째, 경제적 보상이란 비선호시설의 특징 중 비용-편익 불균형 및 부정적 외부성을 내재화시키는 방안으로 논의되는 방법이다(Nieves et al., 1992: 505). 셋째, 협상적 접근 방법이란 시설 입지에 찬성・반대하는 지역주민들의 의견을 논제로 한 논의의 장을 마련함으로써 여러 이해당사자 간 의견 차이를 좁히는 공공참여 전략을 강조하는 접근 방법이다(김규일 외, 2004: 32). 넷째, 공모 방식이란 사업 주체로 하여금 비선호시설의 부지 선정 및 모집의 사실을 언론 등을 통해 공개적으로 표방하고 공모에 응한 여러 후보 지역 중 가장 합리적인 보상 조건을 제시한 지역을 선정해 비선호시설을 입지시키는 방식이다(김필두, 2000: 95). 비선호시설의 부지를 선정하기 위한 접근 방식인 DAD, 경제적 보상, 협상, 공모 방식이 과거 방폐장 부지 선정 과정에서 어떻게 사용되어 왔는지 간략

2) 제도의 개념에 대해 살펴보면, 홀(Hall, 1986: 19)은 제도를 "정치・경제 분야에서 개인 간 관계를 체계화시키는 공식적 규칙, 순응 절차, 표준화된 관행"으로 정의했고, 텔렌과 스타인모(Thelen & Steinmo, 1992: 2)는 제도를 "행태를 구조화하기 위한 공식적 조직과 비공식적인 절차, 규칙"으로 정의했으며, 클린게마이어와 페이오크(Clingermayer & Feiock, 2001: 2)는 제도를 조직 내 조직 간 영향을 미치는 공식적 비공식적 규칙으로 정의했다. 이들의 논의들을 살펴보면 제도란 행위자의 행태 및 행위자 간 관계에 영향을 미치는 공식적 규정 및 비공식적 절차를 포함하는 것으로 정의내릴 수 있을 것이다. 그러나 이 연구에서는 방폐장 부지 선정 사업 사례에서 제도를 비공식 규정을 제외한 공식적 규칙인 부지 선정 방식으로 제한해 살펴보도록 한다.

표 5-1 방폐장 부지 선정 과정에서 비선호시설 부지 선정 방식

방식	개념	방폐장 사례
DAD	사업 주체가 시설에 대한 타당성 검토 후 결정해 공포	1986년 '한국원자력연구소' 이후 영덕, 울진, 안면도 등 적용
보상	비선호시설을 입지함으로써 발생할 수 있는 피해에 대한 경제적 보상	1989년 울진, 1990년 안면도 등 적용. 1994년 방촉법 이후 명문화
협상	주민 참여 및 협상을 통해 비선호시설에 대한 찬성-반대 의견을 좁혀나감	1994년 방촉법에서 명문화. 1995년 굴업도를 시작으로 적용되었으나 형식적 적용
공모	사업 주체가 공포한 비선호시설 입지에 대해 여러 지역에서 응모한 후 결정	안면도 이후 1991년부터 적용. 2003년 부안군 부지 선정 방식

하게 살펴보면 〈표 5-1〉과 같다.

이상 네 가지 부지 선정 방식은 비선호시설 입지와 관련 거버넌스의 다양한 측면을 제공한다. 예를 들어 DAD 방식은 중앙과 지방자치단체 주도의 계층제적 거버넌스의 속성이 강하다. 반면 협상은 참여를 강조하는 네트워크적 속성을 반영한다. 하지만 1980년대부터 진행되어온 이와 같은 거버넌스의 방식은 방폐장 입지 선정의 실패로 이어졌다. 예솝(Jessop, 2002; 2003)이 지적했듯이 거버넌스는 실패하기 마련이고, 대안으로 계층제, 시장, 네트워크 거버넌스 등을 적절하게 조합하는 메타거버넌스적 접근은 유용한 시사점을 제공한다 할 것이다. 〈표 5-1〉의 방식을 메타거버넌스의 접근과 연계하면 다음과 같다. 먼저 DAD와 공모 방식은 정부가 어떠한 제도적 방식으로 비선호시설 후보 부지를 선정할 것인가에 관한 논의로 이는 프레이밍과 연관된다. 다음으로 경제적 보상은 비선호시설의 외부성에 대한 보상을 의미하며, 이는 경제적 지원과 연계된다. 마지막으로 협상은 비선호시설을 입지하려는 정부와 입지에 반대하는 지역주민이 대화를 통해 문제를 해결해 나가는 것으로 참여와 연계된다.

2) 선행 연구의 검토 및 한계

국내 비선호시설에 관한 선행 연구 중 상대적으로 연구가 많이 축적된 사례는 폐기물처리시설(음식물 및 쓰레기 등), 장사시설 및 추모공원, 원자력발전소, 방폐장 등 크게 네 가지로 분류할 수 있다.

첫째, 폐기물처리시설에 관한 논의는 시설 입지 선정 과정에서 주민 참여를 강조한 연구(김도희, 2005; 박길용, 2007; 은재호, 2009), 시설 입지 과정에서 주민 참여와 함께 부지 공모 방식을 강조한 연구(조승현, 2005; 정주용 · 길종백, 2007), 광역 비선호시설 입지 과정에서 지방자치단체 간 관계에 관한 연구(임정빈 · 장우영, 2004; 윤영채, 2004)로 구분할 수 있다.

둘째, 장사시설 및 추모공원에 관한 선행 연구는 부지 선정 과정에서 정부-지역주민 간 신뢰를 바탕으로 한 참여와 협상, 시설 건립 과정에서 발생할 수 있는 지역주민에 대한 피해 보상을 강조한 연구(이수장, 2006; 최재실, 2006; 남창우 · 최화식, 2010; 김예승 · 홍성우, 2010; 최항순 · 이형만, 2010), 시설 건립 과정에서 발생할 수 있는 지방자치단체 간 갈등 과정에 대한 광역정부 및 중앙정부의 조정에 관한 연구(주성돈, 2009)로 구분할 수 있다.

셋째, 원자력발전소에 관한 선행 연구는 영광, 울진군의 지역 정치 기반, 정당, 이익집단 등의 차이에 따른 지방자치단체의 원자력 정책의 차이를 고찰한 연구(채경석, 2003), 원자력발전소 입지 과정에서 주민 참여, 경제적 보상, 절차적 합리성 등을 강조한 연구(김도희, 2001; 김근식, 2008), 원자력발전소 건설 과정에서 진행되는 지역 보상으로 인해 발생되는 갈등을 분석한 연구(채종헌, 2009; 최성두, 2009) 등 다양한 연구가 진행되었다.

넷째, 방폐장 사례는 이들 비선호시설 유형 중 거버넌스 유형의 변화 과정을 살펴볼 수 있는 좋은 사례이다. 국내 방폐장에 관한 연구 중 부안과 경주지역을 대상으로 한 선행 연구들은 다음과 같은 특징을 지닌다. 먼저 부안군 유치 과정에 대해 선행 연구들은 각 집단 간 위험 수준 인지의 차이(김길수, 2004; 노진철, 2004; 김길수, 2007; 김흥회, 2008), 경제적 보상에 대한 집단 간 인지의 차이(김길수, 2004; 김길수, 2007), 자치단체장 신청과 주민투표 등 부지 선정 전반에서 나타난 비민주성(김길수, 2004; 최미옥, 2005; 김길수, 2007) 등과 같은 특징들을 언급하고 있다. 다음으로 경주시 유치 과정에서는 「중 · 저준위 방폐장 유치지역 지원에 관한 법률(이하 중 · 저준위 특별법)」 등 경제적 유인(김영종, 2005; 윤순진, 2006a; 최봉기, 2006), 지질 안전성(차성수 외, 2006; 윤순진, 2006a), 주민투표(차성수 외, 2006; 윤순진, 2006a, 최봉기, 2006) 등과 같은 특징들을 언급하고 있다. 그러나 방폐장 부지 선정 과정을 살펴볼 때 선행 연구들은 부안에서 경주에 이르는 방폐장 부지 선정 과정을 통합해 거버넌스의 변화 과정을 살펴보지 못하는 한계점을 지닌다. 부안과 경주의 방폐장 부지 선정 과정은 서로 밀접한 연관을 가지고 있으나 김길수(2004)와 김영종(2005) 등 대부분 선행 연구들은 특정 지역에서의 부지 선정 과정을 살펴보고 있었다. 하승수(2006)에서 두 지역을 통합해 살펴보려는 시도가 있었으나, 이는 두 지역의 주민투표를 비교했을 뿐 거버넌스의 변화에 따른 행위자 상호작용의 차이를 논하는 연구는 아니었다.[3)]

3. 분석 요소의 도출

앞서 논의를 통해 메타거버넌스의 개념을 "자기조직화 네트워크, 제도가 협동적 거버넌스를 향상시키는 방법", "계층제, 시장, 네트워크 등의 조합을 통한 특정 산출을 도출하는 과정"으로 정의했다. 이를 방폐장 사례에 대입해 보면 메타거버넌스는 방폐장 입지 선정이라는 최상의 산출을 도출하기 위해 계층제, 시장, 네트워크 등의 성격을 포함한 각 수단들의 조합으로 정의할 수 있을 것이다. 또한 방폐장 입지 선정이라는 산출을 도출하기 위한 수단으로 앞서 프레이밍, 경제적 지원, 참여를 살펴보았다. 이들 세 가지 수단은 부안과 경주에 각각 다르게 적용되었고, 그 결과 두 지역은 부지 선정 결과에서 차이를 보였다. 이를 알기 쉽게 표현하면 [그림 5-1]과 같다.

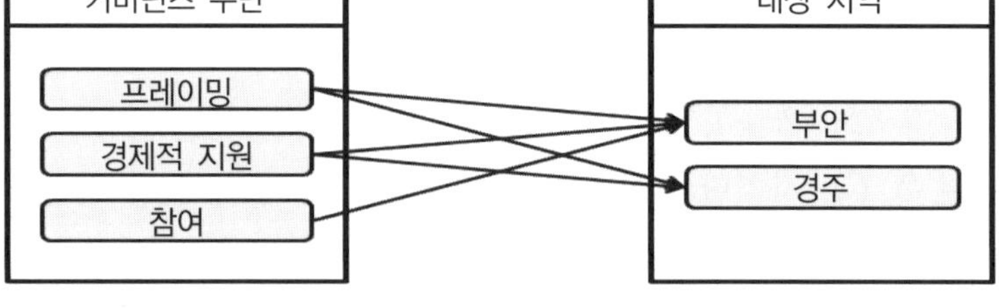

그림 5-1 거버넌스 수단의 적용

3) 부지 선정 과정의 변화에 따른 행위자 상호작용의 변화를 살펴본 대표적 연구로 김영종(2006)의 연구를 들 수 있다. 그는 방폐장 부지 선정 방식을 1기(1990년대), 2기(특별법 제정 이전), 3기(특별법 제정 이후)로 구분하고, 거버넌스 유형의 변화에 따른 울진군 내 행위자 간 상호작용 과정의 변화를 살펴보았다.

[그림 5-1]에서 살펴본 바와 같이 방폐장 입지 선정 결과에 영향을 미치기 위한 수단으로는 프레이밍, 경제적 지원, 참여 등이 있다. 방폐장 사례에서 프레이밍이란 중앙정부가 메타거버넌스의 주체로서 부지 선정 과정의 법적·제도적·관념적 형태를 결정하는 것이다. 구체적으로 방폐장 입지 선정 방식과 관련해 부지 선정 방식(자치단체 공모 후 지정과 자치단체 공모 후 경쟁 방식), 방폐장 시설의 종류(고준위폐기물 포함 여부), 주민투표 제도의 공식적 채택 여부 등을 결정하는 것이다. 다음으로 경제적 지원은 부안과 경주에서의 경제적 지원이 어떠한 형태로 어느 범위까지 지원되었는지에 관한 논의를 의미한다. 특히, 이와 관련해 경제적 지원의 구체적 방법과 규모, 그리고 이에 대한 제도의 명문화를 위한 노력이 중요하다. 마지막으로 참여란 중앙정부가 거버넌스 네트워크에 개입하는 정도를 의미한다. 이는 중앙정부가 원자력 산업 및 방폐장 입지에 관한 논의(토론회, 협의회 등)에 직접적으로 참여했는지를 의미한다.[4] [그림 5-1]에서 보는 바와 같이 부안에서는 프레이밍, 경제적 지원, 참여 (중앙정부의 관여) 모두가 사용되었지만, 경주에서는 프레이밍과 경제적 지원이 중심임을 알 수 있다.

방폐장 부지 선정 과정을 분석하기 위한 사례 기술은 문헌자료 및 기록자료를 중심으로 이루어졌고, 이를 보완하기 위해 관련 공무원 및 시민단체와 인터뷰를 실시했다. 사용된 문헌자료에는 법, 정부 공고뿐 아니라 각 행위자들의 성명서, 기자회견 자료, 신문기사 등 광범위한 자료가 사용되었다. 특히 신문기사의 경우는 실제 사실에 대한 날짜, 내용 등 세부적으로 차이가 나는 부분이 많아 이 부분을 사례 기술에 사용하고자 할 때에는 기사, 백서, 보고서, 연구논문 등 다양한 부분과 대조해 내용의 타당성이 확보된 부분만을 사용했다.

제 3 절 사례분석

이 연구의 사례분석 대상은 부안과 경주로, 2003년 부안의 후보지 발표에서

4) 이후 분석에서 사용되는 '참여'의 개념은 메타거버넌스 측면에서 중앙정부의 관여(개입)를 의미한다. 주민 참여의 개념과 혼동될 수 있으나 메타거버넌스에서 강조하는 중앙정부의 역할 측면에서 참여를 한정해 쓰도록 한다.

2005년 경주 선정까지의 기간을 분석 범위로 한다. 부안 방폐장 부지 선정 과정은 2003년 2월 5일 정부의 네 개 지역 후보지 발표부터 시작해 2004년 11월 30일 부안군이 방폐장 후보지로서 법적 자격이 종료되었다. 이 과정에서 정부는 2003년 12월 10일 부안군 부지 선정 과정의 문제를 인식하고 부지 재공모를 발표했다. 이후 경주 방폐장 부지 선정은 2005년 3월 2일 중・저준위 특별법이 공포된 이후 2005년 11월 2일 네 개 지역 동시 주민투표를 거쳐 확정되었다.

1. 사례 개요

1) 부안

2003년 5월 1일 정부가 방폐장과 양성자 가속기 연계 및 기타 경제적 지원 방안을 발표한 이틀 뒤인 2003년 5월 3일, 위도 주민의 일부는 위도면에 존재하고 있던 '위도면원전보상대책위원회'를 '방폐장 위도면 유치추진위원회'로 변경해 출범했다. 부안군 위도면이 방폐장의 유치를 결심하게 된 배경으로 정영복 당시 '방폐장 위도면 유치추진위원회' 위원장은 새만금으로 인한 조류 변화와 영광원전 온배수 등으로 인한 어업환경 악화를 언급했다(전북일보, 2003.05.18).

부안군 전체 주민의 약 2%를 차지하는 위도면 주민들은 새만금과 영광원전 온배수 등의 피해에 대한 대안으로 방폐장을 선택했다. 그러나 위도에 위치한 처리장에 방사성폐기물을 처리하기 위해서는 부안군을 지나 격포항을 통과해야 한다. 그 때문에 2003년 7월 11일 부안군수가 방폐장 유치를 선언한 이후 상당수 부안 주민이 방폐장을 반대했다.

부안군 위도면 부지 조사는 2003년 7월 15일 부안군 위도면이 방폐장 최종 후보부지로 선정된 이후부터 2003년 7월 24일까지 진행되었다. 2003년 7월 24일까지 진행된 부지선정위원회의 부지 평가는 자연환경(지질, 지진, 지연환경 조건), 인문・사회환경(주요 시설 상충, 인구분포 등), 사업 추진 요건(투자효율성, 부지활용성 등), 주민 수용성과 같이 네 가지 범주로 구분했다. 그러나 부지 조사 결과 및 2003년 8월 3일 공개된 부지선정위원회에 대해 부안대책위와 반핵국민행동 등 방폐장에 반대하는 행위자들은 부지 선정 결과를 신뢰할 수 없다는 입장을 표명했다(김길수, 2004: 181; 사회갈등연구소, 2010: 102).

2) 경주[5)]

과거 신라의 천년 수도였던 경주시는 도시의 상당수 지역이 문화재로서의 가치를 지닌다. 이에 1971년 이후 경주시 도시정책은 도시 개발보다는 고도 보존정책에 따른 문화유적의 보호에 더 중점을 두었다. 2000년대 초반까지 사적보존지구(3.5%), 미관지구(0.3%), 고도지구(1.8%) 등 고도제한지역이 전체 경주 면적의 5.6%를 차지하고 있었다(김무형, 2001: 65). 경주시 전체 면적 분포에서 임야가 68.6%, 농지가 18.8%임을 감안하면 도시 중심지의 상당수를 차지하는 고도 제한은 경주지역 경제 개발에 부담이 되었다. 경주시는 도시 규제로 인한 개발 제한을 국책사업 유치로 해결하려 했으나, 2001년 2월 경주 경마장 유치 후보지역이 문화재위원회의 부지 보존 결정으로 무산되고, 2004년 12월 31일 태권도공원이 무주로 확정되는 등 국책사업 유치 실패를 거듭했다. 이와 같은 지역적 상황은 당시 경주시가 방폐장 유치를 결정하는 데 긍정적으로 작용했을 것이다. '경주핵대책시민연대' 및 '국책사업경주유치위원회' 등 시민단체들은 2005년 3월 24일 성명을 통해 "경마장 무산, 태권도공원 유치 실패 등 주요 국책사업 유치에 실패했는데, 방폐장 유치를 통해 분위기를 반전시켜야 한다"고 밝혔다(서울신문, 2005.03.25). 그리고 이와 같은 논리는 경주시, 시의회 등 초기 유치 움직임을 보였던 행위자들에서도 어느 정도 공감대를 이루었다(경주시, 2006: 529).[6)] 또한 2004년 12월 17일 발표된 정부 방침에서 '중·저준위처리장'을 건설하는 지역에는 '사용 후 연료' 관련 시설은 건설하지 않는다고 하여(중·저준위특별법 제18조), 추후 건설될 '사용 후 연료' 처리시설에 월성원전에 있는 고준위폐기물을 옮겨갈 수 있다는 것 또한 중·저준위 방폐장 유치의 동인으로 작용했다.[7)]

---

5) 2005년에는 경주, 포항, 영덕, 군산 네 자치단체가 부지 선정 과정에 참여했지만, 이들 중 경주시의 지역적 특징을 대표적으로 살펴보도록 한다. 네 자치단체는 당시 지역경제의 성장 둔화를 경험하고 있었고, 지역경제 발전의 활로를 모색하는 측면에서 방폐장을 선택했다는 공통점을 지닌다.

6) 이 같은 경주지역 특성에 대해 경주시 공무원은 "경주는 신라 천년 수도로서 도시 대부분이 문화보존 지역이다. 따라서 방폐장 유치를 결정한 것은 주변 울산, 포항, 대구에 비해 개발이 제한된 상황에서 지역경제를 살리자는 시장님의 결단이었다."고 언급했고, 경주환경운동연합 직원 또한 "최근 경마장, 태권도 공원 등 유치가 실패한 이후 방폐장이 경주 시민들에게 지역경제를 살리는 수단으로 인식되었다"고 답했다.

7) 이는 경주 월성원자력발전소가 가압 중수로형으로 천연우라늄을 사용해 원자력 발전을 하기 때문에 저농축 우라늄을 사용하는 기타 원자력발전소에 비해 사용 후 핵연료 폐기물이 더 많이 생산되기 때문이다. 경주 월성원자력발전소는 우리나라 전체 고준위폐기물의 약 50%가량을 보유하고 있다.

경주시 양북면 봉길리를 포함한 중·저준위 방폐장의 부지 조사는 2005년 4월부터 8월까지 중·저준위 방사성 폐기물 처분시설 위치 기준(과기부 고시 제2005-16호)을 기초로 부지선정위원회에서 구성한 부지 안전성 평가 기준 및 사업 추진 여건을 토대로 부지 적합성을 평가했다. 이후 9월 15일 양북면 봉길리는 부지 적합 판정을 받았다. 하지만 지질 안전성 논쟁은 방폐물관리공단 측과 시민단체 등 지속적으로 진행되었다.

2. 사례분석

1) 프레이밍

① 부안

부안군 위도면의 방폐장 부지 선정을 위한 부지 선정 절차는 정부 공고 → 자치단체장 신청 → 부지선정위원회 심사 → 부지 확정과 같은 공모 절차를 통해 이루어졌다. 그러나 부안군 부지 선정을 위해 사용된 프레이밍은 '법'의 형태로 고정된 것이 아닌 '정부 공고'의 형태로 계속 변화했다는 특징이 있다. 이들 공고의 특징을 살펴보면 〈표 5-2〉와 같다.

표 5-2 부안군 부지 선정 공고

일자	공고	주요 내용
2003. 02. 04	4개 후보지(영덕, 울진, 영광, 고창) 발표	부지선정위원회 조사를 통해 4개 지역 중 동·서해안에 각각 1개소의 부지 확정 예정
2003. 04. 21	방사성폐기물 관리시설 건설은 더 이상 미룰 수 없습니다.	① 방폐장 유치 신청할 경우, 양성자가속기 사업 유치에 가산점 부여 ② 한국수력원자력(주) 본사 이전 ③ 3,000억 원의 지역지원금 제공 ④ '방사성폐기물대책추진위원회'를 통한 각 부처의 지역사업 지원
2003. 05. 01	방사성폐기물 관리사업 부지 확보 사업과 양성자기반공학 기술 개발사업 연계 추진 공고	□ 방사성폐기물 관리시설 유치한 지역을 양성자기반 공학기술개발사업 유치지역으로 선정 □ 2003년 2월 5일 발표한 4개 지역 우선권

2003. 05. 27	방사성폐기물 관리시설 부지 유치 활동사업에 대한 공고	4개 후보지 이외 지역을 대상으로 자치단체 관할지역 만 20세 이상 거주 주민 과반수 이상으로부터 시설 유치 동의를 받아 지역주민 명의로 유치 청원을 제출하는 업무
2003. 06. 27	방사성폐기물 관리사업 부지 확보 사업과 양성자기반 공학기술 개발사업 연계 추진 변경 공고	방사성폐기물 관리시설 부지 선정 과정에서 4개 지역(울진, 영덕, 고창, 영광)의 우선권을 인정하지 않음.
2003. 07. 24	원전 수거물 관리시설 부지로 부안군 위도면 발표	부지 조사(2003. 07. 15 ~ 2003. 07. 24) 결과 위도를 방사성폐기물 관리시설 부지로 추천

2003년 2월 4일 공고를 통해 정부는 영덕, 울진, 영광, 고창 중 방폐장 부지를 직접 선정하고자 했다. 그러나 해당 지역 주민들의 반발로 선정이 무산되자 정부는 5월 1일 양성자기반 공학기술 개발사업을 동시에 선정할 것을 표명하고, 6월 27일 영덕・울진・영광・고창 네 곳에 대한 우선권을 철회했다. 이후 7월 14일 부안군수가 유치신청서를 제출했고, 7월 24일 중앙정부는 부안군 위도면을 최종 부지로 확정했다.

② 경주

2003년 5월 1일 공고되어 부안군 부지 선정 과정에 적용되었던 부지 선정 방식과 2005년 6월 16일 공고되어 경주시 부지 선정 과정에 적용된 부지 선정 방식의 차이는 '중・저준위폐기물처리장 우선 설치', '주민투표', '자치단체 간 경쟁', '경제적 보상' 등이 있다. 중・저준위 폐기물처리장이란 부안에 적용된 폐기물 처리 기준에서 사용 후 핵연료 중간저장시설을 제외한 경우를 말하며, 이러한 기준은 주민투표, 경제적 보상과 함께 중・저준위 특별법을 통해 명문화되었다. 또한 자치단체 간 경쟁이란 주민투표를 실시하는 지역을 2곳 이상이 되도록 하여 찬성 투표율을 통해 서로 경쟁하도록 하는 것을 말한다.

2005년 경주시 양북면을 선정한 방폐장 부지 선정 절차는 정부 공고 → 유치 신청(여론조사 포함) → 주민투표(동시 실시) → 최종 후보지 선정으로 구분해 살펴볼 수 있다. 방폐장의 부지 적합성은 부지 안전성, 사업 추진 여건, 지역주민 수용성으로 평가되는데, 이 중 주민투표 찬성률로 대변되는 지역주민 수용성이 가장

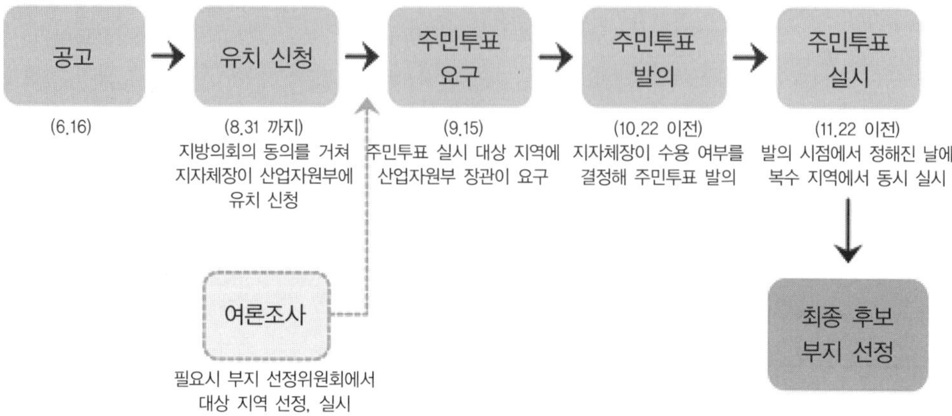

그림 5-2 2005년 부지 선정 절차

자료: 산업자원부, 2005.08.17.

*[그림 5-2]는 부지적합성 조사 절차를 제외한 주민투표에 관한 논의만을 다루고 있다.

중요한 비중을 차지했다. 주민투표의 구체적 절차는 [그림 5-2]와 같다.

2005년 6월 16일 정부는 중・저준위 특별법을 기초로 하여 방폐장 부지 선정 과정을 규정한 세 가지 공고를 발표했다.[8] 이날 공고에서 중앙정부는 방폐장 부지 적합성을 '부지 안전성', '사업 추진 여건', '지역주민 수용성' 세 부분으로 나눠 평가하고자 했다. 그러나 평가한 세 기준 중 부지 선정 결과에 결정적 영향을 미친 기준은 '지역주민 수용성'이다. '부지 안전성'과 '사업 추진 여건' 기준에는 제척 기준과 권고 기준이 있는데, 2005년 6월 16일, 8월 19일 잠정평가 발표와 9월 15일 4개 지역 평가 발표 기준을 살펴보았을 때 각 지역의 '부지 안전성', '사업 추진 여건'은 제척 기준에 해당하지 않으면 부지 적합성이 인정되는 것으로 평가되었다.[9] 따라서 2005년 8월 31일 유치 신청을 한 경주・포항・영덕・군산 네 지역 모두 제척 기준에 해당하지 않아 '부지 안전성', '사업 추진 여건' 항목에서 적합 판정을 받았고, 유효 투표 수 대비 찬성률이 가장 높은 경주시 양북면 봉길리가 최종 후보지

8) '중・저준위 방사성폐기물 처분시설 부지 선정 등에 관한 공고', '양성자기반공학기술개발사업 유치기관 선정 절차 및 방법', '중・저준위 방사성폐기물 처분시설 사전 부지조사 잠정평가 결과'

9) 2005년 부지 안전성 조사에서 유일하게 부적합 판정을 받은 경주시 상라리의 경우 제척 기준에 해당되어 부적합 판정을 받았다.

로 선정되었다. 2003년 부지 선정 과정이 단체장의 의사를 중요시했던 데 반해, 2005년에는 주민투표를 통한 지역주민 의사를 중요시했다.

2) 경제적 지원

① 부안

부안군 위도면에 대한 정부의 경제적 보상은 '불명확한 보상 규정과 각 행위자들의 다양한 해석'으로 표현할 수 있다. 부안군 위도면 방폐장 부지 선정 과정에서 경제적 보상이 문제가 된 원인은 2003년 2월 4일과 4월 21일 이후부터 발표된 정부 공고에 있다. 2월 4일 발표된 공고에서는 "범정부적 차원에서 주민들이 희망하는 각종 국가사업을 다른 지역보다 우선 지원"한다고 했고, 4월 21일 공고에서는 "'방사성폐기물대책추진위원회'를 통해 폐기물 관리시설 유치 지역에 각 부처의 지역사업을 집중 지원하고 지역의 숙원사업도 적극 해결"한다고 했다. 이와 같이 불명확한 경제적 보상에 관한 기준은 중앙정부, 전라북도, 부안군, 위도 주민 등 관련 행위자 간 다양한 해석을 하게 했다.[10] 부안군 위도면 경제적 보상의 특징을 살펴보면 〈표 5-3〉과 같다.

부안군 위도면 방사성폐기물처리장 부지 선정에 대한 보상이 행위자 간 다양한 해석을 하게 하고, 합의에 이르지 못한 원인으로 "경제적 보상의 범위, 계획 수립 방식, 절차 등 지원 방식에 관한 제도 미비"를 들 수 있다. 4월 21일 관계 장관 담화문에서는 단지 "각 부처의 지역사업을 집중 지원"한다고만 명시했고, 6월 8일 지역 발전 장기 구상에서는 지원사업의 재원 조달 방안에 대해 "핵심 사업은 정부 및 한수원 재원, 지원 사업은 정부재원, 지역개발사업은 공공 및 민간재원을 통해 조달"한다고 하여 구체적인 지원 사업, 자원 조달, 계획 수립 당사자 및 절차 등을 규정하지 않았다. 이와 같이 포괄적인 시행계획이 각 행위자들로 하여금 상이한 해석을 가능하게 했으며, 이러한 상이한 해석이 행위자 간 갈등을 낳았던 것이다.

---

10) 2005년 중·저준위 특별법 및 시행령의 경우 유치지역지원계획, 지원시행계획 수립의 당사자, 절차 및 요건 등을 법으로 규정하고 있다. 특별법으로 인한 법적 안전성은 〈표 5-4〉에서 살펴본 바와 같이 2003년 경제적 지원과 2005년 경제적 지원 내용이 비슷함에도 불구하고, 2005년 부지 선정 과정에서는 2003년 경제적 보상 과정에서 나타난 중앙정부의 소극적 대응, 행위자 간 불신, 주민들의 불만 등이 나타나지 않도록 했다.

표 3-3 부안군 경제적 보상

일자	형태	주요 내용
2003. 04. 21	정부 공고	① 방폐장 유치 신청할 경우, 양성자 가속기 사업 유치에 가산점 부여 ② 한국수력원자력(주) 본사 이전 ③ 3,000억 원의 지역지원금 제공 ④ '방사성폐기물대책추진위원회'를 통한 각 부처의 지역사업 지원
2003. 07. 11	김종규 군수 지역 개발 제안 사항	① 국립공원 제척 및 합리적 조정 ② 특별지원금 6,000억 원 상향 조정 ③ 한수원(주) 본사 이전 2006년까지 완료 ④ 바다목장 조성사업 추천 ⑤ 농수축산물 판로 보장, 친환경 농업 육성, 농업기반 투자 확대, 농업기반공사 지사 승격 ⑥ 격포 · 변산권을 특정지역 개발권역 지정
2003. 07. 23	전북도 · 부안군, 정부 지원 요구 사업	① 에너지 테마파크(1,200억 원) ② 변산지구 관광자원 개발(1,500억 원) ③ 노인치매요양병원(1,584억 원) ④ 서해안 생태공원 조성(1,000억 원) 등 총 67개 3조 6,000억 원 규모

② 경주

경주시를 대상으로 한 방폐장 유치지역 지원사업은 2006년 1월 2일 경주시 양북면 봉길리 일대가 '전원개발사업 예정구역'으로 지정 · 고시(산업자원부 고시 제2005-133호)됨에 따라 본격적으로 시작되었다. 경주시를 대상으로 한 주요 경제적 지원 방안인 특별지원금, 양성자 가속기, 지역지원사업 등을 살펴보면 반입 수수료를 제외하고 2003년 부안과 2004년 부지 선정 과정과 비교해 크게 달라진 점이 없다는 것을 확인할 수 있다. 경제적 보상의 구체적인 내용은 〈표 5-4〉와 같다

〈표 5-4〉에서 살펴본 2005년 경제적 보상의 내용은 2003, 2004년과 큰 차이를 보이지 않는다. 다만 2005년에는 양성자 가속기를 제외한 경제적 보상이 특별법의 형태로 제정되어 있다. 이들 경제적 지원 방안의 총액(단기+장기)을 살펴보면 〈표 5-5〉와 같다.

표 5-4 경주시 방폐장 유치지역 지원사업

경주(2005)		2003	2004
사업명	사업 내용	지원 여부	
특별 지원금	특별법 제8조 및 특별법 시행령 제21조에 따라 원자력발전사업자가 유치지역을 위한 특별지원금(3,000억 원 지원)	지원	지원
한수원 본사 이전	특별법 제17조에 의거 원자력발전사업자는 유치지역이 정해진 후 1년 이내에 본사 이전에 관한 계획을 확정(실시계획 승인 시점부터 3년 이내에 유치지역으로 이전 완료)	지원	지원
유치지역 지원계획	특별법 제5조에 의거 경주시의 지원 요청에 따라 관계 부처 협의 결과를 바탕으로 지원계획을 수립, 유치지역위원회 심의·확정, 관계 부처는 이를 시행	지원	지원
양성자 가속기	지원 근거: 2003.04.21 관계 부처 공동담화문 (방폐장 부지 선정과 양성자 가속기 사업을 연계)	지원	지원
반입 수수료	특별법 제15조에 의거 관리사업자는 방사성폐기물을 처분시설에 반입하는 자에 대해 인도받은 폐기물 양에 연동해 수수료를 징수해 유치지역 지자체와 배분 지자체(75%) / 한수원(25%)	미지원	미지원

표 5-5 경제적 보상의 추정액과 지역경제 상황

(단위: 십억 원)

경제적 지원금			
총 경제적 지원 = 단기[300(특별지원금)] (5,865.5 + α) 장기[8.5(연간 반입 수수료 추정)[11] + 995(연간 한수원 이전 효과)[12] + 4,562 (유치지역 지원)[13] + α(양성자 가속기)]			
지역경제 상황(2007년[14] 기준)			
	세입예산	자주재원 (지방세+세외수입)	GRDP (지역 내 총생산)
부안	265.6	25.4	848.2
경주	558.0	165.7	5,400.3
포항	1,084.6	562.1	14,328.5
영덕	261.7	81.6	500.2
군산	662.7	216.8	5,375.0

11) 폐기물 한 드럼당 637,500원의 수수료(한상훈·권용일, 2011: 115).
12) 한수원이 양북면 장항리로 이전되었을 경우를 가정한 투입산출모형(input-output analysis)에 따른

<표 5-5>의 특별지원금 3,000억 원은 부안과 영덕의 1년 세입예산을 상회하는 수치이다. 또한 계산된 경제적 지원금 총액(단기+장기)은 경주와 군산의 1년 GRDP(지역 내 총생산, 2007년 기준)를 상회하는 것으로 나타났다. 따라서 이들 자치단체에는 방폐장 유치가 지역경제를 활성화시킬 수 있는 주요 수단으로 작용했을 것이다. 그러나 포항시의 경우는 경제적 보상이 전체 GRDP의 약 45% 수준이며, 특별지원금은 1년 자주재원의 53%에 그치는 것으로 나타났다. 그 때문에 포항시는 다른 도시들에 비해 방폐장 유치에 대한 높은 호응도를 이끌지 못했다.[15] 이는 경주, 영덕, 군산에 비해 포항시에서는 방폐장 유치에 따른 경제적 지원이 시설의 위험성을 상쇄시킬 만큼 매력적이지 못하다는 것을 의미한다.

2005년 부지 선정 과정에서는 경제적 보상 외에도 각 지역사회 내 방폐장을 유치하기 위한 움직임을 강화하는 요소들이 나타났다. 예를 들면 2005년 7월 14일 경주시가 방폐장 유치활동을 위해 편성한 12억 원 예산에 대해 반대 측이 제소한 무효확인소송에 대해 대구지방법원은 기각했고, 2005년 8월 4일 개정된 공직선거법에서 부재자신고 조건을 완화[16]하는 등의 사건은 지역사회 내에서 방폐장에 관한 논의 및 주민투표가 활발해지도록 하는 촉진 역할을 했다.

3) 참여

① 부안

부안군 부지 선정 과정에서 중앙정부가 협상에 참여하게 된 계기는 앞서 언급했던 메타거버넌스 수단인 프레이밍과 경제적 보상을 통한 방폐장 부지 선정에 지역주민들이 반발하자, 이를 완화하기 위한 목적으로 진행되었다. 부안군에서 행위자

경주시 생산 유발 효과와 부가가치 유발 효과를 합친 액수(안영규 외, 2008: 21).

13) 경주시 기준: 총 62개(단기: 55, 장기: 7) 지원사업에 대한 국비, 지방비, 기타(민자 유치 등) 사업비용을 포함한 금액(정현 · 윤창훈, 2008: 44). 부안군 기준: 67개 사업 약 3조 6천억 규모(전북일보, 2003.07.23).

14) 지역경제 상황을 2007년 기준으로 설정한 원인은 경주시 지원사업이 2007년 4월에 확정되었고, 2007년 7월 23일 특별지원금 중 1,500억이 경주시에 입금되는 등 2007년부터 경제적 지원이 시작되었기 때문이다.

15) 전체 투표율이 경주 70.8%, 군산 70.2%, 영덕 80.2%인데 반해 포항시는 47.7%에 불과하다.

16) 2004년 3월 12일 개정된 공직선거법에는 부재자 신고를 할 수 있는 여섯 가지 요건을 정해놓았으나, 2005년 8월 4일 개정된 주민투표법에는 "선거일 당일 자신이 투표소에 가서 투표할 수 없을 때"로 하여 부재자 투표 기준을 대폭 완화했다.

간 협상 노력은 시민단체, 부안군민 등의 반대운동(유치철회운동, 등교거부운동 등)이 지속되던 2003년 8월 말 행자부 장관의 대화 제의와 2003년 9월 말부터 논의된 '부안지역 현안 해결을 위한 공동협의회(이하 공동협의회)'로 구분해 살펴볼 수 있다. 공동협의회는 2003년 9월 29일부터 11월 17일까지 총 4차례 협의를 가졌으며, 정부위원 4명과 대책위 임원 4명 및 중립인사 2명으로 구성되었다. 공동협의회 논의 과정을 구체적으로 살펴보면 〈표 5-6〉과 같다.

표 5-6 부안지역 현안 해결을 위한 공동협의회 과정

일자	주요 내용
2003. 09. 29	고건 총리, 문규현 신부, 수경 스님, 김인경 원불교 교무 등 총리공관으로 초청해 대화 제의
2003. 10. 08	[제1차 실무회의] 대화기구: 찬성 측 5명, 반대 측 5명, 중립인사 3~5명으로 합의
2003. 10. 14[17]	[제2차 실무회의] 참여 인원: 찬성 측 5명, 반대 측 5명, 중립인사 3명으로 확정 대화기구 명칭을 '부안지역 현안 해결을 위한 공동협의회'로 합의
2003. 10. 16	공동협의회 위원단 구성(중립 인사 3인 중 위원장은 총리 추천)
2003. 10. 24	[제1차 공동협의회][18] 1차 회의에서 회의 방법 및 향후 계획을 논의하기 위해 6개 전제 조건 합의
2003. 10. 31	[제2차 공동협의회] - '부안지역 현안 문제 원인과 대책'에 대해 양 측 30분 간 발제 및 토론 - 대화 분위기 조성 위한 3개 협의 사항 합의
2003. 11. 07	[제3차 공동협의회] - 양측이 주장하는 부안 문제 해결 방안 정부: 사업 추진을 전제로 주민의 이해와 동의를 얻을 필요 대책위: 사업백지화, '국가 에너지 정책 수립을 위한 민관공동위원회' 구성
2003. 11. 14	[제4차 공동협의회] - 한수원 및 산자부의 부안사무소 활동에 관한 논의 - 주민투표 실시 여부에 관한 논의
2003. 11. 17	정부: 주민투표 연내 실시 불가 방침

17) 당초 11일 열리기로 계획했으나, 노무현 대통령 재신임 선언에 따라 14일로 연기(새전북신문, 2003. 10.12).

18) 1, 2차 실무회의에서 양측은 총 13인으로 합의를 했으나, 24일 실제 협의회 참석 인원은 11명이다.

공동협의회를 통한 중앙정부와 대책위 간 협상 과정은 중앙정부의 대화 제의 → 협의회 구성 → 양측 입장 확인 → 협상 결렬의 과정으로 구분할 수 있다. 당시 국무총리의 제안으로 시작된 공동협의회는 2차 회의부터 양측의 입장을 확인하기 시작했다. 이 과정에서 중앙정부는 방폐장 입지를 찬성하는 행위자로 정부의 권한 없이 대화에 참여했다. 그러나 이 과정에서 양측은 입장을 좁히지 못했고, 결국 협상은 결렬되었다.

② 경주

2004년 2월 4일 공고에서 중앙정부는 "향후 에너지 정책 추진 과정에서 정부, 시민단체 등이 참여하는 '에너지정책 민관합동 포럼'을 구성할 계획"이라고 밝혔다. 산업자원부 및 시민단체 대표들은 4월 14일 포럼 구성에 합의하고 4월 27일, 6월 7일 두 차례 회의를 가졌으나 합의에 이르지 못하고 포럼은 결렬되었다. '에너지정책 민관합동 포럼'과는 별도로 당시 산업자원부 장관 및 시민단체 대표들을 중심으로 '에너지 원탁회의'를 구성했다. 2004년에 결성된 에너지 원탁회의는 2005년 9월 7일에도 개최되는 등 정부와 시민사회 간 대화가 지속되었으나, 원탁회의에서의 결정이 실제 부지 선정 과정에 반영되지는 못했다.

2003년 공동협의회를 거쳐 2004년 이후 중앙정부는 대화에 참여함으로써 반대측과 협상을 시도한 반면, 2005년 부지 선정 과정에서는 이러한 특성이 거의 나타나지 않았다. 2005년 부지 선정 과정에서는 주민투표 과정에서 자치단체(경주, 포항, 영덕, 군산) 간 시설을 유치하고자 하는 경쟁 상황에서 과열되는 양상이 나타났고, 중앙정부는 이들 간 경쟁을 중재하는 역할을 했다.

3. 요약 및 토론

2003년 부안군 부지 선정 과정에서의 메타거버넌스 수단은 프레이밍, 경제적 지원, 참여(중앙정부의 관여)이다. 부안 방폐장 부지 선정 과정에서 나타난 거버넌스 형태는 계층제 형태를 기본으로 네트워크를 가미한 형태의 거버넌스가 나타났다. 부안군에 적용된 프레이밍은 단체장 공모 후 중앙정부가 선정하는 공모 방식과 고준위 폐기물을 포함하는 내용의 부지 선정이었다. 부안군에서의 경제적 지원은 정부 공고의 형태로 규정되었다. 이 중 공모-선정 방식에 따라 계층제 형태의 거버넌스가 나타났다. 프라이브(Preib, 2007: 9)가 제시한 바와 같이 초기 부안군 방폐장 부지 선정은 김종규 부안군수의 신청과 산업자원부 결정 등 소수 행위자들에 의해 이루어졌고, 이들에 의해 방폐장 부지 선정이 지역주민에게 받아들여지도록 강제되었다. 그러나 지역주민들은 부지 선정 결과에 대해 강력하게 반대했고 반대운동, 등교 거부 등 저항운동을 전개했다. 지역주민들의 반대를 극복하기 위해 중앙정부는 또 다른 거버넌스 수단인 참여를 선택했다. 참여 과정에서 정부는 권한을 가지지 않은 행위자로서 반대집단(대책위)과 공동협의회를 구성해 대화를 시도했다(Mayntz, 1991: 12). 이는 독립된 조직 간 대화와 같은 상호작용을 통해 문제를 해결하는 네트워크 형태의 거버넌스를 의미한다(Powell, 1990: 303). 그러나 반대집단과 중앙정부 간 신뢰 등이 형성되지 않았고, 결국 부안군 부지 선정 과정은 실패로 이어졌다.

2004년 또 한 번의 부지 선정 실패를 경험하면서 중앙정부는 방폐장 부지 선정에 관한 제도를 변화시켰다. 이 과정에서 경제적 보상을 규정한 특별법, 중·저준위 폐기물 우선 설치, 주민투표, 자치단체 간 투표율을 통한 경쟁 등 제도를 변화시킨 후 2005년 부지 선정 과정에 돌입했다. 이들 네 가지 요소 중 주민투표는 부안군 부지 선정 과정에서 본격적으로 논의가 시작된 사항이지만 특별법, 중·저준위 폐기물 우선 설치, 자치단체 간 경쟁은 중앙정부에서 결정된 사안이다.

2005년 경주시 부지 선정 과정에서의 메타거버넌스 수단(부지 선정 방식)은 프레이밍과 경제적 지원으로 구성되어 있다. 경주시에 적용된 프레이밍은 단체장 공모-경쟁 방식과 중·저준위 폐기물, 주민투표를 포함하는 내용의 부지 선정 방식이다. 또한 프레이밍과 함께 경제적 보상에 관한 주요 내용은 특별법의 형태로 규정되었다. 이 중 공모-경쟁 방식에 따라 2005년 부지 선정 과정에서 나타난 거버넌스 형태는 2003년과는 달리 경주, 포항, 영덕, 군산이 경제적 보상이라는 가격 메커니즘에 따라 방폐장 유치 여부(주민투표)를 스스로 결정하는 시장모형에 가까운 거버넌스 형태가 나타났다(Lowndes & Skelcher, 1998: 318; Powell, 1990: 302; Treib, 2007: 9). 따라서 경제적 보상에 대한 유인이 강했던 경주·영덕·군산에서는 투표율이 높게 나타났고, 보상에 대한 유인이 낮았던 포항에서는 상대적으로 투표율이 낮게 나타났다.

지방자치단체(단체장, 지방의회)의 입장에서 중·저준위 특별법은 경제적 보상을 법으로 명확하게 규정해 혼란을 방지하고, 중·저준위 폐기물 처리장 우선 설치와 주민투표는 시설 입지로 인해 지방자치단체(단체장, 의회)가 방폐장 부지 선정으로 인해 느끼는 비용을 내재화(internalization)[19]시키는 역할을 했다. 이상의 요인들이 자치단체(단체장, 지방의회)로 하여금 시설 입지로 인한 비용을 감내할 수 있도록 하여 지방자치단체가 부지 선정 과정에 참여하도록 했다. 또한 부지 선정 절차를 과거와 같이 공모 후보지를 대상으로 정부가 지정하는 방식이 아닌 공모 후보지를 대상으로 주민투표율을 통한 경쟁을 유발함으로써 반대집단의 활동(찬성-반대 갈등)이 분산[20][21]되었고, 경쟁 심리, 지역 감정[22] 등은 투표율을 높이는 결과를 초래했다. 〈표 5-7〉은 2004년 이후 방폐장 부지 선정 과정에서 나타난 특징인 중·저준위 특별법, 중·저준위 폐기물 우선 설치, 주민투표, 투표율을 통한 자치단체 간 경쟁 유도와 이를 통한 자치단체 간 경쟁을 도식화했다. 앞서 언급했듯이, 자치단체 간 경쟁을 발생시켰던 네 요소 중 중·저준위 폐기물 우선 설치, 주민투표, 자치단체 간 경쟁은 거버넌스 수단 중 프레이밍, 특별법은 경제적 지원에 관한 논의이다.

---

19) 내재화란 행위자가 외적 보상 등으로 인해 내적 행태를 변화시켜가는 과정으로(Kelman, 1958: 53), 앞서 언급한 세 요인은 비선호시설에 찬성·반대하는 행위자들의 유인 구조(비용-편익 구조)를 변화시켜 이를 행위자들이 의사 결정 과정에 반영할 수 있도록 했다.

20) 반대집단의 분산 경위에 대해 경주환경운동연합 직원은 "부안의 경우 우리나라 시민사회 역량이 집중되었다면, 경주는 자치단체 간 경쟁으로 인해 시민사회 역량이 분산되었다. 중앙(서울)에서는 어디에 역량을 집중해야 하는지 몰랐고, 서울에서 기자회견, 토론회를 개최하는 등 소극적 행태를 보였다. 또한 각 지역에서는 '설마 우리 지역이겠어?'라는 생각이 내심 있었다. 이런 상황 속에서 부안과 같이 집중된 힘이 발생할 수 없었다"고 했다.

21) 유사한 맥락으로 윤순진(2006b: 293-294)은 반핵운동이 협소화된 원인으로 다음의 이유를 들고 있다. 첫째, 반핵단체들이 원자력 발전 반대에 대한 대안을 제시하는 데 미흡했다. 둘째, 부안의 경우 전국 환경단체가 정보 및 자원을 제공하고 지역주민들이 반대 투쟁의 주축이었는데, 경주 등에서는 경제적 유인, 중·저준위 폐기물 한정 등으로 지역주민들의 방폐장에 대한 거부감이 낮았다. 셋째, 반핵 진영이 구사한 전술 또한 2005년에는 물리적 수단은 거의 없었고 성명서, 기자회견, 법적 대응 등으로 갈등관리 방식이 제한적이었다.

22) 지역 감정이 발생한 원인에 대해 경주환경운동연합 직원은 "군산에서 경주를 비방하는 플래카드가 먼저 걸렸다. 그리고 그 플래카드들이 그대로 경주에 걸렸다. 그때부터 방폐장에 관한 안전성, 지질조사 등 반대 논리, 경제성에 대한 찬성 논리보다 '군산에 가면 안 된다는 논리가 지배적이었다"고 답했다.

표 5-7 부안과 경주의 비교

<table>
<tr><th colspan="2">메타거버넌스 수단</th><th>부안</th><th>경주</th><th colspan="2">경쟁 발생 논리</th></tr>
<tr><td>경제적 지원</td><td>경제적 보상</td><td>[공고]</td><td>[특별법]</td><td>혜택을 명확하게 규정하고</td><td>보상 / 중·저준위 / 투표
↘ ↙
경쟁 참여</td></tr>
<tr><td rowspan="3">프레이밍</td><td>중·저준위 우선 설치</td><td>중·저준위 /고준위</td><td>중·저준위 (안전성 강화)</td><td rowspan="2">비용을 줄임
↓
자치단체 간 경쟁 참여</td><td rowspan="2">지자체가 부지 선정 과정에 참여토록 유도하는 과정</td></tr>
<tr><td>주민투표</td><td>×</td><td>실시 (주민 수용성)</td></tr>
<tr><td>자치단체 간 경쟁</td><td>×</td><td>투표율 통한 경쟁 (동시 실시)</td><td>투표에서 이기기 위해
↓
자치단체 홍보 및 지역 감정</td><td>갈등(지역 내), 경쟁(지역 간)의 행위자 상호작용</td></tr>
</table>

이상의 논의는 님비로 인해 사회적 갈등이 첨예화된 방폐장 부지 선정이 갈등이 아닌 경쟁의 개념으로 전개될 수 있음을 보여준다. 2003년 부안의 선정 실패와 주민투표와 연계된 경주의 최종 입지 선정에서 나타난 부지 선정 방식의 변화 과정은 "가능한 결과(부지 선정)를 도출하기 위해 시장, 관료제, 네트워크 등 적절한 조정(judicious mixing)"을 통해 대안(주민투표, 자치단체 간 경쟁 등)을 모색하는 과정인 메타거버넌스의 개념으로 설명할 수 있다(Jessop, 2003: 6). 즉, 제도의 변화 및 경제적 보상의 강화, 부지 선정으로 인한 지역 내 갈등을 지역 간 주민투표를 통한 지역 간 외재화로 요약된다. 이를 통해 부안에서의 입지 선정 실패와는 달리 지역 간 경쟁 과정을 거치면서 '시설을 서로 유치하려 한 현상'이 발생했던 것으로 분석될 수 있다.

제 4 절 결론

이 연구는 비선호시설인 방폐장을 자치단체가 경쟁적으로 유치하려 한 현상을 메타거버넌스적 접근을 통해 분석했다. 구체적으로 비선호시설 유치 과정에서 전개된 거버넌스가 어떠한 과정을 거쳐 계층제(중심)에서 시장(중심) 형태로 변화했는지에 관한 논의와 시장 형태의 거버넌스에서 메타거버넌스 수단들이 실제 어떠한 논리로 자치단체 간 경쟁을 유발했는지 고찰했다. 이 같은 연구 목적을 통해 이 연구는 2003년과 2005년 방폐장 부지 선정 과정의 변화와 2005년 자치단체 간 경쟁이 발생한 배경을 메타거버넌스 개념을 통해 적실성있게 기술하고자 했다. 또한 비선호시설인 방폐장을 유치하기 위해 2005년 발생한 자치단체 간 경쟁 과정 및 원인을 분석함으로써 향후 비선호시설 유치의 한 방법으로서 시장 메커니즘에 의한 경쟁 방법을 제시하고자 했다.[23]

먼저 부안과 경주의 방폐장 유치 과정 거버넌스 유형이 계층제에서 시장 형태로 변화해 가는 과정은 지방자치단체, 지역주민보다는 메타거버넌스 수단을 통한 중앙정부의 영향력을 더 많이 받았다. 2003년 부안군 부지 선정 과정에서 실시된 공동협의회에서 대책위 측의 제안으로 주민투표가 공식적으로 논의된 것을 제외[24]한 자치단체 간 경쟁을 유발한 세 요소(특별법, 중·저준위 폐기물, 자치단체 간 경쟁)는 모두 중앙정부의 주도로 진행되었다. 즉, 방폐장 사례를 통해 살펴본 메타거버넌스 과정은 중앙정부가 거버넌스 참여자로서 권한을 포기하는 것이 아닌, 법 제정 등의 정부 권한을 통해 지방자치단체 및 지역주민들의 거버넌스 네트워크 및 행태에 직접적 영향력을 행사하는 형태가 나타났다. 그러나 자치단체 간 경쟁과 같은 프레이밍은 앞서 살펴본 바와 같이 경주-군산 간 지역 갈등과 같은 또 다른 갈등을 초래하는 문제점을 도출했고, 중앙정부는 이와 같은 문제를 해결하는 데 소극적 자세를 취했다.

23) 물론 이 같은 논의들이 공익적 목적을 달성하기 위해서는 자치단체 간 경쟁 등으로 인해 발생할 수 있는 부정적 요소들을 고려해야 할 것이며, 다양한 행위자 간 참여 및 대화 또한 필수 조건일 것이다.

24) 중앙정부는 이를 대책위가 제안한 부안군 부지 선정 과정에 적용하지 않고 신규 부지 선정 과정에 적용했다.

다음으로 2005년 경주, 포항, 영덕, 군산지역에서 나타난 자치단체 간 경쟁이 발생한 배경에 대해 자치단체가 시설의 위험성을 내재화하는 과정과 자치단체 간 경쟁으로 구분해 살펴보았다. 이 중 내재화를 유발시킨 세 요소(특별법, 중·저준위 폐기물, 주민투표)는 시설이 입지하는 지역주민, 자치단체 등이 체감하는 시설의 부정적 외부성을 줄여주는 역할을 하는 경제적 보상의 기본 원리와 유사하다(Nieves et al., 1992: 505). 그러나 2005년 경주시 방폐장 부지 선정 과정은 공모 방식에서 기존 논의와 차이점을 보인다. 기존의 공모 방식이 여러 지역을 대상으로 후보지를 모집해 특정 후보지를 선정하는 방식이라면, 2005년의 공모 방식은 모집된 후보지들 간 간 주민투표율을 통한 경쟁을 실시했다. 이 과정에서 반대집단(환경단체 등)이 분산되었고, 후보지 간 경쟁 심리, 지역 감정 등은 찬성 투표율을 높이는 결과를 초래했다. 이러한 논의들을 종합해 2005년 방폐장 부지 선정 과정은 ① 각 지역의 자치단체(단체장, 지방의회)를 중심으로 시설의 필요성을 인지하도록 했고, ② 환경단체 등 외부 반대 세력의 영향력이 약화된 상황에서, ③ 양집단(찬성-반대)을 중심으로 진행된 찬반 활동이 지역 간 경쟁 과정을 거치면서 '시설을 서로 유치하려 한 현상'이 발생했던 것이다.

이와 같은 발견은 비선호시설 입지와 관련 프레이밍, 각종 경제적 지원, 참여(중앙정부의 관여) 및 주민투표를 포함하는 메타거버넌스 접근의 중요성 인식 및 전략들에 대한 정책적 함의를 제공한다. 또한 게임의 규칙(제도) 또는 거버넌스의 구성 방식에 따라 비선호시설의 내부적 갈등을 지역 간 외재화로 확산해 비선호시설의 입지 결정에 중요한 요소로 작용할 수 있음을 지적한다. 이론적으로는 거버넌스는 실패하기 마련(Jessop, 2002; 2003)이라는 측면에서 메타거버넌스적 접근의 이론적 유용성을 분석했다. 이 과정에서 메타 통치자로서의 중앙정부의 역할이 지역 내 거버넌스 및 다양한 문제 조정을 위해 유동적으로 진화함을 입증했고, 비선호시설 입지의 메타거버넌스적 접근의 유용성을 확대했다. 더불어 비선호시설 관련 선행 연구들은 주민참여, 부지 선정 방식(보상, 공모 등) 등 지역주민들을 설득해 참여를 유도하는 등 네트워크 형태의 거버넌스를 강조하고 있으나 2005년 방폐장 사례는 비선호시설 입지 선정에 시장 유형의 거버넌스가 유용할 수 있음을 보여주고 있다.

이상의 논의에도 불구하고 이 연구는 연구의 목적상 방폐장 부지 선정 과정에서 발생한 부정적 요소들을 구체적으로 고찰하지 못한 단점이 있다. 2005년 부지 선정 과정에서 반대집단이 적절한 의견 개진을 못하는 등 심의민주적 요소가 저해된 과정(차성수 외, 2006), 2005년 부지 선정 과정에서 안전성, 재정적 지원, 주민투표 과정 등 문제(윤순진, 2006a), 주민투표 과정상 불법 요소 등 문제점(최봉기, 2006) 등 선행 연구들에서 언급한 2005년 부지 선정 과정의 부정적 측면을 비판적 관점에서 고찰하지 못하고 있다. 또한 연구의 범위를 2005년 경주의 부지 선정까지로 한정함으로써 이후 지속적으로 논란이 되고 있는 지질 안전성 문제 및 경제적 보상과 관련한 지역 내 또는 지역 간 갈등은 심도있게 고찰하지 못한 한계가 있다. 그럼에도 불구하고 한국 사회가 직면한 중요한 사회문제 중 하나인 비선호시설의 입지 결정의 해결을 위한 거버넌스의 원활한 작동 과정에 대한 탐색 및 고찰은 사회적 갈등과 비용 감소에 중요한 함의를 제공한다고 할 것이다.

참고 문헌

경주시(2006). 「경주시정백서: 2004 1. 1~2005. 12. 31」. 경주시.

김규일 · 이진규(2004). 비선호시설 입지 선정 방법에 관한 연구: 방사성폐기물처리장 입지 사례를 중심으로. 「사회과학논총」, 7: 19-43.

김근식(2008). 비선호시설 건설정책에서의 딜레마 형성과 해소에 관한 연구: 원자력발전소 건설정책을 중심으로. 「정부학연구」, 14(4): 83-121.

김길수(2004). 정책집행 과정에서 주민저항 사례연구: 부안 방폐장 부지 선정을 중심으로. 「한국정책학회보」, 13(5): 159-184.

______(2007). 위험시설 입지 선정 과정에서 정책갈등에 관한 연구: 부안 위도 · 군산 방폐장 입지 선정 사례를 중심으로. 「정치 · 정보연구」, 10(1): 279-303.

김도희(2001). 지방정부와 주민 간 입지 갈등의 갈등 유발 요인에 관한 연구: 울산원자력발전소 입지 갈등 사례를 중심으로. 「한국정책학회보」, 10(1): 165-188.

______(2004). NIMBY와 PIMFY 시설입지정책의 갈등구조 비교분석: 북구 화장장 유치사업과 경부고속전철 울산역 유치사업 사례를 중심으로. 「한국정책학회보」, 13(1): 157-188.

______(2005). 주민배심원제를 통한 비선호시설 성공적 입지 사례의 정책적 함의: 북구 음식물자원화시설 유치사업의 실증적 분석을 중심으로. 「한국정책학회보」, 14(3): 261-284.

김무형(2001). 경주지역 개발 제한과 지역 발전. 「경주연구」, 10: 59-72.

김영종(2005). 방폐장 입지 선정 과정의 정책네트워크 분석: 경주지역 유치활동을 중심으로. 「한국정책과학학회보」, 9(4): 287-316.

______(2006). 정책결정제도의 변화가 정책네트워크 형성에 미치는 영향에 관한 연구: 울진 사례를 중심으로. 「한국정책과학학회보」, 10(1): 1-25.

김예승·홍성우(2010). 정책네트워크를 통한 비선호시설 입지갈등 분석: 원지동 서울추모공원 사례를 중심으로. 「한국정책연구」, 10(2): 29-49.

김필두(2000). 혐오시설 입지를 둘러싼 분쟁의 효율적 해소 방안: 군포시 쓰레기소각장 사례를 중심으로. 「협상연구」, 6(1): 93-104.

김흥회(2008). 협동 거버넌스 모형의 적용: 부안 방폐장 선정 과정 사례 분석. 「한국행정논집」, 20(1): 47-76.

남창우·최화식(2010). 비선호시설 지역주민의 갈등과 피해 유형에 관한 실증분석: 서울시 장사시설 주변 지역을 중심으로. 「한국정책과학학회보」, 14(1): 151-172.

노진철(2004). 위험시설 입지 정책 결정과 위험갈등: 부안 방사성폐기물처분장 입지 선정을 중심으로. 「환경사회학연구」, 6: 188-219.

박길용(2007). 비선호시설 입지 선정 성공 사례에 관한 연구. 제천시 자원관리센터 입지 선정 과정을 중심으로. 「한독사회과학논총」, 17(3): 147-176.

사회갈등연구소(2010). 「부안 방폐장 관련 주민운동 백서」. 서울: 갈등조정아카데미.

안영규·김기태·박재관·박희광(2008). 공공기관 이전에 따른 경제적 파급효과 분석: 경주지역 한수원 본사 이전을 중심으로. 「건설·환경연구」, 7(1): 1-24.

유해운·권영길·오창택(1997). 「환경갈등과 님비이론」, 서울: 선학사.

윤순진(2006a). 환경정의 관점에서 본 중·저준위 방사성폐기물처분장 입지 선정 과정. 「ECO」, 10(1): 7-42.

______(2006b). 2005년 중·저준위 방사성 폐기물 처분시설 추진 과정과 반핵운동: 반핵운동의 환경 변화와 반핵담론의 협소화. 「시민사회와 NGO」, 4(1): 277-311.

윤영채(2004). 입지갈등 해결전략으로서의 환경기초시설 빅딜 사례연구. 「지방정부연구」, 8(4): 51-57.

은재호(2009). 참여적 의사결정 기법의 제약 요인 연구: 울산 북구 음식물자원화시설 건립을 둘러싼 시민배심원제도 분석. 「한국정책학회보」, 18(2): 97-128.

이민창(2005). 정책갈등 현상의 제도론적 해석: NIMBY 사례를 중심으로. 「한국정책학회보」, 14(1): 71-96.

이수장(2006). 장사시설과 관련된 갈등 해결 방안 연구: 홍천군과 부천시 사례를 중심으로. 「지방행정연구」, 20(3): 165-195.

임정빈·장우영(2004). 비선호시설 설치를 둘러싼 지방정부 간 갈등 연구: 청주·청원 광역쓰레기 매립장 조성사업을 중심으로. 「한국정책과학학회보」, 8(1): 234-255.

정주용·길종백(2007). 비선호시설 입지수용성 향상을 위한 지방정부의 역할 탐색: 제천시 자원관리센터 부지 선정 사례를 중심으로. 「한국정책학회보」, 16(2): 255-280.
정현·윤창훈(2008). 방폐장 유치지원사업과 경주시 발전 방안. 「건설·환경연구」, 7(1): 41-56.
조승현(2005). 비선호시설 입지 선정의 성공 요인에 관한 연구: 익산시 폐기물처리시설 입지 선정 사례를 중심으로. 「지방행정연구」, 19(3): 295-316.
주성돈(2009). 부천시와 구로구 간의 비선호시설 조성사업의 갈등과 협력적 해결 방안. 부천시 추모공원 조성사업을 중심으로. 「정부와 정책」, 1(2): 89-199.
차성수·민은주(2006). 방폐장 부지선정을 둘러싼 갈등과 민주주의. 「환경사회학연구」, 10(1): 43-70.
채경석(2003). 지방의 정치화와 지방정부의 집행대응: 원자력발전소 집행사례 분석. 「한국지방자치학회보」, 15(4): 155-173.
최미옥(2005). 방폐장 입지 선정과 지방정부의 역량: 부안 위도 사례를 중심으로. 「한국지방자치학회보」, 17(3): 115-133.
최봉기(2006). 중앙정부에 의한 지역 간 경쟁적 주민투표제도의 개선과제. 「한국지방자치학회보」, 18(2): 5-26.
최성두(2009). 원자력발전소 주변 지역 지원정책의 문제점과 발전 방향 모색: 고리원전 지역을 중심으로. 「지방정부연구」, 13(3): 223-244.
최재실(2006). 비선호시설 입지 선정 갈등 발생 요인과 해소 방안에 관한 연구: 서울시 추모공원 사례를 중심으로. 「한국유럽행정학회보」, 3(2): 195-226.
최항순·이형만(2010). 비선호시설의 입지 선정에 따른 갈등 요인에 관한 연구: 판교신도시 메모리얼파크 건립 갈등 사례를 중심으로. 「한국정책연구」, 10(3): 437-459.
하승우(2006). 정부의 주민투표제도 악용과 시민사회의 역할. 「시민사회와 NGO」, 4(2): 37-74.
한상훈·권용일(2011). 국책사업 추진에 따른 지역갈등의 구조적 특성에 관한 연구: 경상북도 동해안 지역을 중심으로. 「대한부동산학회지」, 29(1): 107-125.

Bell, S & Park, A. (2006). The Problematic Metagovernance of Networks: Water Reform in New South Wales. *Journal of Public Policy*, 26(1): 63-83.
Bercovitch, J. (1984). *Social Conflict and Third Parties: Strategies of Conflict Resolution*. Westview Press.
Clingermayer, J. & Feiock, R. (2001). *Institutional Constraints and Policy Choice*. New York: SUNY Press.
Ducsik, D W. (1981). Citizen Participation in Power Plant Siting Aladdin's Lamp or Pandora's Box?. *Journal of American Planning Association*, 47(2): 154-166.
Hall, P. A. (1986). *Governing the Economy: The Politics of State Invtervention in Britain and France*」. New York: Oxford University Press.

Haveri, A., Nyholm, I., Røiseland A., & Vabo, I. (2009). Governing Collaboration: Practices of Meta-Governance in Finnish and Norwegian Local Governments. *Local Government Studies*, 35(5): 539-556.

Jessop, B. (1998). The Rise of Governance and the Risk of Failure: The Case of Economic Development. *International Social Science Journal*, 50: 29-45.

______(2002). *The Future of the Capitalist State*. Polity Press.

______(2003). Governance and Metagovernance on Reflexivity, Requisite Variety, and Requisite Irony. On-Line Papers. Lancaster University.

Kelman, H C. (1958). Conpliance, Identification, and Internalization: Three Processes of Attitude Change. *The Journal of Conflict Reasolution*, 2(1): 51-60.

Kooiman J. (1993). *Modern Governance*. London: SAGE Publications.

______(2003). *Governing as Governance*. London: SAGE Publications.

Lowndes, V. & Skelcher, C. (1998). The Dynamics of Multi-Organizational Partnerships: An Analysis of Changing Modes of Governance. *Public Administration*, 76: 313-333.

Mayntz, R. (1991). *Modernization and the logic of interorganizational networks*. Cologne, Germany: Max-Plank-Institut für Gesellschaftsforschung.

Meulman, L. (2008). *Public Management and The Metagovernance of Hierachies, Networks and Markets*. Physica-Verlag Heidelberg.

Nieves. L. A., Himmelberger, J. J., Ratick, S. J., & White, A. L. (1992). Negotiated Compensation for Solid-Waste Disposal Facility Siting: An Analysis of the Wisconsin Experience. *Risk Analysis*, 12(4): 505-511.

Powell, W. W. (1990). Neither Market Nor Hierarchy: Network Forms of Organization. *Research in Organization Behavior*, 12: 295-336.

Rhodes, R. (2000). Governance and Public Administration. In J. Pierre (ed.). *Debating Governance*. Oxford: Oxford University Press.

Sørensen, E. (2006). Metagovernance: The Changing Role of Politicians in Processes of Democratic Governance. *The American Review of Public Administration*, 36(1): 98-114.

Sørensen E. & Torfing, J. (2009). Making Governance Networks Effective and Democratic Through Metagovernance. *Public Administration*, 87(2): 234-258.

Thelen, K. & Steinmo, S. (1992). Historical Institutionalism in Comparative Politics. In S. Steinmo, K. Thelen, & F. Longstreth (eds.). *Structuring Politics: Historical Institutionalism in Comparative Politics*. Cambridge: Cambridge University Press.

Torfing, J. & Triantafillou (2011). *Interactive Policy Making, Metagovernance and Democracy*. ECPR Press.

Treib, O., Bähr, H., & Falkner, G. (2007). Modes of Governance: Towards a Conceptual Clarification. *Journal of European Public Policy*, 14(1): 1-20.

Whitehead, M. (2003). In the Shadow of Hierarchy: Meta-Governance, Policy Reform and Urban Regeneration in West Midlands. *Area*, 35(1): 6-14

산업자원부 (2005). 경주시, 지자체중 최초로 방폐장 유치 신청. 보도자료. 08. 17.

새전북신문 (2003). 원전센터 대화기구 2차 실무회의 연기. 10. 12.

서울신문 (2004). "원전센터를 잡아라" 경주 · 영덕 · 포항 3개 지자체 유치경쟁. 03. 25.

전북일보 (2003). '방폐장' 위도면 유치추진위원장 정영복 씨. 05. 18.

______ (2003). 부안군, '방폐장' 등 67개 사업에 3조 6천억 원 지원 요청. 07. 23.

제 6 장

지자체장의 교체와 비선호시설 입지정책 결정 변화*
-부천시 추모공원 조성사업을 중심으로-

김선아 · 정문기**

이 사례는 지방자치단체의 비선호시설 입지정책 관련 갈등 현상을 분석하고 있다. 구체적으로 비선호시설 입지정책 결정 과정에서 나타난 각 이해관계자들의 상호작용(또는 갈등구조) 및 지방자치단체장의 교체로 인한 급격한 정책 변동(폐기)을 부천시 추모공원 단일 사례를 중심으로 분석했다. 특히 이 사례의 경우 지방자치단체 또는 지역주민 간 갈등을 유발했던 정책이 지방자치단체장의 교체로 폐기되는 과정을 갈등 잠복기, 갈등 표면화기, 갈등 확대기, 갈등 완화기, 갈등 소멸기 등 5단계로 세분화해 살펴보았다. 분석 결과 로컬 거버넌스에 대한 논의가 강조되고 있음에도 불구하고, 갈등 해결 및 정책 추진 과정에서 대화와 숙의라는 거버넌스적 관리도구가 활용되기보다는 지방선거를 통한 지방자치단체장 교체가 중요하게 작용하고 있음을 확인할 수 있었고, 지자체장의 교체로 몇 년간 지속되던 비선호시설 정책이 일시에 폐기되는 한국 로컬 거버넌스의 특수성을 고찰했다.

[주제어: 비선호시설, 지방자치단체장, 지방정책 결정]

* 이 사례연구는 한국행정연구원의 한국행정연구(2012. 21(2). pp. 137-164)에 내용을 수정 · 보완한 것으로, 한국행정연구원 연구자료관리규칙에 의거 사용 허가를 받았으며, 이 논문은 2010년 정부(교육과학기술부)의 재원으로 한국연구재단의 지원을 받아 수행된 연구임(NRF-2010-330-B00250).

** 교신 저자.

제 1 절 서론

이 연구는 지방 차원에서 로컬 거버넌스의 논의가 증대하고 중요성이 확산되고 있음에도 여전히 지방자치단체장을 중심으로 하는 지방자치단체 우위의 의사 결정 과정을 비선호시설의 입지와 관련해 분석했다. 비선호시설의 입지는 승자와 패자(winners and losers)의 비용과 편익의 문제가 발생함으로써 이해관계자들의 갈등이 첨예하게 대립되는 사안이다. 이를 해결하기 위한 다양한 거버넌스의 실험에도 불구하고 지금까지의 성과는 미흡한 실정이다. 구체적으로 지방자치제도가 실시된 이래로 중앙정부와 지방자치단체 간, 지방자치단체와 지방자치단체 간, 지방자치단체와 지역주민 간 분쟁이 빈번하게 발생하면서 대표적인 국책사업이라고 할 수 있는 비선호시설 입지정책이 원만하게 추진된 경우를 찾아보기란 힘든 실정이다(김도희, 2001; 김길수, 2007; 최항순 · 이형만, 2010). 비선호시설의 입지가 예정된 지역에서 이해관계자들의 반발로 갈등이 발생하면서 비선호시설 입지정책이 중단되거나 지연되는 상황이 발생하고 있기 때문이다. 비선호시설 입지정책 갈등 문제의 심각성은 단순히 행정의 능률성을 저해하는 것뿐만 아니라 지방자치단체와 지역주민 간 신뢰 저하 문제를 가져오면서 사회적으로 심각한 사회자본(social capital)의 손실을 가져온다(권경득 외, 2004; 정주용 · 길종백, 2007).

비선호시설의 입지와 관련한 선행 연구는 이해관계자들의 갈등 해결 및 지방자치단체와 중앙정부의 재정 손실 그리고 행정력 낭비를 예방하기 위해 효율적인 의사 결정 과정 및 구조에 대한 중요성이 강조되면서 활발하게 이루어졌다. 특히 의사 결정 과정에 관한 연구는 서로 다른 이해를 가지고 있는 이해관계자들 간의 '갈등'을 어떻게 조절했는지, 혹은 이러한 갈등 수준에 영향을 미친 요인이 무엇이었는지에 대한 분석이 주를 이루고 있다(최항순 · 이형만, 2010; 주성돈, 2009; 김효정 · 이주원, 2009; 김승일, 2007; 김현정, 2007; 임정빈, 2007; 강재호, 2005; 임정빈 · 장우영, 2004; 주재복, 2001; 김인철 · 최진식, 1999). 또한 비선호시설 입지정책의 의사 결정 과정 분석의 경우 대부분 지역주민들의 행태에 초점을 두고 있거나 지방자치단체장을 포함한 지방자치단체와 지역주민들의 갈등에 대한 논의에 초점을 두었다. 하지만 지방자치단체장의 교체를 통한 비선호시설의 입지 결정의 변화에 대한 논의는 상대적으로 미흡한 실정이다. 한국 지방의 맥락에서 지방자치단체장이 가지는 법・제도적 위상뿐만 아니라 지방에서 가장 강력한 권한을 행사한다고 보았을 때 지방자치단체장의 교체를 통한 비선호시설 정책에 대한 연구는 지역정책 결정에 관한 중요한 함의를 제공할 수 있으리라 판단된다.

이 연구의 분석 대상인 부천시 추모공원 조성사업의 경우 부천시와 지역 주민 간의 갈등뿐만 아니라 부천시와 인접 지역인 서울 구로구와의 이해 관계도 첨예하게 대립되면서 갈등 양상이 매우 다양하게 나타났던 사례이다. 특히 추모공원 조성은 한나라당 홍건표 전 시장이 재임하는 동안 뜨거운 쟁점이 되었지만, 2010년 6월 2일 지방선거를 통해 민주당 김만수 현 시장이 당선되면서 전면 백지화를 선언, 추모공원 설치가 폐기되었다. 비선호시설 입지정책에 관한 일반적인 사례들은 이해관계자들의 갈등으로 사업이 추진되지 못한 채로 종료되거나, 경제적 유인책을 통한 반대 의견 수렴으로 표면적인 합의를 이끌며 정책이 추진되곤 했다. 하지만 이 연구는 6・2 지방선거를 계기로 정책 추진 및 갈등의 국면이 전환되었다는 측면에서 특수성을 갖는 사례라 할 수 있다. 즉, 비선호시설 정책 변동 과정에서 기존에 영향 요인으로 제시되고 있던 행정적 요인・경제적 요인・문화적 요인은 큰 영향을 미치지 못했으며, 정치적 요인(지방자치단체장)이 가장 핵심적인 요인으로 작용했던 사례이다. 이에 이 연구에서는 부천시 추모공원 사례를 중심으로 첫째, 비선호시설 입지정책 의사 결정 과정에서 나타난 각 이해관계자들의 상호작용을 분석함으로써 갈등구조에 대한 이해를 돕고자 한다. 둘째, 지방자치단체장의 교체로 인한 급격한 정책 변동(폐기) 과정을 분석함으로써 지방자치단체의 의사 결정 구조에 대한 이해를 돕고자 한다.

다음 절은 비선호시설과 관련된 선행 연구를 검토하고 분석 요소를 도출했다. 3절에서는 사례분석 대상 및 자료 수집에 관한 논의를 진행했다. 다음으로 4절에서는 부천시 추모공원 사례의 개요 및 세부적인 사례분석을 실시했다. 또한 사례분석을 통한 핵심 발견인 부천시장의 교체로 인한 비선호시설 정책의 급격한 변화에 대한 함의를 논의했다. 마지막으로 결론은 지방자치단체장의 교체가 가지는 로컬 거버넌스 및 비선호시설 정책의 이론적・정책적 함의를 도출하고 이 연구의 한계를 제시했다.

제 2 절 이론적 논의

1. 비선호시설과 갈등

비선호시설은 사회적으로는 필요하지만 시설이 갖고 있는 특징과 이로 인한 부정적 인식으로 인해 자신이 거주하고 있는 지역에는 입지를 원하지 않는 시설이라 할 수 있다. 이에 포퍼(Popper, 1987)는 "지역적으로 원하지 않거나 탐탁치 않은 토지 이용"이라고 정의했으며, 피트니(Pitney, 1984)는 "공익을 목적으로 추진되는 시설 중에 지역 주민들에게 분노와 고통을 가져다주는 시설"이라고 정의했다. 지역주민들이 기피하는 시설이므로 혐오시설, 님비(Not In My Back Yard)시설이라고 불리기도 하며 대표적으로 장사시설, 쓰레기 소각장·매립장, 핵폐기물시설, 교도소 등이 이에 속한다. 비선호시설은 공익 혹은 사회적 필요를 근거로 설립되는 공공재적 성격을 지닌다. 하지만 비선호시설은 이와 같은 공공재적 성격에도 불구하고 다음과 같은 몇 가지 특징들로 인해 해당 지역주민들의 고통을 유발하고 갈등을 발생시킨다. 첫째, 비선호시설은 특정 입지 조건을 요구한다. 비선호시설의 공간적·기술적 조건의 고려로 인해 지역주민에 대한 고려와 이들의 참여보다는 전문가의 평가가 더 중요한 힘을 가지게 된다. 이로 인해 의사 결정 과정에서 소외감을 느낀 지역주민들의 분노는 한층 더 강화될 수밖에 없으며, 이는 갈등 수준을 증폭시키는 요인으로 작용한다(강성철·문경주·문유석, 2004). 둘째, 일반적으로 비선호시설로 분류되는 시설들은 해당 입지 지역주민들과 인접 지역주민들에게 정신적·육체적·경제적 피해를 유발시킨다. 셋째, 비선호시설은 비용-편익의 불일치라는 문제점을 가지고 있다. 위에 언급된 두 가지 특징으로 인해 비선호시설 입지는 해당 지역의 주민과 인근 지역주민에게 환경오염, 신체적 위협, 지가 하락, 지역 이미지 손실, 교통 혼잡 등과 같은 비용을 부담시킨다. 반면 시설의 공공성으로 인해 시설 입지에 대한 편익은 해당 지역을 포함한 전체 지역사회로 분산된다는 측면에서 비용-편익의 불일치 문제를 지적해 볼 수 있다(Weisberg, 1993).

비선호시설이 갖고 있는 이러한 특징으로 인해 지방자치단체가 추진하는 비선호시설 입지정책은 지역주민들, 혹은 다른 지역주민과 지방자치단체로부터 반발에 부딪히게 되어 원만하게 추진되지 못하는 것이 일반적이며 이해관계자들 간의 갈등으로 사회적 비용을 발생시킨다. 이에 비선호시설 입지정책 과정에서는 갈등을 잘 관리하는 것이 행정의 능률성 향상 측면에서 매우 중요하다. 코저(Coser, 1956)는 갈등을 "가치들에 대한 투쟁으로서 희소한 지위, 권력, 자원 등을 추구하는 과정에서 상대편을 무력화시키거나 제거하려는 과정"이라고 정의했으며, 들러고스(Dlugos, 1959)는 "개인이나 집단 간의 의견의 불일치"로 정의했다. 또한 마치와 사이먼(March & Simon, 1958)은 "갈등이란 조직 내의 의사 결정이나 정책 결정에서 대안의 선택 기준이 모호해 어느 대안을 선택해야 할지 몰라서 곤란을 겪게 되는 상황"이라고 정의했다. 비선호시설 입지정책 과정에서 발생하는 갈등은 공익을 목적으로 시설 설립을 추진하는 지방자치단체 및 중앙정부와, 해당 지역 주민들 간의 목표 및 의견 불일치 상황으로 정의할 수 있다. 앞서 언급했듯, 갈등을 잘 관리하지 못한다면 정부 신뢰의 저하 및 행정의 능률성 저하 등의 문제를 발생시킬 수 있으나 잘 관리하기만 한다면 불합리한 의사 결정 개선 및 획일적 집행 방식의 개선과 같은 효과를 가져오는 긍정적인 자원으로 활용할 수 있다. 따라서 사회적으로 해가 되는 '나쁜 갈등'을 해소하거나 유익한 '좋은 갈등'을 조장하는 활동은 반드시 필요하다고 할 수 있다. 이를 '갈등관리' 활동으로 볼 수 있는데, 안광일(1994)은 갈등관리를 "갈등이 수용 한계를 벗어날 정도로 악화·확대되는 것을 방지하고 갈등이 유리한 결과를 실현하는 데 도움을 주는 구조와 조건을 마련함으로써 갈등 해소를 용이하게 하는 과정"이라고 정의했다. 구체적으로 비선호시설 입지정책 과정에서 갈등을 관리하는 방안으로는 정책의 시행 주체인 지방자치단체나 중앙정부가 이에 반대하는 다른 지방자치단체, 지역주민들의 의견을 수렴하기 위해 배심원 제도, 주민공청회, 주민설명회와 같은 참여적 의사 결정 기제를 활용하는 것과 해당 입지 지역주민 및 인근 지역주민들의 정신적·육체적·경제적 피해를 해소하기 위한 경제적 인센티브를 활용하는 등의 방식이 대표적이라 할 수 있다.

2. 선행 연구 검토

정책 추진 과정에서 발생하는 갈등을 조절하려는 노력은 행정의 능률성, 나아가

지방자치단체 혹은 중앙정부에 대한 정부 신뢰를 높이는 데 기여할 수 있다는 측면에서 그 의의를 찾아볼 수 있다. 이에 정책 과정에서 발생하는 갈등관리에 관한 연구가 활발하게 진행되고 있다(〈표 6-1〉 참조). 이러한 선행 연구는 크게 세 가지 유형으로 구분해 볼 수 있다. 첫 번째 유형은 정책 과정에서 발생하는 갈등의 영향 요인 분석에 관한 것이다. 두 번째 유형은 정책 과정에서 발생하는 갈등을 해결하기 위한 조정 기제 작동에 초점을 맞춘 연구이다. 마지막으로 세 번째 유형은 정책 과정에서 발생하는 갈등의 전개 과정에 초점을 맞춘 연구이다. 이를 구체적으로 살펴보면 다음과 같다.

먼저, 첫 번째 유형은 정책 추진 과정에서 발생하는 갈등의 원인 혹은 갈등의 증폭 수준에 영향을 미치는 요인에 관한 연구이다. 최항순 · 이형만(2010)은 정책 과정, 특히 비선호시설 입지정책 과정의 영향 요인으로서 정치 · 행정적 요인(정책 결정 과정 내 주민 참여도, 정부에 대한 신뢰, 다른 지역과의 형평성), 경제적 요인(개인 재산권의 제약 및 피해, 경제적 보상, 일상생활 피해), 심리 · 문화적 요인(심리적 불안감, 지역공동체의 낙인, 지역이기주의), 갈등 조절 요인(지방자치단체, 지방의회, 언론 보도 및 시민단체 활동) 등을 제시했다.

표 6-1 비선호시설 정책 과정 갈등에 관한 선행 연구

유형	연구자	연구 내용
갈등 영향 요인	최항순 · 이형만 (2010)	정치 · 행정적 요인(정책 결정 과정 내 주민 참여도, 정부에 대한 신뢰, 다른 지역과의 형평성), 경제적 요인(개인 재산권의 제약 및 피해, 경제적 보상, 일상생활 피해), 심리 · 문화적 요인(심리적 불안감, 지역공동체의 낙인, 지역이기주의), 갈등 조절 요인(지방자치단체, 지방의회, 언론 보도 및 시민단체 활동)
	주성돈 (2009)	정책 이슈의 내용(잠재적 이익, 확실성/거래 수준), 정치적 리더십(지방자치단체장의 협상 능력, 지역 갈등의 중재 능력), 지방자치제도(정책 지지의 범위, 정책 결정의 복잡성, 공개성), 제3자의 중재(상위 지방자치단체, 중앙정부), 협력적 정부 간 관계
	임정빈 (2007)	정치적 요인(상호의존성, 주민 참여 및 조직화, 리더십과 동원), 경제적 요인(재산권 구조, 보상), 문화적 요인(공동체의 속성, 문제구조의 인식)
	김현정 (2007)	사회적 필요성, 국민의 의식, 절차적 정당성, 정보공개, 정치권의 역할, 정부의 입지 접근 방법, 경제적 보상, 시민 · 사회단체의 활동, 언론 및 대중매체의 영향
	강재호 (2005)	정치 · 경제적 환경, 제도적 장치 · 협의기구의 수준, 단체장 및 관료의 특성과 형태, 사회 · 문화적 환경

<table>
<tr><td rowspan="5">갈등 조정 기제</td><td>김효정 · 이주원 (2009)</td><td>상호 이해와 소통 과정(문제 인지, 정보공개, 제도화), 협력(자원 교환 여부: 재정적 인센티브, 행정적 자원 교환, 사회적 자원 교환), 신뢰의 사회자본화</td></tr>
<tr><td>김승일 (2007)</td><td>정책 조정전략(당사자 간 상호조정, 제3자에 의한 조정, 대안적 분쟁 해결)</td></tr>
<tr><td>임정빈 · 장우영 (2004)</td><td>정치 · 행정적 요인(지방자치단체 간 협의, 주민 참여의 제도화), 경제적 요인(주민 보상)</td></tr>
<tr><td>주재복 (2001)</td><td>참여규칙, 분해규칙, 지식결합규칙, 자원확대규칙, 자원교환규칙, 학습규칙, 조직화규칙, 조정자규칙</td></tr>
<tr><td>김인철 · 최진식 (1999)</td><td>비용편익 체계, 상호신뢰 체계, 중재전략 체계</td></tr>
<tr><td rowspan="5">갈등 전개 과정</td><td>최승범 (2009)</td><td>시간적 흐름(제1기 거버넌스, 제2기 거버넌스)</td></tr>
<tr><td>김길수 (2007)</td><td>시간적 흐름(부안 위도 이전의 부지 선정 과정, 부안 위도 부지 선정 과정, 군산 부지 선정 과정)</td></tr>
<tr><td>전주상 (2002)</td><td>시간적 흐름 및 갈등의 강도(제1기: 주민대표기구 구성 이전, 제2기: 주민대표기구 구성 이후~공사 착공, 제3기: 공사 착공 이후)</td></tr>
<tr><td>주상현 (2001)</td><td>갈등 발생 단계, 갈등 증폭 단계, 갈등 완화 단계</td></tr>
<tr><td>이종열 · 권해수 (1998)</td><td>갈등 태동기, 갈등 증폭기, 갈등 성숙기</td></tr>
</table>

주성돈(2009)은 정책 이슈의 내용(잠재적 이익, 확실성/거래 수준), 정치적 리더십(지방자치단체장의 협상 능력, 지역 갈등의 중재 능력), 지방자치 제도(정책 지지의 범위, 정책 결정의 복잡성, 공개성), 제3자의 중재(상위 지방자치단체, 중앙정부), 협력적 정부간 관계 등을 제시했으며, 임정빈(2007)은 정치적 요인(상호의 존성, 주민 참여 및 조직화, 리더십과 동원), 경제적 요인(재산권 구조, 보상), 문화적 요인(공동체의 속성, 문제구조의 인식) 등을 제시했다. 김현정(2007)은 사회적 필요성, 국민의 의식, 절차적 정당성, 정보공개, 정치권의 역할, 정부의 입지 접근 방법, 경제적 보상, 시민 · 사회단체의 활동, 언론 및 대중매체의 영향 등을 제시했

으며, 강재호(2005)는 정치·경제적 환경, 제도적 장치·협의기구의 수준, 단체장 및 관료의 특성과 형태, 사회·문화적 환경 요인을 갈등관리 영향 요인으로 제시했다. 즉, 정책 추진 과정에서 발생한 갈등 수준의 증폭에 영향을 미친 요인들을 크게 정치·경제·제도·인식적 요인 등으로 구분해 제시하고 있었다.

두 번째 유형은 정책 과정에서 발생한 갈등의 조정 및 해결에 관한 연구이다. 김효정·이주헌 (2009)은 장사시설 입지 갈등 사례 분석을 통해 지방자치단체 간 협력모델에 대한 비교연구를 진행했다. 갈등 주체들 간의 '상호 이해와 소통 과정'과 갈등 주체 간 형성된 신뢰가 '사회자본화'되는 과정을 설명했다. '상호 이해와 소통 과정'의 하위 변수로는 문제 인지, 정보공개, 제도화 요인이 제시되고 있었으며, 협력 요인으로는 재정적 인센티브, 행정적 자원 교환, 사회적 자원 교환 요인이 제시되고 있었다. 김승일(2007)은 댐 건설 사례 비교연구에서 주민 갈등과 조정의 정책조정 기제로서 당사자 간 상호 조정, 제3자에 의한 조정, 대안적 분쟁 해결(ADR) 등의 전략을 분석했다. 임정빈·장호영(2004)은 비선호시설 입지에 관한 지방자치단체 간 갈등에서 갈등 해결 기제로서 정치·행정적 요인, 경제적 요인 등을 제시하고 있었다. 주재복(2001)은 지방자치단체 간 상수원 갈등 사례분석을 통해 갈등 해결에 중요한 규칙으로서 참여규칙, 분해규칙, 자원교환규칙, 조정자규칙 등을 제시하고 있었다. 김인철·최진식(1999)은 실증분석을 통해 비용편익 요인, 상호 신뢰 요인, 중재전략 요인과 협조성과 단독성 간의 관계를 규명했다.

세 번째 유형은 정책 과정에서 발생하는 갈등의 전개 과정에 관한 연구이다. 최승범(2009)은 미군기지 관련 지역 갈등 및 해결 과정을 시간적 흐름에 따라 제1기 거버넌스, 제2기 거버넌스 등 2단계로 구분해 살펴보았다. 김길수(2007)는 방폐장 입지 선정 사례의 갈등 과정을 시간적 흐름에 따라 부안 위도 이전의 부지 선정 과정, 부안 위도 부지 선정 과정, 군산 부지 선정 과정 등 3단계로 구분해 살펴보았다. 전주상(2002)은 쓰레기소각장 입지 갈등 구조 분석을 위해 시간적 흐름 및 갈등의 강도에 따라 제1기, 제2기, 제3기 등 3단계로 구분해 분석했다. 주상현(2001)은 공항 건설 갈등 사례를 시간적 흐름 및 갈등의 강도에 갈등 발생 단계, 갈등 증폭 단계, 갈등 완화 단계 등 3단계로 구분해 분석했다. 이종열·권해수(1998)는 지역개발 과정상 지방자치단체 간 갈등 분석을 위해 갈등 전개 과정을 갈등 태동기, 갈등 증폭기, 갈등 성숙기 등 3단계로 구분해 분석했다. 반면 홍성만·박홍엽

(2006)은 갈등의 전개 과정을 갈등 잠복기, 갈등 표면화기, 갈등 확대(고조)기, 갈등 완화(조정)기, 갈등 해소기 등 5개 단계로 세분화해 제시했다. 구체적으로 살펴보면 다음과 같다(홍성만 · 박홍엽, 2006 참조). 우선 갈등 잠복 단계는 갈등이 구체화되어 나타나기 이전 단계로서 상위 의사결정자 수준에서는 갈등의 요인이 되는 사업이나 정책이 수립되었으나 이것이 공중에게 완전히 공개되지 않아 이해관계자의 반발이 명시적으로 나타나지 않는 단계를 의미한다. 다음으로 갈등 표면화 단계는 잠재적 상태로 있었던 갈등이 특정 사건 혹은 사업이나 정책 발표를 계기로 표면으로 부상하는 시기를 의미하며, 갈등 확대 단계는 갈등이 증폭되는 단계로서 갈등의 규모가 확대되고 갈등의 강도가 커져 갈등당사자 사이에 심각한 대립이 나타나는 시기이다. 갈등 소멸 단계는 갈등 완화기에 나타난 이견 조정의 후속 결과 혹은 개선된 협상과 합의 모색으로 갈등이 소멸되는 시기를 말하며, 갈등 완화 단계는 극에 달한 갈등을 빚었던 갈등 당사자 간에 협의 및 협상 등의 의사소통을 통해 갈등의 규모나 강도가 약해지는 시기이다. 일반적으로 갈등은 5단계 주기로 구분되지만 경우에 따라서 소멸되었던 갈등이 다시금 나타나기도 하며, 이는 갈등 재점화 단계로 구분할 수 있다.

하지만 앞서 논의한 다양한 선행 연구는 지방자치단체와 중앙정부 간 또는 시설입지를 반대하는 지역주민과의 갈등이나 상호작용에 초점을 두었음을 확인해 볼 수 있었다. 갈등의 영향 요인을 중점적으로 다룬 선행 연구의 경우 지방자치단체, 지방자치단체장의 협상 능력, 리더십, 단체장의 특성과 형태(최항순 · 이형만, 2010; 주성돈, 2009; 임정빈, 2007; 강재호, 2005)와 같은 지방자치단체장 관련 요인이 비선호시설 입지 갈등의 원인 및 갈등의 증폭 수준에 영향을 미치는 요인임을 확인할 수 있었다. 또한 갈등 조정 기제를 중점적으로 다룬 선행 연구의 경우 행정적 자원 교환, 당사자간 상호 조정, 지방자치단체 간의 협의(김효정 · 이주원, 2009; 김승일, 2007; 임정빈 · 장우영, 2004)와 관련해 지방자치단체장 관련 요인이 비선호시설 정책 과정에서 발생한 갈등의 조정 및 해결에 영향을 미치는 중요한 요인임을 확인할 수 있었다.[1] 그러나 기존의 연구에서는 갈등 과정에서의 단체장의 역할(리더십)에 초점을 두어 단체장의 교체로 인한 정책의 급격한 변동 및 폐기를

1) 이 연구와 직접적 연관은 없지만 다양한 분야에서 지방자치단체장의 역할 및 영향력에 대한 논의가 진행되었다(박종민, 2000; 정문기, 2009; 유재원 · 이승모, 2008; 김덕준 · 김범석, 2006 참조).

심도 있게 다루지 못했다. 또한 정책 결정 과정에 관한 선행 연구 중에서 특히 갈등 전개 과정에 초점을 맞춘 연구는 갈등을 시간적 흐름이나 그 수준에 따라 주기를 구분하고 각 주기별 주요 이해관계자들의 관계 및 영향 요인의 변화를 다루지만 갈등의 전개 과정을 3단계 이하로 설정함으로써 갈등의 강도나 시간적 흐름을 반영하는 데 한계가 있다(홍성만 · 박홍엽, 2006 제외). 이에 이 연구는 갈등의 단계를 강도와 시간적 흐름에 따라 좀 더 세분화해 제시한 홍성만 · 박홍엽(2006)의 갈등 전개 과정 모형에 기반해 사례연구를 진행하고자 한다. 갈등 과정의 세분화를 통해 갈등 단계 및 수준에 따라 이해관계자들이 변화하며 이들의 역동적 관계도 변화함을 제시할 수 있다. 이를 통해 입지 정책 결정 과정별 이해관계자들의 상호작용(또는 갈등구조)과 지방자치단체장의 교체를 통한 정책 변동의 역동성을 정치하게 고찰할 수 있으리라 판단된다.

그림 6-1 분석 체계

3. 분석 체계

이 연구는 갈등 주기별로 주요 이해관계자들의 상호작용(또는 갈등구조) 및 지방자치단체장 교체를 통한 정책 변동을 분석하는 것을 목적으로 한다. 위에서 언급한 바와 같이 갈등 주기는 홍성만·박홍엽(2006)의 연구에서 제시된 5단계 갈등 주기 모형을 바탕으로 의사 결정 과정을 살펴보고자 한다. 이 사례의 경우 지방자치단체 또는 지역주민 간 갈등을 유발했던 정책이 지방자치 단체장의 교체로 폐기되는 과정을 갈등 잠복기, 갈등 표면화기, 갈등 확대기, 갈등 완화기, 갈등 소멸기 등 5단계로 세분화해 살펴보고자 한다. 이러한 내용을 바탕으로 이 연구의 분석 체계를 제시하면 앞의 [그림 6-1]과 같다.

제 3 절 연구 대상 및 분석 방법

이 연구의 연구 대상은 부천시 추모공원 조성사업이다. 비선호시설 입지정책에 관한 일반적인 사례들은 위의 선행 연구에서 살펴본 바와 같이 이해관계자들의 갈등으로 사업이 추진되지 못한 채로 종료되거나, 경제적 유인책을 통한 반대 의견 수렴으로 표면적인 합의를 이끌며 정책이 추진되곤 했다. 하지만 이 연구는 정치적 이벤트(6·2 지방선거)를 계기로 정책 추진 및 갈등의 국면이 전환되었다는 측면에서 특수성을 갖는 사례이기 때문에 연구 대상으로서의 의의를 지닌다 할 수 있다.

이 연구의 시간적 범위는 2003년 4월부터 2011년 2월까지이다. 한나라당 홍건표 전 시장이 추모공원 조성사업 추진을 발표한 공식적인 날짜는 2005년 2월이지만, 이미 2003년 4월부터 부천시 내에서 추모공원 조성 필요성에 관한 여론 조성 움직임이 있었다. 추모공원 조성은 홍건표 시장이 재임하는 동안 뜨거운 쟁점이 되었지만, 2010년 6월 2일 지방선거를 통해 민주당 김만수 시장이 당선되면서 전면 재검토 사업으로 분류되었으며, 2011년 2월 김만수 현 부천시장의 추모공원 조성사업 백지화 선언을 통해 정책이 폐기되었다.

공간적 범위로는 부천시 전 지역과 서울시 구로구 온수동 지역, 인천시 부평구 지역으로 설정했다. 서울시 구로구의 경우 부천시와 가장 인접해 있는 온수동 일대 지역 주민의 반발이 매우 극심하게 나타났다. 부천시의 경우 춘의동 및 역곡동 일대 지역 주민들의 반발은 극심했으나 이들을 제외한 중동 · 상동, 소사구, 오정구 지역 주민들과의 이해 관계는 또 다르게 나타났다.[2] 또한 추모공원 조성사업 입지 정책이 폐기된 후 후속 대안을 마련하는 데 인근 지방자치단체인 인천시 부평구의 역할이 매우 컸으므로 부천시, 서울시 구로구 온수동 지역, 인천시 부평구 지역을 이 연구의 공간적 범위로 설정했다.

분석을 위해 이 연구는 부천시의 단일 사례를 중심으로 사례분석을 실시했다. 이 연구에서 활용할 자료는 1차 자료 수집 방법과 2차 자료 수집 방법에 의해 수집되었다. 먼저, 국내외 비선호시설 입지정책과 관련된 각종 논문과 연구보고서, 정부에서 발간한 정기 간행물과 정책보고서 등을 활용했다. 또한 부천신문, 부천일보, 부천 뉴매거진 등의 지역신문에 보도된 기사 및 인터뷰 자료 등을 중심으로 자료를 수집 · 분석했다. 그뿐만 아니라 실제 의사 결정 과정에 참여한 이해관계자들의 현장감있는 이야기를 담기 위해 인터뷰를 실시했다. 인터뷰는 2012년 6월 14일부터 6월 18일까지 추모공원 조성 반대위원회 구성원 1명, 공무원 1명, 중립적인 입장의 사회 갈등 전문가 1명을 대상으로 실시되었다.[3]

제 4 절 사례 분석

1. 사례 개요

부천시는 인구 80만 이상의 도시 중 유일하게 장묘시설이 없는 지역으로, 추모공원 조성은 2004년 지방선거 당시 한나라당 홍건표 후보의 주요 공약 중 하나였

---

2) 부천신문(2010.05.09)에 의하면 2009년 5월 부천신문의 여론조사에서 부천시 지역주민 70%가 추모공원 조성에 '찬성'하는 것으로 나타났으며, '반대'는 19.6%, '잘 모르겠다'는 11%로 나타났다.

3) 중립적인 입장의 사회 갈등 전문가는 실제 찬성-반대 측의 입장을 세부적으로 인지하고 있고 이들의 입장을 조율하는 역할을 했다.

다. 홍건표 후보는 2004년 부천시장으로 당선된 이후 지속적으로 추모공원 설립을 추진했고, 2005년 2월 부천시 원미구 춘의동 468번지에 사업비 330억 원을 투자해 부지 면적 50,881m^2(화장시설 16,041m^2, 근린공원 31,516m^2) 규모의 장사시설을 건립하겠다고 공식적으로 발표했다. 그 후 다른 비선호시설 입지 갈등 사례에서 나타난 바와 같이 부천시 지역 주민과 인접 지역인 서울시 구로구 지역주민들, 경기도와 서울시는 환경문제, 건강문제, 지가 하락 문제, 절차적 정당성 및 정보공개 등과 같은 정치적 · 경제적 · 제도적 · 심리적 문제들로 찬성과 반대 입장으로 양분되었고 끊임없이 크고 작은 갈등이 발생했다.

서로 다른 의견을 갖고 있는 이해관계자들의 갈등과 분쟁에도 불구하고 당시 부천시장으로 재임하고 있던 홍건표 시장은 행정적 · 법률적 타당성을 갖추었다는 이유로 꾸준하게 사업을 추진했다. 그러나 이 사업은 2010년 6월 2일 지방선거로 지방자치단체장이 바뀌면서 전면 백지화되었다. 현 부천시장인 김만수 시장은 추모공원 조성사업 백지화에 대한 대안으로 인근 지역인 인천시 부평구와의 협조를 통해 부평구에 위치한 장묘시설을 부천시 주민이 오전 · 오후 모두 이용할 수 있도록 합의했다. 또한 부천시민들이 다른 지방자치단체의 화장시설을 이용할 경우 감수해야 하는 금전적 부담을 줄이기 위해 부천시 예산에서 화장 비용의 70%를 지원하는 방안을 제시했다.[4] 이렇게 지역 주민 간, 지방자치단체 간 갈등을 불러일으켰던 비선호시설인 추모공원 갈등은 현 시장의 사업 백지화 선언으로 종결되는 듯 보였으나, 최근까지도 전 시장을 중심으로 추모공원 조성 추진 및 현 시장의 주민소환 추진 움직임이 있어 다시금 갈등이 폭발할 수 있는 여지를 갖고 있는 사례라 할 수 있다.

이에 이 연구에서는 추모공원 입지정책 의사 결정 과정을 갈등 주기에 따라 구분하고 갈등 주기별 이해관계자들의 상호작용을 분석했다. 각 단계별 이해관계자들의 역할 분석에 포함되는 주된 행위자에는 경기도와 서울시, 부천시(지방자치단체장)와 서울시 구로구, 추모공원 추진위원회, 추모공원 반대투쟁위원회 등이 포함된다.

---

4) 인천시 부평구에 위치한 시립화장장을 인천시 거주 지역주민이 사용할 경우 6만 원의 비용 부담이 발생했으나 부천시 거주 지역주민이 사용하게 될 경우 100만 원의 비용 부담이 발생했다.

2. 갈등 단계별 이해관계자들의 상호작용 분석

1) 갈등 잠복 단계

부천시 추모공원 문제가 수면 위로 떠오르게 된 것은 홍건표 전 부천시장이 추모공원 설립 사업을 추진하겠다고 발표한 2005년 2월이지만, 실제로 그 이전에도 부천시에서는 추모공원 조성을 위한 움직임이 있었다. 이에 갈등 잠복 단계는 2003년 4월부터 2005년 2월 지방자치단체장의 추모공원 조성사업 추진 공식 발표 이전 지점으로 설정했다. 이 단계에서의 주요 행위자는 부천시와 찬성위이다.

실제 부천시 장묘시설 관련 문제는 1975년부터 시작되었다. 부천시는 현재까지 공설묘지, 납골당, 화장장 등 자체적인 장묘시설을 갖고 있지 않다. 1975년 부천시는 경기도 시흥시 수암면 와리(현재의 안산시)에 부천시 공설묘지를 설치해 공동으로 사용하는 데에 합의했다. 그러나 1987년, 공설묘지의 만장으로 더 이상 사용할 수 없게 되자 이에 대한 대안으로, 1990년 11월 안성군 보개면 동평리 및 남평리를 선정해 부천시 공설묘지를 설치할 수 있도록 안성군에 협조를 요청했다. 그러나 안성군은 설치 불가를 통보했고 이에 부천시는 부천시 내 납골당 설치를 위해 경기도에 협조를 요청했으나 이마저도 다른 시·군의 비협조로 추진되지 못했다. 그뿐만 아니라 1999년 6월에는 서울시와 서울시 오곡동 제2화장장 공동 사용 방안에 협의했으나 인근 지방자치단체 주민들의 반발로 무산되었다(최진식, 2009).

민선 2, 3기 부천시장을 역임한 원혜영 시장은 인근 지방자치단체와 장묘시설 공동 사용 합의에 계속해서 실패하자 지역의 장묘 수요를 지역 내에서 해결해야 할 수 있도록 지역 내 장사시설 설치의 필요성을 제기했다. 그 후 2003년 4월 30일 시 차원에서 '녹색 장묘문화 확산을 위한 시민토론회'를 개최하면서 추모공원 조성을 위한 실질적인 움직임이 시작되었다. 부천시는 시민토론회를 통해 장묘문화 개선에 따른 문제점과 대책에 대해 시민들의 의견을 수렴하는 '소통의 장'이 되길 기대했지만, 이는 '갈등의 시작'을 알리는 행사가 되었다. 시민토론회 직후 당시 추모공원 조성 부지로 거론되었던 춘의동 일대 거주 지역 주민들을 중심으로 반발이 시작되었다. 하지만 아직은 갈등의 수준이 심각하지 않았으며 조직화되어 나타나지 않은 단계였다. 그러던 중 2003년 7월 28일 민·관 합동 '추모의 집 추진위원회'가 구성되었다. 또한 2004년 보궐선거 당시 부천시장 후보로 출마한 홍건표 시장은

'추모공원 조성'을 주요 공약으로 제시했으며 당선 이후 추모공원 조성사업을 빠르게 추진하기 시작했다. 이와 관련 사회 갈등 전문가의 인터뷰 내용은 다음과 같다.

> 중립적인 입장에서 본다면, 홍건표 전 시장이 추모공원 조성사업을 추진하기 위해 내세웠던 논리들은 대부분 타당하다고 생각된다. 실제 부천시에서 30년 이상 공무원 생활을 했기 때문에 부천시 실정에 대해 누구보다 잘 안다는 것은 사실이다. 공무원 생활을 하면서 추모공원 조성사업 필요성에 대해 느꼈고 실제 시장이 되면서 강력하게 추진하게 된 것이다.

홍건표 전 시장은 2004년 6월 5일 보궐선거에서 당선된 직후인 6월 11일, '추모의 집 추진위원회' 주체 시민토론회를 개최, 추모공원 조성에 대한 시민들의 의견을 수렴하기 위한 노력을 전개했다(주성돈, 2009; 최진식, 2009).

위에서 살펴본 바와 같이 갈등 잠복 단계에서는 부천시와 찬성위 두 핵심 행위자들을 중심으로 한 움직임이 있었을 뿐, 반대 측 의견은 조직화되거나 구체화되어 나타나지 않고 있었다.

2) 갈등 표면화 단계

부천시 추모공원 조성사업 관련 갈등이 구체화되어 나타나기 시작한 것은 2005년 2월, 지방자치단체장의 '추모공원 조성사업 추진'에 관한 공식 발표 이후이다. 이에 갈등 표면화 단계는 공식 발표 시기인 2005년 2월부터 타당성조사 결과 발표일인 2005년 7월 이전으로 설정했다. 이 단계에서의 주요 행위자는 찬성 측에 부천시와 찬성위, 반대 측에 경기도, 서울시 구로구, 반대위 등이다.

홍건표 전 시장은 80만 이상의 대도시 가운데 화장장이나 납골당이 없는 도시는 부천밖에 없으며, 화장장은 장사 등에 관한 법률 제4조 제2항의 규정에 의거해 지방자치단체가 지역주민에게 의무적으로 제공해야 할 책무 사항이라고 주장했다. 특히 수도권 일대에 장사시설이 부족해 자체 장사시설을 갖추지 못한 지방자치단체 지역주민들의 불만이 증가하고 있는 실정이며, 이러한 장사시설의 부재는 시민의 애향심 결여와 정주의식 부족 등 지역의 정체성 확립에도 악영향을 끼칠 수 있다는 것을 근거로 화장시설 건립의 필요성을 제기했다(주성돈, 2009).

특히, 부천시민이 다른 지방자치단체의 화장장을 이용할 경우 최고 20배의 비용을 지불해야 하는데, 이것은 서민들에게 부담이 될 수 있다고 말했다. 서민들의 부담을 덜어주기 위해서는 부천시 내의 화장 수요를 우리 스스로 해결할 수 있도록 해야 하며 이것은 부천시 주민들도 원하고 있는 바라고 주장했다. 이러한 문제 인식에 따라 홍건표 시장은 부천시 내 화장 수요를 스스로 해결할 수 있도록 추모공원 조성사업을 추진했다.

추모공원 조성사업 부지로 선정된 부천시 춘의동은 부천시 외곽 지역으로 서울시와 경계선에 있는 지역이었기 때문에 부천시 춘의동 거주 주민뿐만 아니라 가장 인접한 서울시 구로구 온수동 일대 주민들의 극심한 반대에 직면하게 되었다. 또한 건립 예정지 주변 지역이 그린벨트로 지정되어 있었기 때문에 이를 해제하는 과정에서 부천시와 경기도 간의 갈등도 발생했다. 그뿐만 아니라 부천시 추모공원 조성사업의 경우 일반적인 비선호시설과 다르게 문화예술회관, 수목원, 박물관 등 문화시설을 갖춘 문화복합시설로 조성할 계획이었기 때문에 부천시 내에서도 찬성하는 시민과 반대하는 시민으로 양분되었고, 이에 지역 내 주민 간 갈등도 발생했다.

2005년 2월 4일 당시 부천시장은 부천시 춘의동 468번지 부근 개발제한구역에 2007년 4월 준공을 목표로 총 예산 330억 원(국비 70%, 시비 30%) 규모의 추모공원(화장장 6기, 봉안당 3만위 규모)을 건립하겠다는 계획안을 공식 발표했다. 그러자 이에 반대하는 부천시 춘의동 일대 지역주민과 서울시 구로구 온수동 일대 지역주민들을 중심으로 반대 측 의견이 조직화되기 시작했고, 2005년 3월 6일로 예정되어 있던 추모공원 설립 주민설명회가 반대 측의 반발로 무산되었다. 그러나 주민설명회가 진행되지 않았음에도 불구하고 같은 달 3월 15일 화장장 시설 관련 기본설계 용역 계약이 발주되었고, 이에 구로구 지역주민과 부천시 춘의동 지역주민은 3월 16일 춘의동 건립 부지 철회 집회를 개최하고 부천시 의회를 방문했으며, 3월 21일에는 구로구 의회에서 화장장 건립 반대 결의안이 채택되었다. 3월 22일에는 부천시 역곡역 부근에서 반대주민집회를 시작으로 계속해서 화장장 반대 결의대회[5]가 개최되었다. 그리고 2005년 5월 27일에는 추모공원 건립 반대 대표투쟁

5) 화장장 반대 결의대회는 추모공원 조성사업 부지로 선정된 춘의동 인근 지역인 역곡 1, 2동, 춘의동, 작동 등 부천시 내 4개동 지역주민을 중심으로 개최되었다.

위원장을 선출하면서 추모공원 조성에 반대하는 시민들도 공식적인 조직을 구성하게 되었다.

2005년 5월 6일에는 2004년 부천시가 경기도에 전달한 춘의동 그린벨트 계획변경사업에 대해 경기도가 입안 유보를 부천시에 통보하면서 경기도와 부천시 간의 갈등이 시작되었다. 경기도는 부천시에 인근 지방자치단체와의 사전 협의 및 주민의견 수렴 등을 보완해 기본계획에 반영할 것을 요구했다. 이에 부천시는 춘의동 지역 개발제한구역 해제를 위한 도시계획시설 결정 공람을 공고해 2005년 6월 30일, 의회에 부천시 도시관리계획시설 결정안에 대한 의견을 제출했다. 이와는 별개로 부천시는 추모공원 타당성 용역 조사, 추모공원 추진위원 추가 위촉 등 계속해서 사업을 추진했으며, 2005년 7월 4일에는 추모공원 타당성 용역 조사 결과 춘의동 지역에 추모공원을 건립하는 것이 타당하게 나타났다는 결과를 발표했다. 이러한 과정에도 불구하고 중립적인 사회 갈등 전문가의 인터뷰 내용에 따르면 적극적 주민 수렴 과정에서는 여전히 문제가 제기되었다.

> 그것을 추진하는 과정에서 반대하는 지역주민들과 구로구와의 의견을 조율하려는 노력이 없었다는 점들은 한계였다. 정책을 추진하는 데 하향(top-down)식 접근을 취했고, 공무원 생활을 오래해서 그런 건지 법과 행정적인 절차 안에서만 움직였던 것 같다. 그래서 이러한 절차만 완수하면 문제가 될 것이 없다고 생각했던 것 같다.

위에서 살펴본 바와 같이 갈등 표면화 단계에서는 부천시와 찬성위를 중심으로 하는 부천시 추모공원 조성사업 추진을 저지하기 위해 반대 의견을 갖고 있던 부천시 춘의동 지역주민과 구로구 일대 주민들을 중심으로 반대위원회가 조직되었다. 양측의 대립이 본격적으로 시작되면서 갈등이 구체화되어 나타나기 시작했다.

3) 갈등 확대 단계

부천시 추모공원 조성사업의 경우 2005년 7월 추모공원 타당성 용역조사 결과 춘의동 지역에 건립하는 것이 타당하게 나타남에 따라 부천시의 추모공원 추진 계획에 가속도가 붙었고, 이에 갈등의 정도도 심화되기 시작했다. 따라서 갈등 확대 단계는 2005년 7월 타당성 용역조사 결과 발표 이후부터 2009년 11월 대법원의 부천시 승소 판결 이전으로 설정했다. 이 단계에서의 주요 행위자는 찬성 측에 부천시, 찬성위, 반대 측에 서울시, 서울시 구로구, 반대위 등이다.

2005년 7월 4일 추모공원 타당성 용역조사에서 춘의동 지역에 건립하는 것이 타당하게 나타났다는 결과가 발표되자 반대위를 중심으로 부천시와 구로구 일대에서 반대집회가 개최되기 시작했으며, 이들은 8월 25일 한나라당에 부천시 추모공원 건립 반대서명 청원을 제출했다. 그럼에도 불구하고 2005년 11월 부천시는 도시관리계획심의회에서 화장장을 도시계획시설로 결정했고 이때부터 찬성위와 반대위가 극심하게 대립하기 시작한다.

2005년 12월 9일, 반대위는 부천시 화장장 백지화 기자회견을 개최했으며 10일에는 여월동 신규 아파트 입주자를 중심으로 '부천화장장 건립반대 투쟁위원회'가 결성되었다. 그러자 갈등 상황의 심각성을 느낀 부천시는 반대 측과의 의견 조율을 위한 노력을 전개했다. 2005년 9월 9일에는 보건복지부 장관을 초청해 반대 측과 면담을 진행했으며, 2005년 11월 17일에는 화장장 시설에 대한 위험성 인식 제거를 위해 반대위, 찬성위, 공무원을 대상으로 일본 화장장 견학을 실시했다. 그뿐만 아니라 11월 20일에는 경기도지사를 초청해 반대위와의 면담을 진행했다. 부천시의 이러한 노력에도 불구하고 반대위는 계속해서 건립계획 철회를 요구하면서 부천시장 사퇴를 주장했다. 반대위를 중심으로 위와 같은 추모공원 조성 저지활동이 계속해서 이어졌으나, 부천시 일부에서는 추모공원 조성 서명운동이 진행되기도 했다. 상기에서 언급한 바와 같이 추모공원은 화장시설의 단독 설립이 아닌 근린공원 및 문화시설을 갖춘 복합시설로 설립될 예정이었기 때문에, 부천시 내에서도 춘의동 지역을 제외한 나머지 지역에서는 일부 찬성 움직임이 있었다.

다른 지방자치단체와의 갈등, 지역 내·외부 주민과의 갈등에도 불구하고 부천시는 법·행정적 절차를 완수하면서 꾸준히 사업을 추진했고, 결국 2007년 1월 29일 경기도에서 부천시 화장장 부지 개발제한구역 해제 계획안이 통과되었다. 그러자 이 시기를 기점으로 갈등은 한층 더 증폭되기 시작했다. 부천시 역곡역, 서울시 온수역 부근에서 추모공원추진위원회 찬성 집회와 추모공원 반대투쟁위가 대규모 집회 및 일인시위를 시작하면서 상호간의 충돌이 발생했다.

지역주민 간의 갈등 악화뿐만 아니라 2009년 1월에는 국토해양부에서 개발제한구역 관리계획 변경 승인에 따른 사전심사가 있었으나 서울시의 협의 불응으로 심사가 이루어지지 못함으로써 서울시 및 구로구와 부천시의 갈등도 끊이지 않고 있었다. 계속해서 반대위와 찬성위 간의 충돌이 발생하고 있을 무렵, 2009년 5월, 부천시에서 추모공원 조성 예산안이 통과되자 반대위를 중심으로 홍건표 시장에 대한 주민소환이 추진[6]되기도 했다. 하지만, 2009년 11월, 경기도 도시계획 심의위원회에서 예정지 내 개발제한구역관리 계획변경안이 통과되면서 추모공원 조성을 위한 행정적 절차가 완료되었다.

위에서 살펴본 바와 같이 갈등 확대 단계에서는 반대 측과 소통하고자 했던 부천시의 시도에도 불구하고 반대위는 계속해서 부천시와 구로구 1호선 역사를 중심으로 반대 시위를 진행했으며 대법원에 도시계획시설 취소 소송을 제기하기도 했다. 이처럼 갈등 확대 단계에서는 반대 측의 활동이 가장 두드러지게 나타난 시기였다는 것을 확인할 수 있었다.

4) 갈등 완화 단계

부천시 추모공원 조성사업의 경우 협의나 협상과 같은 의사소통을 통해 갈등이 완화된 것이 아니라 법적 요인과 정치적 요인에 의해 갈등이 완화되는 양상을 보였다. 이에 갈등 완화 단계는 2009년 11월 대법원의 최종 판결이 내려진 시기부터 2010년 6월 2일 지방선거로 설정했다. 이 시기의 주요 행위자에는 찬성 측에 부천시와 찬성위, 반대 측에 반대위 등이 있다.

반대 측과 찬성 측의 충돌이 계속되는 와중에 부천시와 추모공원 반대투쟁위원회 간의 갈등은 법정 공방으로까지 번지게 되었다. 그러나 2009년 11월 12일, 대법원 특별3부는 추모공원 반대투쟁위원회가 추모공원 건립과 관련해 부천시를 상대로 낸 도시계획시설 결정취소 청구소송에서 원심대로 부천시 승소 판결을 확정했다(부천일보, 2009).

이로써 부천시의 추모공원 조성사업은 표면적으로 행정적·법적 결함 없이 모든 절차를 완료했다. 기존에는 2007년 4월 완공 목적으로 발표된 사업으로 시기적으로는 많이 늦었으나 사업 추진을 위한 행정적·법적 근거를 확보함으로써 착공만을 앞둔 상태였다. 그러나 이 사업은 2010년 6월 2일 지방선거를 계기로 완전히

---

6) 홍건표 시장에 대한 '주민소환 추진위원회'가 결성되었으나 실질적인 활동은 하지 않았다.

새로운 국면에 접어들게 된다. 추모공원 조성사업을 핵심 시책으로 선정해 이를 적극적으로 추진하던 한나라당 홍건표 전 부천시장이 6·2 지방선거에서 낙선했기 때문이다.

第5회 동시지방선거 당시 부천시장선거에는 한나라당 홍건표 후보, 민주당 김만수 후보, 무소속 유윤상 후보 등 3명의 후보가 출마했으나 실제로는 홍건표와 김만수 두 후보 간 경쟁 구도를 이루며 선거가 치러졌다. 선거 당시 주요 공약을 살펴보면 시정 운영에 두 후보가 일부분 완전히 다른 정책 방향을 설정해 두었음을 알 수 있다. 홍건표 후보의 주요 공약은 추모공원 조성, 시민 중심의 녹색 뉴타운 건설, 복합문예회관 건립, 무형문화 엑스포 성공 개최, 의료복합단지 조성 등이었다. 특히 추모공원 조성사업의 경우 인근 지방자치단체와 협의하지 않더라도 단독으로 국토해양부 장관에게 신청할 수 있도록 지침이 바뀌었기 때문에 서울시와 협의가 이루어지지 않는다면 경기도를 통해 국토해양부에 신청하겠다고 입장을 표명했다(조선일보, 2010). 반면 김만수 후보의 경우 화장장 원점 재검토, 친환경 무상급식 실시, 일자리 창출을 위한 사회적 기업 지원센터 설립, 무형문화 엑스포 폐지, 뉴타운 사업비 예측 프로그램 도입, 시민소통 100인 위원회 등을 공약으로 제시했다(조선일보, 2010). 추모공원 조성사업의 경우 주민들의 의사는 반영하지 않고 일방적으로 진행된 정책이었다는 점을 강조하면서 경제 및 환경적 이유로 반대하는 구로구와 부천시 일부 지역주민들의 의견을 무시하고 넘어가서는 안 된다고 주장했다. 특히 절차적 정당성의 부재와 함께 '장사시설 부족' 문제는 인근 지방자치단체와의 협력으로 충분히 해결할 수 있는 문제이며, 현 시점에서 행정구역별 추모공원 조성은 불필요하다는 점을 피력했다. 향후 행정구역 통합 등을 감안하지 않고 기초자치단체별로 화장장을 짓게 되면 추후 한 지방자치단체에 화장장이 2~3개씩 위치해 낭비 요인이 될 수 있다는 이유에서였다.

2010년 6월 2일 지방선거 개표 결과 약 20% 차이로 김만수 후보가 부천시장으로 당선되었다. 김만수 후보가 시장으로 당선되는 데 추모공원 조성사업이 어떠한 영향을 미쳤는지는 인터뷰 대상자 간 다소 상이한 입장을 보였지만 이 사업이 부천시민 사이에서도 찬반이 첨예하게 대립된 정책이었던 점은 인터뷰에서 공통적으로 드러난다. 추모공원 조성 반대위원회 구성원과 공무원의 인터뷰 내용을 요약하면 다음과 같다.

전체 분위기는 잘 모르겠지만 소사구랑 원미구 갑 지역에서는 추모공원 조성사업이 핵심 사안이었다. 적어도 우리 쪽 지역에서는 추모공원 조성사업을 폐지하겠다는 김만수 시장을 적극적으로 지지했던 것이 사실이다.

추모공원의 조성을 반대하는 시민도 있지만 찬성하고 적극 지지하는 시민들도 있습니다. … 전임 시장과 현 시장의 공약 사항 중 대비되는 정책 중 하나인 것은 맞습니다.

지방선거 과정에서 추모공원 조성사업은 다른 공약사업과 연계되어 일부 반대 시민의 확대를 가져오기도 했다. 추모공원 조성 반대위원회 구성원과의 인터뷰 내용을 요약하면 다음과 같다.

김만수 시장이 그 당시에 추모공원 조성 백지화 공약을 제시한 것은 정치적인 이유가 가장 컸다고 생각한다. 실제 우리처럼 추모공원 조성 예정 부지 근처에 살고 있는 지역주민은 물론 계속해서 홍건표 시장의 정책에 대해서 반대했었다. 근데 당시에 문예회관 부지 매각 사안 때문에 중・상동에서 분위기가 좋지 않았었고 그 흐름에 따라서 우리 쪽이랑 그쪽이랑 연합 분위기가 형성됐었다. 그래서 추모공원 조성사업에 대한 반대 분위기가 일부 중・상동 지역에까지 확대된 상태였다.

더불어 중앙 정치와 연관된 정부 여당(한나라당)에 다소 부정적인 분위기도 시장의 교체에 영향을 일부 미친 것으로 파악된다. 하지만 20%의 표 차이가 난 원인을 추모공원 조성사업과 연계해 인터뷰 응답이 제시되기도 했다.

그때 당시 한나라당에서 민주당으로 시장이 바뀌었던 배경에는 당시 중앙정부에서 한나라당 여론이 다소 좋지 않았던 점도 영향을 미쳤다고 생각한다. 하지만 20% 정도 차이로 승리했다는 건, 10% 정도는 민주당 표였다고 생각하지만, 나머지 10%는 추모공원 조성사업 때문에 얻은 표라고 생각한다.

이상과 같이 추모공원 조성사업의 반대를 공약화해 정치적으로 이슈화한 측면과 더불어 김만수 후보 측이 제시한 장사시설 문제의 현실적 대안도 주요한 측면으로 논의될 필요가 있다. 즉, 다른 지역의 장사시설 이용 시 부천시민이 부담해야 할 경제적 비용 증대의 문제와 추모공원 조성 전면 재검토는 현실적 대안 제시로 합리적 지지를 끌어내기 위한 조치가 병행된 것으로 볼 수 있다. 장사시설 필요성의 선거 쟁점화와 더불어 현실적 대안 제시와 관련한 사회 갈등 전문가의 인터뷰 내용을 요약하면 다음과 같다.

> 홍건표 전 시장의 추모공원 조성사업 논리가 타당성이 전혀 없는 것은 아니다. 자치단체 스스로 화장 수요를 해결해야 한다는 중앙정부의 이야기도 있었고, 또한 다른 지방자치단체의 화장시설을 이용할 경우 불이익이 있다는 것은 분명한 사실이었다. 김만수 현 시장이 홍건표 전 시장과 완전히 반대되는 의사 결정을 내리게 된 배경에는 정치인이기 때문에 지역주민들의 표심을 잡아야 한다는 것이 가장 컸다고 생각한다. 물론 정책에 대한 타당성 검토도 분명 있었을 것이다. 하지만 '갈등을 잡으면 승리할 수 있다'는 말처럼 정치적인 이유가 가장 컸다. 하지만 김만수 시장 역시 무조건적인 반대보다는 백지화하는 대신 인천시와의 협의를 통해 대안을 만들었다는 점에서 합리적인 결정이었다고 생각한다.

김만수 시장은 취임 직후 홍건표 전 시장의 핵심 시책이었던 4대 사업(추모공원 조성, 무형문화 엑스포 개최, 문예회관 건립, 뉴타운 사업)을 전면 재검토 혹은 전면 폐지 사업으로 선정하고 홍건표 전 시장이 2009년 8월 국토해양부에 제출한 개발제한구역 관리계획 변경안을 취하했다. 하지만 이러한 과정에서 김만수 시장도 찬성 측과 적극적으로 대화와 협상을 이끌어 내는 데는 미흡했던 것으로 지적될 수 있다. 사회갈등 전문가의 인터뷰 내용을 인용하면 다음과 같다.

> … 김만수 시장 역시 기존에 찬성하던 사람들과 의견을 조율하려는 노력은 전개하지 않았던 것으로 알고 있다. 앞으로는 어떤 정책을 추진하는 데 이해관계자들이 테이블에 앉아서 서로의 의견을 듣고, 이러한 의견을 존중하면서 모두 만족할 수 있는 대안을 찾아나가려는 노력이 이루어졌으면 좋겠다. 숙의 과정이 반드시 필요하다.

이처럼 갈등 완화 단계에서는 행정적·법적 절차를 완수하며 빠르게 추진될 듯 보였던 사업이 정치적 요인으로 또다시 장벽에 부딪히게 되었다. 그러자 반대위를 중심으로 폭발적으로 분출되었던 갈등이 잠잠해졌으며 오히려 찬성 측을 중심으로 사업이 중단되어선 안 된다는 움직임이 일어나기 시작한다.

5) 갈등 소멸 단계

앞서 살펴본 바와 같이 이 사례의 경우 협상과 합의를 통해 갈등이 해소된 것이 아니라 지방자치단체장이 교체되면서 사업이 전면 백지화되면서 갈등이 소멸되었다. 이에 갈등 소멸 단계는 2010년 6월 2일 지방선거 이후부터 2011년 2월 추모공원 조성사업 백지화 공식 선언 시기로 설정했다. 따라서 이 시기의 주요 행위자 구분에서 두드러진 특징은 부천시가 추모공원 조성 '찬성 측'에서 '반대 측'으로 이동했다는 점이다.

김만수 현 시장은 당선 8개월째인 2011년 2월, 공식적으로 추모공원 조성사업을 전면 백지화하겠다고 밝혔다. 백지화 근거로 지역 주민들의 동의 없는 비민주적 정책 추진과 인근 인천시의 화장장 시설 이용률이 50~60%에 불과하다며 단기적으로는 인천 부평의 시립화장장을 공동으로 사용하고 장기적으로는 정확한 수요 예측을 통해 권역별 광역 장사시설을 추진해야 한다고 주장했다. 즉, '장사시설 부족' 문제를 지방자치단체별로 대응하는 것이 아니라 경기도 차원에서 전체적인 수요 예측을 하고, 이에 맞는 광역화장장 건립정책을 마련하는 것이 좀 더 바람직할 것이라는 것이었다. 이처럼 갈등 소멸 단계에서는 시장의 '사업 전면 백지화' 선언으로 부천시와 구로구 지역주민 간, 부천시 내 지역주민 간, 지방자치단체 간 추모공원 추진에 관한 갈등과 싸움이 잠정적으로 소멸되었다.[7]

---

7) 그러나 여전히 자체적인 장사시설 건립을 주장하며 김만수 현 시장의 정책에 반대하고 있는 시민들을 중심으로 움직임이 계속되고 있다. 2011년 4월, 홍건표 전 시장이 공동대표로 구성되어 있는 '부천시 추모공원조성 비상대책위원회'는 출정식을 개최하겠다고 밝히면서 조직화된 활동을 시작했다(뉴시스, 2011). 또한 2011년 6월 26일에는, 홍건표 전 시장이 기존의 추모공원 부지(춘의동 산 98번지) 토지 주인과 민자 투자 형식으로 추모공원을 건립하겠다는 협약을 체결했다. 홍건표 전 시장은 "민간투자법은 모든 법의 상위법으로 시장도 거부할 명분이 없기 때문에, 만약 이것을 김만수 시장이 거부할 경우 행정소송, 감사 청구 등 모든 수단과 방법을 동원해 처벌할 것"이라고 주장했다(뉴시스, 2011). 또한 2011년 7월 26일 홍건표 전 시장은 부천 시청 앞 광장에서 1인 시위를 벌이면서 추모공원 조성의 필요성에 대해 주장했다. 그뿐만 아니라 2011년 9월 10에는 화장장, 뉴타운, 여성단체협의회 등 세 개의 주요 조직을 중심으로 김만수 현 시장에 대한 주민소환을 추진하기 위한 주민소환 추진 공동위원장을 선출했다. 추모공원 조성 찬성위원회뿐만 아니라 뉴타운 및 여성단체협의회까지 김만수 현 시장에 대한 주민소환 추진에 참여하게 된 것은, 시장이 바뀌면서 뉴타운 사업 역시

김만수 현 시장은 6·2 지방선거 당선 직후인 6월 14일, 내일신문과의 인터뷰에서 "부천화장장은 현재 계획을 백지화하는 대신 광역화장장이나 인천 부평화장장을 이용하는 대안을 모색 중"이라고 말하면서 인천 부평화장장 공동 이용을 위해 부평화장장과 하수종말처리장을 빅딜하는 방안을 인천 송영길 당선자와 협의 중이라고 밝혔다(내일신문, 2010). 실제 백지화 발표 이후 김만수 시장은 인천시 부평구와 이와 같은 합의를 이끌어 내기 위해 다각적 측면에서 협력적이고 우호적인 관계를 조성하기 위한 노력을 전개했다.[8] 현재 부천시 내에는 3개의 체육시설이 위치해 있는데 기존에는 다른 지방자치단체에 이러한 체육시설 이용을 허용하지 않았었다. 하지만 김만수 시장은 인천 아시안게임조직위원회를 방문해 부천시 내에 위치한 3개의 체육시설을 활용할 수 있도록 개방했고 부천시민서포터즈 운영계획을 제시했다. 그뿐만 아니라 부평구 축제에 부천시민공연단이 참여해 축하 공연을 개최했으며 홍미영 부평구청장도 부천시 5대 문화사업 중 하나인 부천 복사골 문화제에 참여했다. 또한 부천시민들은 부평구민들이 좀 더 편하게 부천시 상동에 위치한 상동 호수공원을 이용할 수 있도록 둔덕을 없애 진입로를 만들고 '부평구민을 환영한다'는 현수막을 내걸었다. 이를 통해 실질적으로 인근 지방자치단체인 인천시 부평구와의 협의를 끌어내었고 부평구 화장장 시설을 공동으로 이용하는 대안을 마련했다. 인천시 부평구는 인천 시립화장장의 화장로를 15기에서 20기로 증설, 이 가운데 3개를 부천·김포·시흥·안산 등 다른 지역 주민들이 오전에 사용할 수 있도록 허용했다. 실제 부천시민은 2011년 5월부터 이전에는 오후에만 사용 가능했던 부평구 화장장[9]을 오전·오후 모두 이용할 수 있게 되었다. 그뿐만 아니라 부천시는 2011년 9월에는 화장비용 100만 원 중 70%를 시 예산으로 지원

표류하게 되었고, 여성단체협의회의 경우 예산 지원 중단에 대한 불만으로 김만수 현 시장의 주민소환에 참여하게 되었다. 2011년 10월 29일에는 부천시청에서 주민소환 발대식이 개최되었다. 따라서 앞으로도 추모공원 조성 여부를 놓고 부천시와 일부 주민 간에 또다시 갈등이 발생될 것으로 우려되고 있다(최진식·김정훈, 2009; 연합뉴스, 2011).

8) 사회 갈등 전문가와의 인터뷰에 따르면 "김만수 시장은 추모공원 조성사업을 백지화하는 대신 인천시와 빅딜로 부천시의 화장 수요를 해결할 수 있는 새로운 방안을 제시했다. 결과적으로 잘된 일이라고 생각한다. 한편으로는 진작에 왜 이런 방식으로 해결하려고 하지 않았는가 하는 아쉬움이 남는다."라고 지적했다.

9) 인천시 부평구는 인천 시립화장장의 화장로를 15기에서 20기로 증설, 이 가운데 3개를 부천·김포·시흥·안산 등 다른 지역주민들이 오전에 사용할 수 있도록 허용했다.

하는 대안을 마련했다. 이처럼 김만수 현 시장은 단기적으로 인천시 부평구와의 합의를 통해 부천시 화장 수요에 대응했으며, 장기적 관점에서 이 문제를 해결하기 위해 경기도 내 지방자치단체와의 협력을 통해 권역별 광역 화장장을 추진하는 방안을 구상하고 있다.

3. 종합 및 토론

지금까지 부천시 추모공원 조성사업을 통해 갈등의 시간적 흐름과 수준에 따른 이해관계자들의 상호작용의 역동성 및 지방자치단체장의 교체로 인한 비선호시설 정책의 폐기에 대해 살펴보았다. 이 사례의 경우 다른 비선호시설 입지 갈등 사례와 마찬가지로 시설 입지에 따른 환경 문제, 건강 문제, 지가 하락 문제, 절차적 정당성 및 정보공개와 같은 이유들로 부천시, 부천시 인접 지방자치단체인 서울시 구로구, 경기도, 서울시 등이 상충되는 이해 관계에 놓이게 되면서 정책 과정에서 끊임없는 갈등이 발생했다.

구체적으로 갈등 주기별 이해관계자들의 상호작용을 분석한 결과, 갈등 수준에 따라 이해관계자들의 응집력 역시 달라짐을 알 수 있었다. 또한 갈등을 해결하기 위해 찬성 측과 반대 측이 어떠한 노력을 전개했는가를 살펴본 결과, 찬성 측의 대화 시도 및 협상 시도를 반대 측이 계속 거부하면서 이들 간에는 상호 이견을 좁히기 위한 구체적인 행동이 나타나지 못했다. 이처럼 갈등이 해결되거나 이견이 좁혀지지 않았음에도 불구하고 찬성 측(2010년 6·2 지방선거 이전 부천시)은 법적 및 행정적 절차를 이수했다는 근거로 합의가 결여된 정책을 계속해서 추진했다. 하지만 무리없이 추진되는 듯 보였던 이 사업은 2010년 6월 2일 지방선거로 지방자치단체장이 교체됨으로써 전면 폐기되었다.

일반적으로 비선호시설 입지정책이 폐기된 사례를 보면 갈등 조정 기제의 부재로 시설 입지를 추진하는 지방자치단체 혹은 중앙정부와, 시설 입지를 반대하는 지역주민 간의 의견이 원만하게 조율되지 못하면서 주민소환이나, 계속되는 반대운동으로 정책을 더 이상 추진할 수 없게 되어 폐기되는 상태로 이어졌다(김도희, 2001; 김길수, 2007; 최항순·이형만, 2010). 그러나 이 사례의 경우 정책이 폐기되기까지 가장 핵심적인 요소는 2010년 6월 2일 지방선거라는 정치적 과정에 의해 지방자치단체장이 교체된 사건이라 할 수 있다. 물론, 부천시 추모공원 조성사업 사례에서도 갈등 조정 기제는 존재하지 않았지만, 만약 지방선거에 의해 지방자치단체장이 교체되지 않았더라면 이미 행정적·법적 절차를 모두 완료한 사업이었기 때문에 지역주민과 인근 지역주민의 계속되는 반대에도 불구하고 사업은 추진되었을 것이다. 하지만, 지방선거에 의해 홍건표 전 시장이 재선에 실패했고 '장사시설 부족'이라는 동일한 문제 상황에 대해 다른 문제 인식을 가지고 있던 상이한 정당의 새 시장은 다른 대응책을 마련했다. 이에 '기존 정책의 폐기'라는 결정이 내려지게 되었다.

종합해 살펴볼 때, 전 시장의 경우 법적·절차적 정당성만을 강조함으로써 적실한 대민 협력 창구를 마련하지 못했다. 이는 이해관계자들의 반발을 '소통'에 기반한 참여적 의사 결정 기제를 통해 해결하려는 노력의 부재를 초래했다. 비선호시설이라는 사회적 갈등이 첨예한 사안에서 전통적인 행정 우위의 법적·행정적 해결에 의존한 문제점을 노정한 것이다. 비선호시설 입지정책 결정 과정에서 지방자치단체의 거버넌스적 역량이 미흡했음을 보여준다. 현 시장 역시 지방의 민의를 반영해 선거에서 승리했지만, '추모공원 조성사업 전면 백지화'라는 결정을 내리는데 갈등의 핵심 당사자를 협상으로 불러들이고 이들의 의견을 듣기 위한 노력은 체계적으로 전개하지 않았다. 다만, 갈등이 첨예한 비선호 입지 결정과 관련 인접한 지역 간 협력을 통해 합리적인 대안을 제시해 지방의 재정 부담 완화 및 현안의 해소에 노력을 기울인 점은 주목할 만하다.

표 6-2 갈등 단계별 이해관계자 행위 요약

구분	일시	내용
갈등 잠복 단계	2003.04	녹색장묘문화 확산을 위한 시민토론회 개최
	2003.07	추모공원 조성 추진위원회 구성
	2004.06	시민추모의 집 건립 시민토론회 개최
갈등 표면화 단계	2005.02	홍건표 부천 시장의 추모공원 조성사업 공식 발표
	2005.03	역곡 1동 동사무소 주민설명회 개최 무산
	2005.03	춘의동 지역 부천 화장장 시설 관련 기본설계 용역 계약 발주

	2005.03	구로구와 부천시민의 추모공원 부지 철회 집회 개최
	2005.03	구로구 의회에서 화장장 건립 반대 결의안 채택
	2005.05	경기도는 개발제한구역 관리계획 변경 입안 유보를 부천시에 통보하면서 인접 지방자치단체와 사전 협의, 주민 의견 수렴, 등을 통해 기본계획을 보완할 것을 요구
	2005.07	추모공원 타당성 용역조사 결과 춘의동 지역에 건립하는 것이 타당하게 나타남.
갈등 확대 단계	2005.08	한나라당에 부천시 추모공원 건립 반대 서명 청원 제출
	2005.09	보건복지부 장관 초청 반대 측 면담
	2005.11	부천시는 도시관리계획심의회에서 화장장을 도시계획시설로 결정
	2005.12	반대투쟁위의 부천시 화장장 백지화 기자회견
	2006.01	추모공원 조성 서명운동
	2006.11	3,000명 반대집회
	2007.05	추모공원 예산안 부천시 의회 통과
	2007.05	부천시화장장반대투쟁위원회 홍건표 시장에 대한 주민소환 추진
	2007.06	경기도 도시계획 심의위원회에서 예정지 내 개발제한구역관리 계획 변경 수립 통과
	2007.10	부천 역곡역, 서울 온수역 부근에서 반대 및 찬성 집회 충돌
	2007.11	40여개 단체의 반발 집회
갈등 완화 단계	2009.11	반대투쟁위원회의 도시계획시설 결정취소 청구소송에서 대법원 특별3부는 원심대로 부천시 승소 판결을 확정
	2010.06	6・2지방선거로 지방자치단체장 바뀜.
갈등 소멸 단계	2011.02	부천시 추모공원 조성사업 백지화 선언

출처: 최진식・김정훈(2009) 및 신문 자료를 토대로 재구성.

제 5 절 결론

이 연구는 갈등 주기에 따른 비선호시설 정책 결정 과정을 분석했다. 기존의 비선호시설 정책 결정 과정에 관한 연구는 갈등을 어떻게 조정했는지, 또는 갈등 수준에 영향을 미친 요인은 무엇이었는가에 대한 논의가 집중되었다. 특히 분석 대상에서 대부분 지역주민들의 행태에 초점을 두거나 지방자치단체장이 포함된 지방자치단체와 지역주민들의 갈등 구조에 대해 초점을 두었다. 반면 지방자치단체장을 독립된 행위자로 설정하고, 지방자치단체장의 교체로 인한 비선호시설의 정책 변동을 다룬 연구는 부족한 실정이었다.

사례분석 결과 부천시 추모공원 조성사업은 비선호시설 갈등의 해소 과정에서 2010년 6월 2일 지방선거라는 정치적 과정이 핵심적인 요소로 작용했다. 부천시 추모공원 조성사업을 핵심 시정 사업으로 추진했던 홍건표 전 시장이 재선에 실패했고 '장사시설 부족'이라는 동일한 문제 상황에 대해 다른 문제 인식을 가지고 있던 김만수 현 시장이 다른 대응책을 마련하면서 '기존 정책의 폐기'라는 결정을 통해 갈등이 해소되었다. 따라서 이 사례의 경우, 갈등 해결 및 정책 추진 과정에서 대화와 숙의라는 거버넌스적 관리도구가 활용되기보다는 지방선거를 통한 지방자치단체장 교체가 중요하게 작용했음을 확인할 수 있었다.

이는 이론적 측면에서 지방선거에 의해 지방자치단체장이 교체되면서 정책이 폐기되는 특수성을 갖는 사례로서 연구적 의의를 갖는다. 이 과정에서 주지해야 할 점은 지방 현안의 정치적 이슈화와 더불어 현안 문제의 합리적 대안 제시는 정책 변동 차원에서 중요한 시사점을 제공한다는 점이다. 기존의 비선호시설의 입지정책과 관련된 연구들 중 비선호시설 입지정책의 폐기에 의해 갈등 해소가 이루어진 사례의 경우 갈등 조정 기제의 부재로 시설 입지를 추진하는 지방자치단체 혹은 중앙정부와, 시설 입지를 반대하는 지역주민 간의 의견이 원만하게 조율되지 못하면서 주민소환이나, 계속되는 반대운동으로 정책을 더 이상 추진할 수 없음을 지적했다(김도희, 2001; 김길수, 2007; 최항순·이형만, 2010). 반면 비선호시설 입지정책 과정에서 상호간의 합의 및 조정에 의해 갈등 해소가 이루어진 사례의 경우 '참여적 의사소통'과 같은 거버넌스적 관리기법을 활용하거나 경제적 인센티브를 제공함으로써 찬성 측과 반대 측의 이견이 좁혀지고 결과적으로 정책이 추진되었음을 확인할 수 있다(조현석, 2006; 김현정, 2007). 하지만 선행 연구는 지방선거를 통한 지방자치단체장의 교체와 이에 따른 급격한 정책 변동을 설명하는데 한계를 가졌다. 더불어 이 연구는 급격한 정책 변동의 충격을 완화하기 위한 합리적인 대안 제시가 지방선거 과정뿐만 아니라 실제 정책 집행을 수행할 때도 시민의 수용성 제고를 위해 중요함을 보여준다.

또한, 정책적으로는 정책 자체의 타당성 검증의 중요성을 지적할 수 있다. 만약 지방자치단체장이 바뀌지 않았다면 예산 약 330억 원이 소요되는 이 사업은 무리없이 추진되었을 것이다. 비단 비선호시설 문제뿐만 아니라 최근 지방자치단체 단위에서 추진하는 대규모 민자사업의 실패로 인해 지방자치단체가 막대한 재정적 손실을 입는 사례가 발생하고 있다. 이를 방지하기 위해서는 우선적으로 사업 및 정책의 필요성 및 타당성에 대한 검증이 객관적이고 정확하게 이루어져야 할 것이다. 또한 불필요한 사회적 비용이 발생하는 것을 방지하기 위해 갈등을 예방하고 관리하기 위한 노력이 요구되며, 이를 위해서는 지방의 거버넌스적 역량의 제고가 필요할 것이라 생각된다(이승종 외, 2008 참조). 이렇듯 정책의 타당성 확보 및 과정에서의 합의 형성 및 갈등 조정의 노력을 통해 지방자치단체장의 교체와는 독립적으로 정책이 연속적으로 추진될 수 있을 것이라 생각된다.

끝으로 이 연구는 인터뷰를 통해 일부 이해당사자들의 논의를 담아냈지만 실제 비선호시설 주변 거주 주민들 등 다양한 이해당사자들의 논의를 담아내지 못한 한계가 있다. 그럼에도 불구하고 이 연구는 추후 한국 사회에서 지속적으로 수요가 증대되고 있고 사회적 갈등을 유발하는 비선호시설의 입지와 관련한 지방 차원의 지방자치단체장의 역할과 로컬 거버넌스에 대한 심도 있는 사례의 축적에 기여할 수 있으리라 판단된다.

참고 문헌

강성철・문경주・문유석(2004). 지방정부 간 비선호시설 입지 갈등의 요인분석. 「한국지방정부학회 동계학술대회 발표 논문집」, 361-392.

강인호・안병철(2004). 지방정부 간 갈등과 협력 요인: 공항 건설 갈등 사례를 중심으로. 「한국지방정부학회 동계학술대회 발표 논문집」, 311-329.

강재호・김상구・조정현・우량호・우양호(2005). 선호시설 유치를 둘러싼 지방정부 간 갈등 사례의 비교분석. 「지방정부연구」, 9(2): 61-87.

교육과학기술부(2008). 원전시설 주변지역 갈등관리 모델 개발: 경주 방폐장 주변 지역 갈등 해소 전략과 사용 후 연료 중간저장시설 입지 선정을 위한 수용성 제고 방안을 중심으로. 호서대학교 산학협력단, 1-191.

권경득・김용만・장우영・김덕준(2004). 지방정부 간 갈등과 협력: 개념화와 영향 요인을 중심으로. 「한국지방정부학회 학술대회 자료집」, 31-59.

김길수(2007). 위험시설 입지 선정 과정에서 정책갈등에 관한 연구: 부안 위도・군산 방폐장 입지 선정 사례를 중심으로. 「정치정보연구」, 10(1): 279-303.

김덕준・김범석(2006). 지방정부 개발정책 성과에 미치는 변수 영향력 분석. 「한국정책과학학회보」, 10(2): 207-228.

김도희(2001). 지방정부와 주민 간 입지갈등의 갈등 유발 요인에 관한 연구: 울산원자력발전소 입지 갈등 사례를 중심으로. 「한국정책학회보」, 10(1): 165-188.

김승일(2007). 비선호시설 입지 과정 갈등 요인과 조정전략에 관한 비교연구: 영월댐・내린천댐・한탄강댐 건설 사례를 중심으로. 「한국행정과 정책연구」, 5(1): 1-27.

김인철・최진식(1999). 지방정부 간의 갈등과 협상에 관한 연구: 대구 위천공단 조성과 부산 낙동강 수질개선 문제를 중심으로. 「한국정책학회보」, 8(3): 99-120.

김종호・이창훈・신창현(2004). 환경 분야 갈등 유형 및 해결 방안 연구. 한국환경정책・평가연구원 정책보고서, 1-96.

김현정(2007). 방사성폐기물처리장 입지 갈등관리의 성패 요인에 관한 연구: 부안・경주 사례를 중심으로. 서울시립대학교 행정학석사 학위논문.

김효정・이주헌(2009). 지속적인 지방정부 간 협력모델 비교연구: 장사시설 관련 갈등 사례를 중심으로. 「한국행정학회 동계학술대회 발표논문집」, 1-19.

김홍회(2008). 협동 거버넌스 모형의 적용: 부안 방폐장 선정 과정 사례 분석. 「한국행정논집」, 20(1): 47-78.

나태준・박재희(2004). 갈등 해결의 제도적 접근: 현행 갈등 관련 제도분석 및 대안. 한국행정연구원 연구보고서, 1-249.

박재희(2004). 중앙행정부처의 갈등관리 방안. 한국행정연구원 연구보고서, 1-271.

박종민 (2000). 「한국의 지방정치와 도시권력구조」. 서울: 나남출판사.

박홍엽 · 홍성만 · 김유환 · 권영인 · 강상규 (2007). 「공공갈등」. 서울: 르네상스.

안광일 (1994). 「정부갈등관리론」. 서울: 대명문화사.

유재원 · 이승모 (2008). 계층제, 시장, 네트워크: 서울시 구청조직의 거버넌스 실태에 대한 실증적 분석. 「한국행정학보」, 42(3): 191-214.

이승종 외 (2008). 「지방정부의 역량과 정책혁신: 이론과 실제」. 서울: 박영사.

이종열 · 권해수 (1998). 지역개발 과정상 지방자치단체 간 갈등분석과 관리전략: 위천공단지정 사례 분석. 「한국정책학회보」, 7(3): 159-188.

이지훈 (2000). 「사례연구방법」. 서울: 대경출판사.

임정빈 (2007). 님비와 핌피 사례의 비교분석을 통한 지방정부 간 갈등관리전략. 「지방정부연구」, 11(3): 155-180.

임정빈 · 장우영 (2004). 비선호시설 설치를 둘러싼 지방정부 간 갈등연구: 청주 · 청원 광역쓰레기 매립장 조성사업을 중심으로. 「한국정책과학회보」, 8(1): 291-318.

전주상 (2002). 입지갈등의 구조분석: 강남 쓰레기소각장 건설 사례를 중심으로. 「한국 사회와 행정연구」, 13(3): 239-263.

정문기 (2009). 지역경제개발의 협력거버넌스. 「한국행정학보」, 43(3): 229-250.

정주용 · 길종백 (2007). 비선호시설 입지수용성 향상을 위한 지방정부의 역할 탐색: 제천시 자원관리센터 부지 선정 사례를 중심으로. 「한국정책학회보」, 16(2): 255-281.

조현석 (2006). 숙의적 시민참여 모델 연구: 울산시 북구 음식물자원화시설 건립 사례. 「과학기술학연구」, 6(1): 1-30.

주상현 (2001). 광역과 기초정부 간 정책갈등과 관리전략: 전라북도 도청사 입지 갈등 사례를 중심으로. 한국행정학회 하계학술대회 발표논문집, 295-313.

주성돈 (2009). 부천시와 구로구 간의 비선호시설 조성사업의 갈등과 협력적 해결 방안: 부천시 추모공원 조성사업을 중심으로. 「정부와 정책」, 1(2): 89-119.

주재복 (2001). 지방정부 간 정책갈등의 조정 과정과 협력규칙: 서울시와 경기도의 상수원 분쟁을 중심으로. 「한국정책학회보」, 10(1): 141-163.

채경성 (2003). 원자력시설 입지 수용성과 중앙정부의 대응. 「정치정보연구」, 6(2): 189-215.

최승범 (2009). 평택미군기지를 둘러싼 지역사회 갈등의 전개 과정과 이의 해소를 위한 도시 거버넌스의 발전 방향: 토지 수용 전 단계를 중심으로. 「한국정책연구」, 9(1): 63-86.

최연홍 · 오영민 (2004). 정책 수용성의 시간적 변화: 위도 방사성폐기물 처분장 입지 갈등 사례. 「한국정책학회보」, 13(1): 297-333.

최진식 · 김정훈 (2009). 주민소환으로 인한 님비 갈등의 정치화에 대한 대응 방안 연구. 한국행정연구원 연구보고서, 1-174.

최항순 · 이형만 (2010). 비선호시설의 입지 선정에 따른 갈등 요인에 관한 연구: 판교신도시 메모리

얼파크 건립 갈등 사례를 중심으로. 「한국정책연구」, 10(3): 437-459.

홍성만 · 박홍엽(2006). 공공정책갈등 생성과 증폭 요인 연구: 비선호시설 입지 갈등 사례를 중심으로. 한국거버넌스학회. 하계공동학술대회 발표논문집, 1-24.

Coser, L. A.(1956). *The Functions of Social Conflict*, New York: Free Press.

Dlugos, G.(1959). The Relationship between Changing Value Systems Conflicts and Conflict-handling in the Enterprise Sector. In G. Dlugos & K. Weiermair. *Management under Differing Value System: Political, Social, and Economical Perspectives in a Changing World*. New York: Walter de Gruyter.

March, J. G. & Simon, H. A. (1958). *Organizations*. New York: John Wiley & Sons.

Pitney, J. J. (1984). Bile Barrel Politics: Sitting Unwanted Facilities. *Journal of Policy Analysis and Management*, 3(3): 446-448.

Popper, F. J. (1987). LP/HC and LULUs: The Political of Risk Analysis in Land-Use Planning. In Robert W. Lake(ed). *Resolving Locational Conflict*, 275-278.

Weisberg, B. (1993). One City's Approach to NIMBY: How New York City Developed a Fair Share Sitting Process. *Journal of the American Planning Association*, 59(1): 93.

내일신문(http://www.naeil.com/)

뉴시스(http://www.newsis.com/)

부천신문(http://www.bucheonnews.net/)

부천일보(http://www.mypuchon.com/)

시민일보(http://www.siminilbo.co.kr/)

연합뉴스(http://www.yonhapnews.co.kr/)

조선일보(http://www.chosun.com)

제 7 장

국책사업의 거버넌스*
-한탄강댐을 중심으로-

김보미 · 공동성**

1980년대 이후, 사회가 변함에 따라 국민의 국책사업을 받아들이는 시각이 바뀌게 되면서 정부 주도의 국책사업에 대해 문제를 제기하고, 집단으로 반발하는 현상이 나타났다. 한탄강댐 사례는 오랫동안 진행되면서 이해관계자의 갈등 양상이 복합적이고, 이에 대한 대응전략도 다양하게 나타났으며, 이를 해결하기 위해 정부도 갈등 조정 기제 등 새로운 시도를 했던 사례라고 할 수 있다. 이 연구에서는 문헌 검토를 통해 한탄강댐 건설사업의 시기별 갈등구조 및 이해관계자의 관계와 전략 등에 대해 중점적으로 살펴보았다.

한탄강댐 사례의 분석 결과, 다음과 같은 특징이 나타났다. 첫째, 이전의 국책사업이 정부와 주민 간의 비교적 간단한 갈등구조를 가지고 있었던 것과 달리 관계 기관, 지방자치단체, NGO, 언론, 정치인 등 다양한 가치와 목적을 가진 이해관계자가 관련된 복합적인 갈등구조를 형성하고 있었다. 또한, 사업 진행 과정에서 이들의 역할 및 영향력도 커짐에 따라 각각의 이해관계자의 요구를 충족시키고 합의를 이끌어 내는 것이 중요해졌다. 둘째, 밀어붙이기식의 사업 진행 방식은 사업 진행에 부정적인 영향을 미치며, 사업 효과에 대한 홍보, 경제적 보상만으로는 갈등이 해결되지 않는 것을 알 수 있었다. 주민의 뒤늦은 형식적인 참여는 더 큰 갈등을 일으키게 했다. 셋째, 주민 및 NGO 활동이 조직적이고 체계적으로 변화했다. 개별적으로 조사를 실시하고, 정부정책에 대해 대응 논리를 만드는 등 전문성을 갖추고, 여러 집단과 연대해

* 이 논문은 2010년 정부(교육과학기술부)의 재원으로 한국연구재단의 지원을 받아 수행한 연구임 (NRF-2010-330-B00250).
** 교신 저자.

다양한 전략을 통해 자신들의 입장을 나타내었다. 넷째, 서로의 주장을 공유하고 조정할 수 있는 기회가 갈등을 해결할 수 있는 하나의 방법이 될 수 있다는 것을 확인할 수 있었다. 한탄강댐 사례에서 지속되는 갈등을 해결하기 위해 정부는 절차적 합의를 이룰 수 있는 조정 프로세스를 도입했고, 각 이해관계자의 합의를 이끌어 낼 수 있었다.

국책사업을 진행할 경우, 갈등을 예방하고 조정할 수 있도록 하는 것이 가장 중요하다. 그렇지 않을 경우, 한탄강댐과 같이 사업이 결정된 이후에 갈등이 발생됨에 따라 사회적·경제적 자원이 낭비될 위험이 있다. 따라서 다양한 이해관계자가 있음을 인식하고, 계획 수립 초기부터 정보를 공유하고, 각계 각층에서 논의하는 과정을 통해 참여를 가능하게 하는 것이 필요하다. 또한, 갈등이 발생할 경우, 이를 중재할 수 있는 시스템을 마련하는 것이 필요하다. 갈등이 심화되면서 양측은 서로에 대한 불신으로 갈등 해소가 불가능해지는 상황에 빠지게 된다. 이때 정부가 이를 조정하고 중재할 수 있는 기회를 제공하고 서로 합의를 이룰 수 있는 수 있도록 하는 것이 중요하다.

[주제어: 국책사업, 갈등, 한탄강댐]

제 1 절 서론

1. 연구 배경 및 목적

지금까지 우리나라의 공공 공간의 개발은 대부분 정부가 계획하고, 공기업이 직접 시행을 하거나 민간업체에게 용역을 주어 시행을 하는 방식으로 진행되어 왔으며, 계획 과정에서 시민이 직접적으로 참여할 수 있는 기회는 거의 없었다. 1980년대 이후, 이러한 정부 주도의 국책사업에 대해 시민들이 문제를 제기하고, 정부의 정책에 대해 집단으로 반발하는 현상이 점차 나타났다. 공공 공간의 개발 및 관리에 대한 권리가 정부에 있는 것이라 당연하게 여겼던 시민들이 토지의 공공성과 권리에 대해 인식하기 시작한 것으로 볼 수 있다. 특히 새만금간척사업, 경부고속철도사업 등 환경에 대한 관심이 높아져가면서 환경문제가 포함된 경우, 해당 주민뿐만 아니라 일반 시민들까지 가세해 첨예한 대립이 형성되었다.

정부가 주체가 되는 국책사업의 경우에는 민간사업자가 주체가 되는 사업보다 복잡한 이해 관계가 얽히게 된다. 간단한 예로 정부조직 내에서만 살펴보아도 우선 사업을 시행하려고 했던 정부 부처, 해당 지역의 지방자치단체, 환경부(환경 부문과 관련)를 포함해 관계 행정기관, 국회의원 등이 각각 서로 다른 입장을 가진다. 이는 사업에 따라 많아질 수 있으며, 지자체, 대통령 · 국회의원 선거 등 정치적 · 사회적 상황에 따라 더 복잡해지는 양상을 띨 수 있다.

이 연구에서는 여러 이해관계자들이 첨예하게 갈등했던 한탄강댐 건설을 사례로 국책사업에 대한 시민과 중앙정부, 지방자치단체 및 그 외 관련자들 간의 갈등과 이에 대한 각 주체의 대응을 여러 가지 면에서 검토해 각 관련자별로 어떠한 특징이 있으며, 어떻게 각 참여자가 전략을 펼치는지 분석해 보았다.

한탄강댐을 사례로 한 이유는 다음과 같다. 첫째, 국가 차원의 필요라는 이유로 하향식의 계획을 수립했다가 시민과 시민 간 갈등이 심화된 대표적인 사례라고 할 수 있으며, 둘째, 지역주민, 관련자뿐만 아니라 일반시민의 관심과 호응이 높게 나타났던 사례로 국가적으로 이슈가 되었던 사례이기 때문이다. 셋째, 갈등을 해결하는 과정에서 일부 전문가들의 의견이나 법으로써 진행하고자 했던 종전과는 달리, 정부가 이해당사자들 간의 대화와 합의뿐만 아니라 제3의 조정자를 도입하는 등 다양한 방법을 통해 문제 해결을 최초로 시도했다. 넷째, 15년간에 걸쳐 장기간 동안 진행되면서 지역주민뿐만 아니라 각 정부부처, 국회의원, 대통령까지 다양한 이해 관계가 나타났으며, 사회적 · 정치적 상황 및 정부의 대응에 따라 관련자들의 관계 및 대응전략의 변화가 여러 가지 양상으로 나타났던 사례로서 갈등 이후, 서로 협력해 나가는 거버넌스의 다양한 형성 과정을 분석해 볼 수 있는 사례라고 할 수 있다.

이 연구는 한탄강댐과 같이 국책사업에서 나타나는 갈등 양상을 살펴보고, 갈등에 따른 이해관계자의 전략 및 대응을 분석함으로써 향후 국책사업에서 갈등이 발생할 경우, 각 상황에 따른 대처 방안을 마련할 수 있다는 데에 의의가 있다.

2. 연구 방법

이 연구는 댐건설계획이 수립된 1990년대 중반 이후부터 댐 건설 합의를 이룬 2006년 8월까지를 대상으로 하며, 문헌 검토를 통해 한탄강댐 건설사업의 시기별 갈등구조 및 이해관계자의 관계 및 역할, 전략 등을 살펴보았다.

첫째, 관련 보고서 및 논문, 댐 건설 관련 계획 및 영향평가서(영향평가검토서) 등을 검토해 한탄강댐 건설 과정과 관련 사실 관계를 파악했다.

둘째, 각 언론에 보도된 한탄강댐 관련 기사와 사설, 기고 등을 살펴보아 갈등과 관련된 사회・정치적 상황을 파악하고, 갈등을 둘러싼 각 이해관계자들의 입장, 대응, 이해관계자 간의 관계를 살펴보았다. 언론의 경우, 중앙과 지역신문에 따라 입장이 다르기 때문에 지역신문(강원일보)과 중앙신문 각각 600여 건, 2,000여 건을 나눠 살펴보았다. 또한 한탄강댐 건설사업이 정치적인 구조와 얽혀 있다고 판단해 약 15년간 갈등이 진행되면서 있었던 여러 지방선거 및 대통령 선거 공약에 관해서도 살펴보았다.

셋째, 각 관련 이해관계자들의 입장과 전략을 좀 더 구체적으로 분석하기 위해 각 이해 관련자들의 자료를 살펴보았다. 댐과 관련한 정부(건교부, 수자원공사, 환경부, 국방부 등)의 발표 자료들과 NGO단체(한탄강댐반대 대책위원회, 한탄강 네트워크, 연천포럼, 환경운동연합 등)의 분석 자료 및 일지 등을 분석해 정부, NGO단체 및 관련 이해관계자의 입장 및 대응전략 등을 분석했다.

제 2 절 한탄강댐 건설의 목적 및 갈등 배경

1. 한탄강댐 건설의 목적

한탄강댐 건설계획은 1996년부터 3년여에 걸친 집중호우로 인한 피해로 수해 방지 대책으로서 수립되었다. 1996년, 1998년, 1999년 3년에 걸친 집중호우로 파주, 문산, 동두천, 연천 및 철원 등 임진강 전 유역에 걸쳐 232명의 인명 피해와 약 1조

6천억 원의 재산 피해가 발생했다. 파주와 연천지역이 매년 홍수로 인한 피해가 큼에 따라 정부는 주변 강과 하천에 대한 수계관리와 수방대책이 허술하다는 국민의 비판을 받게 되었고, 지역주민 및 경기도, 강원도 등에 의해 임진강 유역에 홍수조절 시설 설치가 필요하다는 의견이 제기되었다(연합뉴스, 1999.8.1).

이에 따라 정부는 1999년 8월 대통령비서실 산하에 임진강 유역 홍수 방지를 위한 '수해방지대책기획단'을 설치해 국무회의 의결을 거친 후, 그 해 12월에 임진강 유역 홍수 피해 방지를 위한 '수해방지 종합대책'을 확정했다. '수해방지 종합대책'은 행정자치부의 소하천 정비 및 펌프장 설치, 산림청의 사방댐 설치, 농림부의 상습 침수 농경지 개선, 기상청의 임진강 유역 호우 예측 능력 강화 등의 사업 실시, 건설교통부의 임진강 유역 홍수 피해 방지를 위한 한탄강댐 건설 등을 주요 내용으로 하고 있다. 이를 토대로 건설교통부는 한탄강댐 건설 기본계획을 수립하고, 한탄강댐 건설을 본격적으로 추진하게 되었다.

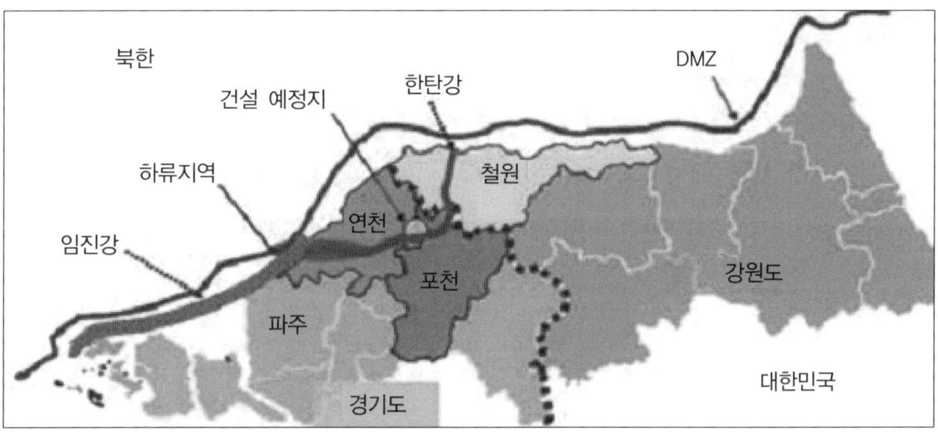

그림 7-1 한탄강댐 건설 관련 지역

정부는 2001년 수자원 장기 종합계획(한국수자원공사)의 수립을 통해 2011년까지 물 부족량 18억 3천만 톤 중 12억 3천 톤을 댐을 건설해 공급하기로 결정했다.[1)]

1) 18억 3천만 톤 중 6억 톤은 기존 댐의 연계 운영을 통해 공급하고 나머지 12억 3천 톤은 중·소규모의 댐을 건설해 공급.

경기도 북부 및 강원도의 경우에는 계획 홍수량 1만 9,800cms(초당 유입되는 t) 중 증가 홍수량 3,600cms는 한탕강댐과 군남조절지, 저류지 등으로 처리할 계획을 세웠다(감사원, 2005).[2] [그림 7-1]과 같이 한탄강댐은 경기도 연천군 연천읍 고문리~포천시 창수면 신흥리에 높이 85m, 길이 705m의 규모로, 총사업비는 9,753억 원으로 계획되었다. 총 저수용량은 311백만 톤으로 소양강댐의 1/10 규모이며, 홍수 조절 용량은 305백만 톤이 될 것으로 예상했다. 초기 기본계획안을 보면, 증가된 홍수량(16,200m^3/s)을 제방 및 내수 배제시설만으로는 무리가 있어 하천 정비와 연계해 홍수 조절 효과(2,700m^3/s 감소)가 확실한 조절용댐 건설이 필요하다고 보았으며, 홍수 조절 외에 매년 갈수기 건천화 현상을 겪고 있는 한탄강 유역에 가뭄 시에도 기득 수리용수(농업 및 생활용수) 및 하천 유지 용수 등을 안정적으로 공급하기 위해 대규모 댐 건설이 필요함을 명시하고 있다. 또한 남북 관계를 고려해 임진강 본류에 댐 건설을 협의하는 것은 장시간이 소요될 것으로 예상되기 때문에 임진강의 제1지류인 한탄강댐을 홍수 조절용 댐으로 우선 개발해 임진강의 홍수 문제를 해결하고 향후 남북한 협의 결과에 따라 임진강 본류 댐 건설을 추진하는 단계적 추진을 하고자 했다.

댐 건설로 인해 영향을 받게 되는 지역은 경기도 포천시・연천군・파주시, 강원도 영월군・철원군 등이었으며, 특히 경기도 포천시・연천군, 강원도 철원군은 토지가 수몰되면서 직접적인 영향을 받게 되었다.[3] 그 밖에 경기도 한탄강 및 임진강 하류지역은 한탄강댐의 홍수 조절 및 용수 공급 능력에 따른 혜택을 받게 되었다.

2. 한탄강댐 건설 갈등 배경

1) 사회・경제적 배경

한탄강댐 건설의 갈등에서 나타나는 주요 이슈와 관련한 사회・경제적 배경은 지방자치제 실시, 환경에 대한 관심 증가, NGO의 활발한 활동 등 크게 세 가지로 나눠 생각해 볼 수 있다.

---

2) 계획 홍수량 1만 9,800cms 중 기존 홍수량 1만 6,200cms는 하도 정비를 통해 처리.

3) 수몰되는 면적은 15.3km^2이며, 수몰되는 지역의 비율은 포천 74%, 연천 23%, 철원 3%과 같다. 수몰세대는 299세대이며, 그중 포천 228세대, 연천 71세대, 철원 0세대 등으로 예상되었다.

첫째, 1995년 지방자치의 실시는 정부와 지방자치단체와의 관계의 변화를 가져왔다. 지방자치 실시에 따라 지방자치단체의 의사 결정이 중앙정부에 따라 행정효율 중심이었던 것에서 주민 의사를 중시하는 방향으로 바뀌었다. 지방자치단체장이 지역선거를 통해 선출됨으로써 지역 사안에 대해 주민의 의견을 행정에 반영하고자 하는 움직임이 더욱 크게 나타났다. 또한, 지역의 권리와 이익 추구의 욕구가 확대되었다. 댐 건설의 경우, 상류지역에서는 상수원보호구역, 자연환경보전지역 등으로 지정되어 각종 개발행위와 재산권 행사가 제한된다. 이로 인해 지방재정이 곤란해질 가능성이 높기 때문에 지방자치단체에서는 지역생활 개선 요구, 비용 분담 요구, 수익사업 확대 요구, 수자원세 신설 등에 의한 보상을 요구하게 된다. 혹은 지방자치단체별로 깨끗한 수원을 확보하려는 욕구가 커짐으로써 수리권에 대한 배타적 권리 주장이 지방자치제로 더욱 표면화되면서 지역 간 마찰이 일어나기도 한다(윤근섭, 1997: 196).

둘째, 환경에 대한 관심이 점차 증가했다. 1990년대 초반 이후부터 민주화, 교육수준이 향상되고, 개인의 재산권과 함께 환경에 대한 관심 또한 높아지게 되었다. 이에 따라 국책사업에 대해 환경적인 문제 제기를 하는 사례가 급속도로 증가하기 시작했으며, 국민이 자신에게 불리한 정책을 수용하지 않으려는 성향이 나타나게 되었다. 댐 건설과 관련해 환경단체 등을 중심으로 댐 자체의 기대 효과에 대해 문제 제기를 하기 시작했고, 댐 건설로 인한 사회문화적 가치를 지닌 것들이 수몰된다는 것과 환경적인 문제가 발생할 수 있다는 것에 대한 국민들의 우려가 높아졌다. 영월 동강댐은 환경 등 여러 이유로 인해 찬반 논란이 일어났으나 결국 백지화되었고, 용담댐도 갈등 후 공사를 착공하기는 했으나, 반대가 심해 추진 과정에서 어려움을 겪었다.

셋째, NGO의 활동 및 영향력이 점차 증가했다. 2000년대에 들어서면서 정치·경제·사회 등 다양한 분야의 NGO 활동이 두드러졌다. 그중에서 환경NGO는 우리나라 환경문제 해결 과정에서 주로 국가 권력에 대한 견제와 비판의 기능, 사회문제의 해결에 참여하고 서비스를 제공하는 기능 등을 담당하고 있다. 환경문제에 관심이 점차 커지면서 정부가 환경오염 유발자일 경우에는 문제 해결 과정에 환경NGO의 개입이 효과적이라는 인식과 더불어 환경NGO를 환경 보호의 절대적 대리인으로 이해하는 경향이 나타나기도 했다(이민창, 2002: 32).

2) 정치적 배경

한탄강댐 건설을 둘러싼 갈등이 진행되면서 몇 가지 주요한 정치적인 사건이 나타났다. 2002년 12월 16대 대통령 선거와 2004년 17대 국회의원 선거이다. 16대 대통령 선거에서는 15대 대통령 선거 때와는 달리 대통령 후보자들의 환경 관련 공약이 두드러졌으며, 당선된 노무현 대통령 후보의 경우 정부와 시민·환경단체의 갈등을 종결시키고자 댐 건설을 신중히 하겠다는 공약을 내세웠다. 노무현 대통령 당선 후, 인수위원회에서 국책사업의 타당성 검토 및 환경영향평가의 객관성과 독립성을 위해 제도 개선이 필요하다는 의견을 제기되면서 각 이해관계자의 태도가 변화했다.

2004년 17대 국회의원 총선거에서는 NGO단체의 출신의 국회의원이 많이 당선되었다. 한탄강댐과 관련해 환경 NGO단체 출신의 국회의원이 다수 당선되고, 특히 한탄강댐 건설 반대의 대표적인 인물이라고 할 수 있는 이철우 국회의원의 당선됨으로써 한탄강댐 건설 갈등이 국회에서 자주 논의될 수 있는 환경이 되었다.

3) 제도적 배경

댐 건설은 규모가 큰 국책사업으로서 관련 법령 및 제도가 복잡하게 연결되어 있다. 댐 건설과 관련된 법령을 살펴보면, 장기적으로 수자원의 안정적인 확보 및 공급을 내용으로 하는 수자원 장기종합계획과 관련한 「하천법」, 댐 건설 사업과 관련한 「댐 건설 및 주변지역 지원에 관한 법률」, 사업계획 및 수립 시 사업의 타당성조사 등을 시행하도록 하는 「건설기술관리법」, 사업의 환경영향을 조사·예측해 사업의 환경적 타당성 및 저감 방안 등을 수립하도록 하는 「환경영향평가법」, 「환경정책기본법」 등이 있다.

제도적인 부분에서 한탄강댐을 비롯한 댐 건설 과정은 다음과 같다. 사업자인 수자원공사가 각 지역의 유역조사 등 기초조사를 통해 댐 건설의 필요성 및 가능성 등을 검토하고, 이를 토대로 건설교통부에서 수자원 장기종합계획, 댐 건설 장기계획 등을 수립한다. 기획예산처와 수자원공사가 계획에 포함된 댐의 예비타당성 및 타당성 검토를 실시한 후, 댐을 건설하기 위한 기본 설계를 실시한다. 이 설계안에 대해 수자원공사가 용역을 통해 실시한 환경영향평가를 환경부에서 검토하고 협의하면, 중앙건설기술심의위원회의 심의를 통해 댐건설계획이 확정된다.

이후 건교부에서 댐 건설 예정지 지정 및 고시를 하면 착공을 통해 사업이 시작된다. 댐 건설을 실질적으로 진행하는 사업자는 건설교통부와 수자원공사이고, 건설교통부는 사업자인 동시에 승인권자이다. 환경적인 검토는 환경부, 타당성 검토는 기획예산처에서 담당한다.

댐 건설 과정에서 시민에게 실질적으로 알려지고 갈등이 고조되는 시기는 예정지구 지정 및 고시하는 단계이다. 그러나 이 시기는 댐 건설지역이 거의 확정되는 단계로 뒤늦게 시민들의 문제 제기가 시작되는 것이라고 할 수 있다. 환경영향평가 협의 전에 환경영향평가 실시 과정에서 주민설명회 등을 하도록 되어 있지만, 영향평가의 경우에는 전문적인 내용으로 일반시민들이 쉽게 접근하기 힘들며, 환경영향평가 또한 입지 타당성 등을 논의하기보다는 이미 댐을 건설하는 것을 가정한 상황에서 사업의 시행이 환경에 미치는 영향을 미리 조사, 예측, 평가해 해로운 환경영향을 피하거나 줄일 수 있는 방안을 강구하는 것으로 시민들이 반대를 하더

표 7-1 댐 건설 기본계획 수립 전까지의 과정

주요 계획	담당기관	근거 및 내용
유역조사	수자원공사	유역의 부존 특성 개발가능성 조사
수자원 장기종합계획 수립	건교부	하천법 11조 수자원의 안정적인 확보와 효율적 관리를 위한 10년 장기계획
댐 건설장기계획 수립	건교부	댐 건설 및 주변 지역 지원에 관한 법률 제4조 (10년마다)
예비타당성조사	기획예산처	총 사업비 관리지침에 대한 행정고시 1999년 신설
타당성조사	수자원공사	건설기술관리법 시행령 제38조(경제사회기술적 타당성 검토)
기본 설계	수자원공사	건설기술관리법 시행령 제38조 기본계획의 제반 조건을 토대로 사전조사 계획 방침 등 기본 내용 표기
환경영향평가	수자원공사	환경영향평가법 제8조
중앙건설기술심의위원회 심의	수자원공사	건설기술관리법 제21조
댐 건설 예정지 지정 및 고시	건교부	댐법 제5조-댐 건설 예정지역 지정 및 건교부 장관 허가 사항

라도 사업의 실시 여부를 논해 되돌리기 쉽지 않다.[4)]

3. 한탄강댐 건설 갈등의 주요 원인

표 7-2 한탄강댐 갈등 원인

주요 원인	반대 측 주장	찬성 측 주장
댐계획 관련 각종 기초자료의 과학적 근거	댐 건설을 위한 과장된 자료	일반적으로 인정된 자료
지역 간 이해 상충	상수원보호구역 지정에 따라 댐 상류지역의 발전 저해	하류지역의 홍수 피해 방지를 위해 불가피
댐 건설에 대한 가치관과 신념	환경 가치의 훼손	환경 훼손 거의 없음.
댐 건설과 댐조직에 대한 신뢰의 문제	절차의 위법성과 자료의 과장	적법절차

출처: 윤원근(2005). 수자원정책 과정의 거버넌스분석.

한탄강댐 갈등의 주요 원인 및 쟁점 사항은 다음과 같다.

첫째, 임진강 유역의 홍수 원인에 대한 과학적 근거에서부터 의견이 대립되었다. 주요 쟁점 사항은 ① 향후 100년 빈도의 강우량, ② 설계 홍수량과 기여 홍수량의 차이와 한탄강의 비홍수량 산정 방법, ③ 한탄강댐의 홍수 조절 효과, ④ 댐 이외의 대안 검토 시 제방 거리의 산정, ⑤ 분수로 설치 구간의 길이, ⑥ 한탄강댐 건설 예정지역의 동굴 존재 여부, ⑦ 다락대 군사격장으로 인한 수질오염 문제와 오발 사고 시의 댐 안정성 문제, ⑧ 지질상의 안정성 여부, ⑨ 다양한 홍수 방지 대책이 생태계 등 환경과 역사적인 유적에 미치는 영향, ⑩ 수해의 원인 및 결과, ⑪ 흔적 수위의 타당성, ⑫ 경제성의 평가 등이다. 홍수와 관련된 기초 자료에 대해 이해당사자 간의 분석 및 해석이 다름으로 인해 댐 건설의 필요성 여부에 대한 주장도 다르게 나타났다.

둘째, 한탄강댐을 건설함으로써 발생하는 비용과 편익에 따라 이해당사자의 입장이 다르게 형성되었다. 댐을 건설할 경우, 하류지역이 대부분 혜택을 받고, 상류

4) 환경영향평가가 사업을 진행하는 것을 전제로 환경적 저감 방안에 대해 검토하는 것뿐이라는 비판으로 인해 현재는 사업 및 계획 초기에 사업의 환경적인 영향에 대한 검토를 하기 위한 전략환경영향평가를 실시하고 있다.

지역은 재산권 등의 제약을 받게 된다. 한탄강댐의 경우도, 댐 건설로 수해가 방지될 경우 문산, 연천, 포천 등 하류지역은 재산가치의 상승, 기업의 이전에 따른 취업 기회의 증가, 인구의 증가 및 인구구조의 변화(청 · 장년층 인구의 증가) 등 지역 개발과 경제의 활성화 가능성이 증대하므로 주민의 대부분은 한탄강댐 건설에 대해 긍정적인 입장을 취하게 된다. 상류지역의 경우도 댐 건설로 인해 하류지역의 경제가 활성화되면 장기적으로는 지역 전체가 경제적인 발전을 하게 되어 긍정적인 영향을 미칠 가능성이 높다. 그러나 단기적으로 댐 건설로 발생되는 비용은 비록 적은 규모이지만 대부분 철원을 중심으로 상류지역에서 발생된다. 따라서 상대적으로 혜택이 적고, 비용 지출 가능성이 많은 상류지역은 댐 건설에 부정적인 입장을 취하게 된다.

셋째, 미래의 물 관리, 또는 홍수관리가 어떠한 방향을 지향해야 하는가에 대한 가치의 차이가 갈등을 불러일으키게 되었다. 홍수의 방지를 위한 수해 대책은 댐 건설이 가장 효과적이라는 견해와 전통적인 제방에 의한 방법, 분수로(홍수 방어 시설)에 의한 방법, 천변 저류지에 의한 방법, 그리고 이러한 방법의 조합이 가장 효과적이라는 다양한 견해가 존재하면서 수해 방지 방법에 대한 의견의 차이가 나타났다. 또한 환경적인 측면에서 가능하면 자연생태계에 대한 영향을 최소화해야 한다는 주장과 인간의 생명과 재산의 보호, 지역 발전을 위해 최소한의 자연생태계 훼손이 불가피하다는 주장도 대립되었다. 그뿐만 아니라, 위치 선정에서 남북한 관계의 미래를 보는 시각에 따라서도 의견의 차이가 발생했다. 전문가들은 임진강 지역의 효율적인 수해 방지를 위해서는 북한지역 임진강 본류에 댐을 건설하는 것이 가장 바람직하다고 판단했다. 그러나 현실적으로 가까운 장래에 하류의 수해 방지를 위해 북한지역 임진강 상류에 댐을 건설하는 것이 가능할 것인가, 건설된 댐이 남북한의 전문가로 구성되고 협력적 운영이 가능할 것인가, 현재의 북한지역 임진강 상류의 홍수 조절 기능은 어떠한가, 현재는 어렵더라도 가까운 미래에 남북한의 협력은 가능할 것인가 등등에 대한 이견이 발생했다.

넷째, 기본 지향점의 차이와 절차상의 문제에 대한 갈등이다. 건설교통부와 수자원공사는 조직의 업무에 충실하기 위해 한탄강댐의 건설을 추진했던 반면, 환경단체 등은 성격상 홍수 방지를 위한 댐의 건설을 마지막 방법으로 인정하고 있었다. 즉, 근본적으로 조직의 기본 지향성의 차이에서 갈등이 발생했다. 또한 한탄강댐의 건설과 관련된 절차상의 문제도 갈등의 유발 원인이 되었다. 정부는 전문가를 선발해 댐 건설의 필요성을 검토, 확정하고 환경영향평가를 실시하는 과정에서도 정부가 선정한 여러 전문가를 중심으로 검토를 실시했다. 이러한 과정은 모두 합법적인 절차임에는 틀림없다. 반면, 지역주민과 시민단체들은 정부에 의해 선정된 전문가들의 중립성·대표성·자질 등에 대해 이의를 제기했고, 이에 따라 결과에 대해서도 비판적인 견해를 가짐으로써 모든 협의 과정에서 갈등이 발생하게 되었다.

다섯째, 댐 건설 추진 일정에 대한 갈등이다. 정부는 수해로 인한 피해를 최소화하기 위해 댐 건설 기간을 단축하려 노력했지만, 일부의 이해당사자들은 남북 간의 대화의 진전에 따른 임진강 상류의 홍수 방지댐 건설, 또는 남북한 간의 강수량 등 수문 관련 정보의 교환 가능성 등을 감안해 시간을 지연하려는 의도가 있었다. 또한 정부를 제외한 이해당사자들은 댐 건설의 홍수 조절 효과, 경제성, 환경성, 문화재에 미치는 영향 등을 조사하기 위한 자원 및 전문가의 부족으로 검토 및 조사에 상당 기간이 소요되므로 시간이 필요하다는 주장이 있었다.

여섯째, 정부의 신뢰성 부족으로 인한 갈등이다. 과거 정부의 정책 중 지역주민의 삶과 관련된 정책을 추진하는 과정에서 신뢰를 상실했던 것이 축적되어 정부가 제공한 정보 및 기대 효과에 대한 신뢰가 낮음으로 인해 갈등이 나타났다. 한탄강의 경우 댐이 1년에 350일은 하천과 같이 강물이 소통되어 안개 등의 문제가 발생하지 않는다는 주장, 철원의 침수구역이 극히 일부분에 한정된다는 조사 결과, 댐 상류지역에 대한 지원 등 정부의 정책에 대한 지역주민들의 신뢰성 부족이 갈등 발생의 원인이 되었다.

제 3 절 갈등 및 합의 형성 과정

1. 사례의 전개 과정

한탄강댐은 일반적인 국책사업과 마찬가지로 정부에 의해 사업이 계획되었고, 초기에 댐 건설이 알려지면서 주민들 및 그 외 이해관계자의 반대운동이 시작되었다. 그 지역의 주민들뿐만 아니라 일반시민들에서부터 각 정부부처, 국회의원, 대통령까지 얽혀서 이해 관계에 따른 다양한 상황이 전개되었고, 문제 해결 과정에서 제3의 조정자를 도입되는 등 다양한 갈등 해결 방법들이 적용되었다.

한탄강댐 건설 추진 과정은 갈등의 양상, 이해관계자들의 입장 변화 등에 따라 ① 노무현 대통령 당선(2002년 12월) 이전, ② 노무현 대통령 당선 이후, ③ 갈등 조정 기제 도입으로 구분할 수 있다.

그 이유는 첫째, 2002년 대통령 선거에서 노무현 대통령이 당선됨에 따라 한탄강댐 건설에 따른 여러 관련자의 입장이 변화하고 있기 때문이다. 한탄강댐 건설 과정에서 노무현 대통령의 당선은 관련자의 이해 관계를 변화시키는 큰 계기가 되는데, 노무현 대통령 당선 이전에는 지역주민들의 피해가 있을 수는 있지만, 댐 건설은 필요하다는 의견에 무게를 두었으며, 이는 언론에 발표된 전문가들의 기고 및 정치인들의 발언, 정부부처의 태도를 살펴보면 잘 알 수 있다. 특히, 2002년 10월 1일에 있었던 수자원공사 국정감사에서 1명을 제외한 국회의원들은 댐 건설 지지를 넘어 서둘러야 한다는 의견이 대부분이었다. 그러나 노무현 대통령 당선 이후, 많은 국회의원이 댐 건설 반대를 지지하고, 댐건설계획의 문제점을 지적하게 되었다. 또한 정부부처 중에서도 특히 국방부의 경우에는 조건부로 찬성을 표명했다가 2003년 반대를 표명했다.[5)]

둘째, 노무현 대통령이 당선되면서 환경영향평가의 객관성 및 타당성에 대한 문제 제기를 하고, 절차적 합의를 이룰 수 있는 조정 프로세스를 도입하게 되었다. 노무현 대통령은 한탄강댐 건설과 관련한 사회적 갈등에 대한 새로운 조정 프로세스를 지속발전가능위원회가 맡아서 진행할 것(2004년 9월)을 지시하고, 이에 따라 지속가능발전위원회는 갈등관리준비단을 구성해 갈등 해결을 위한 구체적인 방안을 마련하기 시작했다. 이렇듯 중앙정부 차원에서 갈등 조정을 하기 위한 직접적

---

5) 한탄강댐 건설 과정에서 관계 기관 협의 시 가장 핵심적인 사항이 국방부와 환경부와의 협의 여부였다. 댐 예정지 내에 위치하고 있는 군 시설인 다락대사격장 이전문제와 관련된 국방부와의 협의와 환경영향평가 관련 환경부와의 협의가 이루어지면, 이를 토대로 건설교통부에서는 사업 승인을 하게 된다. 한탄강댐 건설 관련 군 시설 이전 문제와 관련해 건교부의 업무협조 요청에 대해 국방부에서는 1999년 12월 군 요구 장소로의 이전 조건으로 댐 건설에 동의했으나 댐 건설 갈등이 나타나고 노무현 대통령이 당선 후, 2003년 1월 국방부는 건교부에 댐 건설 타당성 재검토를 요청함으로써 댐 건설에 대해 조심스러운 입장을 표명했다.

인 참여가 나타나게 되고, 갈등 조정 기제가 도입되면서 각 이해관계자의 관계는 또 한 번 큰 변화를 겪게 된다.

갈등관리준비단은 갈등 해결 프로세스를 계획한 후에 '한탄강댐 갈등조정위원회' 주관으로 관련 당사자 간 협상·조정 프로세스 진행계획을 마련하고, '한탄강댐 갈등조정소위원회'를 구성해 한탄강댐 문제 조정을 위한 관련 당사자회의(2004년 6월 2일~9월 1일)를 마련했다.[6] 조정소위원회는 6월 2일부터 3개월 간 합의 도출 시한까지 합의 도출에 실패하고, 결국 2004년 8월 27일 16차 조정회의에서 "전문가 검토를 거쳐 지속위의 조정소위가 최종 결정을 하면, 수용하며 반대 행동을 하지 않는다"는 것을 내용으로 하는 최종 합의문을 작성하고, 당사자 회의 참석자 전원이 합의문에 서명 날인하면서 조정소위 활동은 마무리가 되었다. 지속가능발전위원회는 11월 2일 갈등 조정 결과를 발표하면서 기존 안을 전면 재검토하고 소규모 홍수 조절용 댐과 천변 저수지를 함께 건설하는 방안을 제시했다. 그리고 중립적 전문가, 정부, 환경단체, 주민대표들로 '공동협의회'를 구성해 1년 이내 댐 건설에 필요한 절차를 마무리하는 내용을 포함시켰다.

그러나 이와 같은 최종 결정에 건설교통부는 갈등 당사자 간의 합의 내용을 존중해 중재안을 수용할 것이라고 밝혔지만, 한탄강댐 건설반대 공동대책위원회는 "조정소위 활동이 편향적이고 투명성이 결여되어 있으며, 결정 사항이 기존 한탄강댐 건설안과 다르지 않으므로, 백지화해야 한다"고 주장하면서 합의안을 거부하고 반대운동을 재개했다. 이후 정부는 12월 1일 연천과 포천 주민을 상대로 정부결정 내용과 공동협의회 구성 등에 대한 주민설명회를 가지려 했으나 무산되었으며, 한탄강댐 철원·연천·포천공동대책위와 철원군 이장협의회는 2005년 4월 댐 백지화 및 강의 날 제정을 위한 10만인 서명운동에 돌입했다.

결국 한탄강댐 문제는 2005년 5월 국무조정실로 이관되었으며, 국무조정실에서는 1년여 간의 검토를 거쳐 홍수 조절용 댐 건설을 포함한 결정 내용을 2006년 8월에 한명숙 총리가 발표했다. 한국수자원공사는 2015년 완공을 목표로 2006년 12월부터 경기도 연천군 고문리에서 건설을 시작했다.

---

6) 회의는 주민대표 각 4인, 정부·환경단체대표 각 3인, 조정위원 4인 등 18인으로 구성되었으며, 한탄강댐조정회의 16차례, 기술검토회의 5차례를 개최하는 등 당사자 간 합의 도출을 위한 조정 프로세스를 진행했다.

표 7-3 한탄강댐 건설 추진 경위

추진 경위	
1995.6~1997.12	임진강 유역 조사(건교부)
1996.7	경기 북부지역 집중호우 발생
1997.12	임진강 수계 종합 치수대책 수립
1998.8	경기 북부지역 집중호우 발생
1998.12~1999.12	수도권지역 수자원 개발계획 수립 조사(건교부)-한탄강댐 기본 계획
1999.7~1999.8	경기 북부지역 집중호우 발생
1999.12	한탕강댐 기본 설계 착수(건교부)
1999.12	수몰지 내 군시설 이전 관련 국방부 협의(국방부→건교부), 군 요구 장소에 이전 조건으로 동의, 상세 계획 수립 시 별도 협의 요망
1999.12	수해방지종합대책 수립(한탄강댐 건설계획 수립)
2000.1	수도권수자원개발계획 수립 통보(건교부→수자원공사)
2000.1	수해방지종합대책 및 세부 실천계획 통보(건교부→수자원공사)
2000.2	임진강댐 기본 설계 관련 협조 요청(건교부→국방부)
2000.2~2000.5	군 부대합동 정밀조사
2000.5	임진강댐 건설 관련 국방부 협의(안) 보고(수자원공사→건교부)
2000.6	임진강댐 기본설계 관련 협조 요청(건교부→국방부) 임진강댐 추진계획 방침 시달(건교부→수자원공사) 한탄강댐: 댐 운영계획을 홍수 조절 위주로 변경 추진
2000.12	한탄강댐 기본 설계용역 준공
2001.1	한탄강댐계획에 관한 업무 협조 요청(서울 국토지방관리청→수자원공사)
2001.1~2001.7	한탄강댐기본계획(안) 작성
2001.8~2001.10	한탄강댐환경영향평가(초안) 공람, 주민 의견 수렴 및 설명회(11회)
2001.11	한탄강댐기본계획(안) 관련 기관 협의(8개 기관)
2001.12	한탄강댐 환경영향평가 협의(환경부)
2002.1~2002.3	댐 타당성 및 환경영향평가서 재검증 실시(주민 요구)
2002.5	댐 타당성 및 환경영향평가 재검증 결과 총리 보고
2002.6	환경영향평가 보완 요구(환경부→건교부)
2002.7	환경영향평가 보완 보고서 제출(건교부→환경부)
2002.8~2002.9	환경정책평가연구원, 경기도 환경영향평가 자문단 대상 보완 내용 설명
2002.10	환경영향평가 재보완 요구(환경부→건교부)

추진 경위	
2002.12	환경영향평가 재보완 보고서 제출
2003.4	한탄강댐기본계획(안) 작성 제출 및 협의
2003.7	환경영향평가 조건부 협의 완료(댐체 하부에 배사구를 연간 350일 개방 조건)
2003.12	절차적 합의 결론 도출 지시(대통령→PCSD)
2004.2	한탄강댐 갈등관리 추진계획 대통령 보고(국정과제회의)
2004.2	한탄강댐 갈등관리단 구성: 정진승(단장), 박수선 등 지속위 위원 6인
2004.2~2004.5	준비단 회의 개최(13회: 지역주민, 환경단체 등의 의견 청취)
2004.4, 2004.5	한탄강댐 갈등조정 프로세스 설명(환경단체, 건교부, 찬성 주민, 반대 주민)
2004.5	한탄강댐 관련 당사자 합동 워크숍 개최
2004.5	한탄강댐 갈등조정소위원회 구성, 운영 회의 개최(21회)
2004.6~2004.8	한탄강댐문제 조정을 위한 관련 당사자회의(찬반 주민대표 각 4인, 환경단체 대표 각 3인, 조정위원 4인 등 15인) - 한탄강댐조정회의(16회), 기술검토소위원회(5회)
2004.8	한탄강댐 조정회의 관련 당사자대표(조정대표자)들 한탄강댐갈등조정소위원회에 최종결정권 위임 합의문 작성(이후 조정소위의의 결정에 주민들이 반발하자 '갈등관리기본법 제정안'이 논의됨)
2004.8~2004.11	홍수 피해 방지 대안 검토 및 결정
2004.10	갈등관리 기본법 및 갈등관리 지원센터 업무 국무조정실 이관
2004.11	조정소위원회에서 "천변 저류와 새로운 홍수 조절용 댐 건설안" 결정
2005.5~2006.8	국무조정실 임진강유역홍수대책특별위원회 및 검증·평가 실무위원회 홍수 대책 재검토
2006.8	한명숙 국무총리 댐 건설 최종 결정

2. 한탄강댐 관련 이해관계자 간 입장 및 관계

한탄강댐과 관련한 이해관계자를 살펴보면, 소속별로 크게 정부, 한탄강댐 건설 시행자, 주민, 제3자, 한탄강댐건설공동협의회 등으로 구분할 수 있다. 이 안에서 같은 소속이더라도 찬성과 반대로 나뉘어 각각의 입장은 다르다.

1) 정부

정부는 크게 중앙정부와 지방정부로 나눌 수 있고, 중앙정부는 댐건설조직인 건교부[7]와 수자원공사, 협의권자인 환경부와 국방부, 광역지자체인 강원도와 경기도, 기초지자체인 포천시, 연천군, 파주시, 영월군, 철원군 등으로 나뉜다. 그 밖에 지역 출신 국회의원 및 지역의회 의원 등이 있다.

① 댐건설조직: 건교부 및 수자원공사

건교부와 수자원공사는 임진강 유역의 치수 대책을 위해 한탄강댐 건설이 필요하다는 입장을 가지고 있다. 임진강 유역의 홍수로 인한 문제로부터 댐 건설이 시작되었고, 처음 댐 건설 계획 초기부터 여러 타당성조사를 거쳤기 때문에 문제가 없다는 입장이다.

② 협의기관: 환경부 및 국방부

환경부는 환경영향평가 협의 과정에서 댐 건설의 환경적 측면에서의 문제점을 지적하고 이의 보완을 요청할 수 있는 권한을 갖고 있으며, 환경영향평가 협의가 이루어지지 않을 경우 최종 건설 승인이 나지 않기 때문에 건설사업의 중립적인 기관이라고 할 수 있다. 그러나 국책사업은 중앙정부의 대규모 사업으로서 환경부가 중립적인 입장이라고 보기에는 한계가 있다.

국방부도 하나의 협의권자로서 댐 건설 계획에 의견을 낼 수 있지만, 댐 건설 자체에 대한 반대나 찬성보다는 국방부의 소유인 다락대사격장의 이전 문제와 관련해 이전 및 보상 등에 대한 것에만 관심이 있으며, 이와 관련해 문제를 제기하고 있다.

③ 지자체

지자체는 각각의 상황에 따라 다른 입장을 가지고 있다. 철원군, 포천시, 연천군 등 수몰지역의 지자체는 댐 건설을 격렬히 반대하는 입장을 보였다. 특히 철원군의 경우 의회 차원에서 사회단체의 댐 반대 참여도에 따라 지역개발비 등을 차등

7) 건설교통부는 사업자이자 사업의 승인권자이다.

지급할 것을 천명할 정도로 지역 차원에서 댐 건설에 대한 적극적인 반대를 나타냈으며, 철원군수의 경우 댐 건설 반대를 선거공약으로 내세울 정도였다. 그러나 하류의 포천시, 연천군 등은 댐 건설에 따른 지역주민의 보상 문제와 댐 건설로 인한 인접 지역 피해에 대한 반대급부에 많은 관심을 나타내었다. 경기도 파주시, 문산군은 잦은 집중호우로 이 지역이 직접 홍수 피해를 입고 있다는 점에서 조기 댐 건설에 대한 기대를 표하면서 찬성을 지지했다.

도지자체인 경기도와 강원도의 경우, 시군과 같은 입장을 보였다. 강원도는 철원군 등 반대하는 목소리가 큼에 따라 반대 입장을 지지했으며, 경기도는 포천 등 일부 지역의 댐 건설 반대를 의식해 댐 건설에 대한 주변 지역 대책에 관심을 표명하기도 하고, 하류의 파주, 문산지역 홍수 문제와 관련해 조기에 댐 문제가 해결되기를 희망하기도 했다.

이처럼 지자체의 입장은 지역주민의 이해 관계나 성향에 따라 각자의 입장을 나타내고 있으며, 지역의 경제적 이익에 관심을 보여주었을 뿐 한탄강 유역 전체에 대한 통합적인 시각에서 댐 건설 문제를 바라보지 않고 있었다.

그 밖에 지자체장이나 의회 출마자, 지역 군수 출마자, 기타 지역 정치인들도 지역 정서에 편승해 입장을 표명하는 등 댐 건설 찬반 과정에 참여했다. 특히 철원지역 지자체 및 의회선거 출마자들은 공동성명을 발표하는 등 지역별 이해에 따라 댐 건설 찬반의 입장을 표명하는 모습이 나타났다.

2) 주민

① 지역주민

댐 건설로 인해 직·간접적으로 가장 많은 영향을 받는 사람들은 지역주민이라고 할 수 있다. 이들은 댐 건설 예정지를 기준으로 상하류 어디에 거주하고 있느냐, 유사한 지역에 살고 있는 경우에도 어느 곳에 토지와 주택을 소유하고 있느냐에 따라 입장이 다르게 나타났다.

댐 상류 강원도 철원을 중심으로 경기도 포천, 연천지역 일부 등 댐 건설 인접지 주민들은 경제적·환경적·정신적 피해를 입게 될 것으로 생각해 적극적으로 반대했다. 댐 건설 반대는 댐의 상류지역에 위치한 강원도 철원군 지역주민으로부터 강하게 나타났고, 포천시·연천군의 일부 주민이 동조했다. 이들의 댐 건설 반대활동은 건교부와 수자원공사의 환경영향평가협의를 위한 주민설명회를 계기로 나타나기 시작했는데 주로 댐 건설의 홍수 조절 효과, 댐의 안정성, 경제적 타당성, 환경 파괴 등 댐 건설의 타당성이 부족해 주민들이 납득할 수 없다고 주장했다.

반면 댐 하류의 상습 수해지역인 파주, 문산 지역주민들과 댐 건설 수몰지 내 주민들은 댐 건설 지연 시 계속적인 홍수 피해 우려로 생활의 불안정을 주장했다. 특히 포천, 연천 등 수몰지역 사람들은 재산권 행사가 곤란해 고통을 받고 있음을 호소하고 댐의 조속한 건설을 요구하기도 했다. 공공사업 편입 토지 등에 대한 보상가에 대한 기대로 인해 경기도 연천군 고문2리 등 수몰지 주민들은 댐 건설의 조기 결정을 희망했다. 댐 건설 결정이 계속 지연됨에 따라 재산권 행사도 어렵고, 사업 여부에 따라 보상 여부도 불투명해지자, 수몰민종합대책위원회를 구성하고 댐 건설 반대 측과 대립하면서 댐 건설 정책조직에 조속한 댐 건설 결정을 요구했다.

② 지역NGO

지역NGO들은 지역주민과 함께 한탄강댐 건설 반대의 중심적인 역할을 하는 조직 중에 하나였다. '한탄강네트워크'를 중심으로 댐 건설로 인한 지역의 문제를 이슈화하고 반대 주민들을 동원하는 등 댐반대운동의 중추 세력으로 활동했다.

한탄강네트워크, 연천포럼 등 지역NGO들은 댐 건설과 관련된 제반 예상문제를 중심으로 공청회·토론회 등을 통해 댐 건설 반대활동을 전개했으며, 각종 시위, 궐기대회 등에 적극적으로 개최 및 참가했다. 이들은 주로 댐 건설로 일반적으로 발생할 수 있는 환경문제를 중심으로 하면서도 홍수 조절 효과, 경제성 등 새로운 이슈들을 제기했다. 하지만 지역NGO들의 경우는 대부분이 댐 건설과 직접적인 관련이 있는 주민으로서 반대의 이유에 환경적·지역적인 문제뿐만 아니라 본인의 개인적인 이유도 포함되어 있다고 볼 수 있다.

3) 제3자

① 언론(중앙·지방)

언론은 한탄강댐 건설 과정 및 한탄강댐에 대해 보도함으로써 크게 이슈화시키는 역할을 했는데, 중앙인지 지역인지에 따라서 보도 내용 및 입장이 조금씩 다르게 나타났다. 강원도민일보, 강원일보 등 강원지역 신문들과 한겨레신문 등에서는 초기부터 한탄강댐의 문제점을 제기하고 한탄강댐의 반대 입장과 관련된 기사를 주로 실었다. 특히 강원지역 신문들은 주민들의 반대집회를 크게 보도하고, 강원도 및 시군 지자체에서 제대로 반대 입장을 표명하지 않는다며 강도 높은 기사를 내보냄으로써 한탄강댐의 문제를 국민들에게 알리는 역할을 했다.

지방언론과는 반대로 중앙언론은 댐 건설 계획 발표 초기에는 댐 건설에 대해 긍정적인 입장을 나타내었다. 대부분 긍정적인 내용의 기사였으며, 찬성하는 전문가들의 논설이나 의견을 싣는 경우가 많았다. 하지만 노무현 대통령이 당선되고, 한탄강댐 건설에 대한 반대 목소리가 높아지면서 반대 입장의 기사가 점차 나타나기 시작했다. 처음부터 끝까지 반대 입장을 표명했던 지역언론과는 달리 중앙언론은 성향 및 상황에 따라 입장이 달랐으며, 댐 건설 과정에서도 입장이 변화하는 것을 볼 수 있다.

② 전문가

전문가들은 언론의 기고 및 각 NGO들의 전문적 지식 자문, 세미나 등등을 통해 본인들의 입장 및 의견을 제시했다. 전문가는 그 분야에 따라 입장의 차이가 나타났는데, 건설 및 경제 등의 분야의 전문가들은 대부분 한탄강댐 건설을 지지했고, 그 밖에 많은 환경 관련 전문가들은 한탄강댐 건설의 문제점을 제기했다.

③ NGO

환경운동연합, 녹색연합, 녹색미래 등 환경 분야의 전문가 및 시민운동가들로 구성된 NGO단체들은 환경 및 문화적 가치에 중점을 두고, 지속 가능한 발전적인 측면에서 댐 건설 반대를 주장했다. 특히 한탄강댐을 반대하는 주민 및 지역NGO단체들과 함께 성명서 발표 및 집회 등을 열면서 전국적으로 국민들에게 한탄강댐의 문제를 알려 댐 건설 반대 논란을 점차 키워나가고자 노력했다.

④ 지속가능발전위원회 및 한탄강댐 건설 공동협의회

노무현 대통령의 지시에 따라 지속가능발전위원회는 한탄강댐 건설 갈등 문제에 참여하게 되었다. 지속가능발전위원회는 대통령 자문기구로서 국가 지속 가능 발전전략과 갈등관리 정책 수립이 주된 임무로 갈등관리에 대한 전문성을 확보하고자 노력하는 조직이라고 할 수 있다. 지속가능발전위원회는 중앙정부 차원에서의 갈등 조정을 위해 참여하게 된 조직으로서 정부가 또 다른 정부인 댐건설 정책조직과 독립적으로 조정자의 역할을 담당했다.

표 7-4 한탄강댐 관련 이해관계자들

이해관계자		
정부	댐 건설조직	건교부
		수자원공사
	환경부	
	중앙정부(지속가능발전위원회)	
	도지자체	강원도
		경기도
	기초지자체	포천시
		연천군
		파주시
		영월군
		철원군
	국방부	
	지역 출신 국회의원 및 지역의회 의원	
건설 시행자(민간)	삼안건설기술공사, 도화종합기술공사	
주민	지역주민	한탄강댐 반대 대책위원회
		수몰지역 및 수몰 주변 지역의 피해 주민
	지역NGO	한탄강네트워크
		연천포럼
제3자	언론	중앙신문
		강원지역 신문(강원일보)
	전문가	환경정책평가연구원
	NGO	환경운동연합
한탄강댐 건설 공동협의회	정부-건교부, 수자원공사, 농림부, 환경부, 국방부, 지역, NGO: 지역별 1명 전문가: 지역별 1명 지자체: 포천, 연천, 파주, 문산	

표 7-5 한탄강댐 주요 이해관계자 간 입장과 근본 인식

구분	정부	지역주민	환경단체
인식론적 기초	수자원	삶의 경험	지속 가능 발전
문제 정의	치수	부채, 안정성	환경 가치, 문화적 가치
목적	치수대책	생존권	환경 보전
수단	댐 건설	댐 건설에 찬성/반대	댐 건설 저지
입장(identity)	공익 제공자	희생자	가치관적 압력단체
전략적 규범	홍수 안정 vs. 불안정	삶의 안정 vs. 불안정	파괴 vs. 보전
수자원 관리 형태	공급 위주		수요관리

출처: 강상규(2005).

한탄강댐 갈등은 이해관계자별로 다른 입장과 성향을 나타내면서 복잡한 구조를 형성한다. 정부는 임진강 유역의 치수 대책을 위해서는 한탄강댐 건설이 필요하며, 한탄강댐 건설로 인해 공익이 증가한다는 입장이고, 한탄강댐 건설 찬성 주민은 한탄강댐 건설계획으로 인해 사실상의 수몰 예정 지역으로 규제되어 재산권 행사, 실생활의 고통 등의 피해로부터 하루속히 벗어나고 싶다는 입장이다. 이를 위해서는 한탄강댐 건설 여부가 빠른 시일 내 결정되어야 한다고 주장했다.

한탄강댐 건설 반대 주민은 투명성과 공정성이 결여된 정부 자료를 신뢰할 수 없으며 한탄강댐 건설계획의 기술적 절차 문제가 우선 해결되어야 한다는 입장이다. 한탄강댐 건설로 철원지역 등에 한탄강 상류지역의 침수 피해, 안전성, 환경성, 문화재 피해, 경제적 손실, 댐 상류지역 규제 등을 우려하고 있었다. 또한 갈등 과정 내에서 건설교통부와 수자원공사 측이 홍수 조절댐으로 계획을 변경한 것에 대해 홍수 조절용 댐이라지만 한탄강댐 건설 이후 용수 공급을 포함한 다목적댐으로 전환할 우려가 있다는 강한 불신을 갖고 있었다. 환경단체는 기본적으로 댐 자체의 타당성 및 필요성을 의심하고 정부의 한탄강댐 건설의 기술적 절차(예: 홍수량 산정, 홍수 조절 효과, 환경성, 경제성, 안전성 등의 검토 및 대안 비교를 위한 공정하고 정당한 절차)에 문제점이 있기 때문에 한탄강댐 건설이 타당성과 정당성을 갖기 위해 기술적 절차 문제의 해결이 우선되어야 한다는 입장이다.

정부, 지역, 찬성 주민, 반대 주민, 환경단체가 주요 관련자이지만, 주민뿐만 아니라 정부 내에서도 건교부, 환경부, 국방부, 지방자치단체가 각각의 다른 정책적 목표를 갖고 상이한 입장을 보이고 있다. 이러한 복잡한 구조를 갖는 한탄강댐 건설정책이 5년째 표류하자 대통령자문 지속가능발전위원회(PCSD)가 제3자 독립적 조정자로 조정을 시도하고, 이를 통해서도 이해 관계가 좁혀지지 않아 결국 국무조정실로 이관되었다.

표 7-6 이해관계자 간 관계

발주처	협의자1	협의자2	조정자	지자체	지역주민(찬성)	지역주민(반대) 환경단체
건교부 (수자원공사)	환경부	국방부	PCSD	경기도 강원도 철원군 연천군 포천시 파주시	수몰민 종합대책위원회 포천시수몰민대책위원회 파주시 문산읍 이장단 한탄강댐 제1대책위원회	공동대책위원회 연천포럼 한탄강네트워크 환경운동연합 생태경제연구회 한강수자원연구소

출처: 김선희(2005).

3. 과정별 의사 결정의 직·간접 참여자 및 역할

1) 노무현 대통령 당선 이전

① 정부

가. 댐건설조직

건설교통부는 1년여의 준비 끝에 2000년 12월에 「한탄강댐 기본설계 보고서」를 완료했고, 6월에 '수자원 장기종합계획'에 한탄강댐 건설계획을 포함시켰다. 2001년 8월, 댐건설조직은 환경영향평가서 초안을 공람하고 주민설명회, 전문가 토론회 등을 개최하려고 했으나 주민들의 반대로 설명회가 무산되었고, 이때부터 댐건설조직과 주민과의 갈등이 표면적으로 드러나기 시작했다.

처음 댐 건설 계획을 발표할 당시 건설교통부는 댐 건설을 통한 환경 파괴 및 이로 인한 반발을 줄이기 위해 친환경적으로 설계할 것이라는 계획을 밝히는 한편, 신규 댐 건설 시 지방자치단체에 지원하는 지역정비사업비를 500억 원 정도로 기존보다 2배 정도 늘릴 것이라는 방침을 발표(2001년 6월 11일)함으로써 보상을 통해 수몰지역 주민 및 지방자치단체를 회유하고자 했다.

그러나 주민들의 반대가 줄어들지 않자 댐 건설만이 수해를 막고, 부족한 수자원을 보호할 수 있는 방안임을 강력하게 주장하며, 댐 건설의 기대 효과를 홍보하고, 주민과의 갈등을 해소하기 위해 사업타당성, 경제성 및 환경 분야 등의 주민공청회 및 환경단체와 주민 등이 참석한 토론회를 개최함과 동시에 기본계획고시,

표 7-7 주민설명회 개최 현황

구분	일시	장소	참석자	비고
1	2001년 1월 12일	포천시 관인면 중리교회	주민 300여명	- 포천시 요청 - 조사 내용, 향후 추진 계획 설명
2	2001년 1월 17일	철원군청 대회의실	주민 80여명	- 철원군 요청 - 조사 내용, 향후 추진 계획 설명
3	2001년 8월 14일	포천시 관인면 면민회관	주민 300여명	포천시 주민설명회(무산)
4	2001년 8월 16일	철원군청 4층 대회의실	주민 30여명	철원군 주민설명회(무산)
5	2001년 8월 17일	연천군 군민회관	주민 200여명	연천군 주민설명회
6	2001년 8월 24일	연천읍 고문리 마을회관	주민 70여명	- 고문리 주민 요청 - 사업계획, 향후 추진 계획 설명
7	2001년 8월 29일	포천시 관인면 중1리 건강관리실	주민 5~60여명	- 무산된 설명회를 마을별 재실시
8	2001년 9월 5일	포천시 관인면 사정리 이장집	주민 30여명	- 무산된 설명회를 마을별 재실시
9	2001년 9월 6일	철원군 청소년회관	주민 200여명	- 무산된 설명회 재개 - 환경영향평가 설명회
10	2001년 9월 6일	포천시 관인면 중2리 청소년수련원	주민 90여명	- 무산된 설명회를 마을별 재실시
11	2001년 9월 11일	포천시 관인면 소회산리 뒷골 박무웅 집	주맨 20여명	- 무산된 설명회를 마을별 재실시
12	2001년 10월 9일	대진대학교 학생회관	주민 200여명	- 환경영향평가 공청회
13	2001년 12월 11일	포천시 군민회관	주민 600여명	- 반대 주민 요청(이철 우등) - 주민토론회(주민대표 8인)

출처: 윤원근(2005).

환경의 환경영향평가협의[8] 등 법적 절차대로 댐 건설을 강행해 나가고자 했다.

나. 협의기관

국방부와 환경부는 한탄강댐 건설계획의 협의기관으로 두 기관의 협의 없이는 건설을 진행할 수 없다. 이에 1999년부터 댐건설조직은 두 기관과 지속적으로 협의를 진행해 왔다. 국방부는 1999년 12월 건설교통부의 협의 요청에 대해 임진강

표 7-8 국방부 협의

날짜	협의 내용	관계 기관
1999.8.23	임진강유역 댐개발계획에 대한 협조 요청	수자원공사 → 국방부
1999.12.20	군사시설물 수몰되어 이전이 불가피하므로 사업시행기관에서 군 요구 장소로 이전해 주는 조건으로 동의	국방부 → 건설교통부
2000.2.14	업무 협조 요청-임진강 유역 댐 건설 후보지 내 보상조사 시 예하부대 협조 요청	건설교통부 → 국방부
2000.2.18	댐건설계획에 따른 업무 협조 요청	수자원공사 → 군예하부대
2000.2-5	댐건설계획 관련 국방부 및 예하부대 협의(9회)	건설교통부 → 국방부
2000.5.16	다락대시험장 시설물에 대한 검토 결과 통보	국방과학연구소 → 수자원공사
2000.6.15	임진강댐 추진계획 및 군사시설 대책방안 업무 협의	건설교통부 → 국방부
2000.10.18	임진강 유역 댐 관련 군사시설협의 요청(안)에 대한 조건부 동의-훈련장은 보강해 계속 사용, 현 주둔지 인근 부지로 이전, 수몰 군용지는 동일 규모로 사업 시행자가 매수	국방부 → 건설교통부
2003.1	댐 건설 타당성 재검토 요청	국방부 → 건설교통부

출처: 윤원근(2005).

8) 「환경영향평가법」 제14조 2항 사업자가 설명회나 공청회를 개최했으나 사업자가 책임질 수 없는 사유로 정상적인 진행이 되지 못하는 등 대통령령으로 정하는 사유에 해당되는 경우에는 제1항에 따른 설명회나 공청회를 생략할 수 있다.
시행령 제19조 "사업자가 책임질 수 없는 사유로 정상적인 진행이 되지 못하는 등 대통령령으로 정하는 사유에 해당되는 경우"란 다음 각 호의 어느 하나에 해당하는 경우를 말한다.
1. 설명회가 주민 등이 개최를 방해하는 등의 사유로 개최되지 못하거나 개최되었더라도 정상적으로 진행되지 못한 경우
2. 공청회가 주민 등이 개최를 방해하는 등의 사유로 2회 이상 개최되지 못하거나 개최되었더라도 정상적으로 진행되지 못한 경우

유역의 홍수 피해 방지대책과 수몰에 따른 훈련장을 비롯한 군사시설을 이전하고 이에 대한 보상을 받는다는 조건으로 댐 건설을 동의함으로써 찬성했다. 환경부는

표 7-9 환경영향평가 협의

날짜	주요 사항	참고 사항
2001.12.17	한탄강댐 환경영향평가 협의 요청(수자원공사→건교부→환경부)	건설교통부, 수자원공사
2002.1.14~2.5	한탄강댐 기본계획 검토조사(환경영향평가서 검토-환경 분야)	환경부
2002.1~3	댐 타당성 및 환경영향평가서 재검증 실시(주민 요구)	경기도
2002.3.8	환경영향평가협의 일시 유보 통보(환경부→건교부): 경기도 주관 자문 결과 완료 시까지 일시 유보	환경부
2002.4.29	한탄강댐 건설사업 전문가 토론회 개최: 수자원공사 및 전문가, 주민	수자원공사
2002.5.7	댐 타당성 및 환경영향평가 재검증 결과 총리 보고	환경부
2002.6.14	환경영향평가 보완 요구(환경부→건교부): 지형, 지질, 동식물상, 수리수문, 다락대사격장 등 복원대책 관련 추가	환경부
2002.7.10	한탄강댐 타당성 토론회 개최(지역주민, 환경단체, 전문가 등 195인)	수자원공사
2002.7.22	한탄강댐 환경영향평가 보완 보고서(1, 2) 제출(건교부→환경부)	
2002.10.16	환경영향평가 재보완 요구(환경부→건교부): 지형, 지질, 동식물상., 수리수문, 다락대사격장 등 복원대책 추가	환경부
2002.10.31	한탄강댐 관련 토론회 개최를 위한 관계기관 회의 개최: 한탄강댐 주요 쟁점 사항 전문가 토론회 개최 방향	환경부
2002.11.14	전문가토론회 개최를 위한 관계 기관 및 주민대표회의 개최 관계 부처: 16명, 주민대표 및 지역환경단체: 3명, 주민: 15명	환경부
2002.12.4,5,9	한탄강댐 건설사업 전문가 토론회 개최: 홍수, 경제성, 안전성, 환경성	
2002.12.16	환경영향평가 재보완 보고서 제출(건교부→환경부): 지형, 지질, 동식물상, 수리, 수문, 다락대사격장 등 복원대책 관련 추가 보완 및 분과별 토론회 쟁점 사항 추가 제시	건설교통부, 수자원공사
2003.7.28	환경영향평가서 협의 완료: 대체 하부에 배사구를 연간 350일 개발 협의 기간 20일 소요	건설교통부, 환경부

출처: 윤원근(2005).

댐 건설의 전제하에 환경영향을 최소화할 수 있는 방안 및 저감 대책을 요구하며 계획의 보완을 지속적으로 요청했다. 또한 경제성, 안전성, 절차의 적법성 등 환경영향 외의 요인에 대해서도 검토하고, 설명회·공청회, 전문가 자문 등을 하도록 요구했다.

다. 지자체

관련 지자체는 댐 건설 계획 초기에는 댐건설조직과 기본적으로 협조적인 관계를 유지했다. 경기도는 홍수 피해를 방지하기 위해 댐 건설을 건의하기도 했다. 그러나 주민들의 반대 및 입장에 따라 지자체의 의견은 비슷한 방향으로 변화되는 모습이 나타났다. 가장 반대가 심했던 철원군의 경우, 2001년 2월 철원번영회에서 댐 건설 반대 입장 표명하고, 비슷한 시기에 철원군의회에서도 한탄강댐 설치 반대 건의안을 채택하면서 지역주민, 지역NGO와 함께 반대운동을 펼쳤다.

라. 국회의원

국회의원들은 댐 건설 계획에 대해 긍정적인 입장을 나타내고 있었으며, 한탄강댐 건설에 대해 큰 관심은 없었다. 2002년 10월, 한국수자원공사 국정감사에서 건설교통위원회 소속 의원들은 물 부족 문제를 해결하기 위해서는 댐 건설이 필요하다며, 기존 댐 재개발은 물론 신규 댐 건설을 주장했다. 특히, 지자체의 경우 댐에 대해 잘 모르니 잘 지도하고 설명해 소규모 댐을 많이 만들어야 하며, 정부와 수자원공사가 모든 기능을 총동원해 조사, 설계, 착공에 들어가야 함을 거듭 강조했다.

② 주민

가. 지역주민

찬성과 반대 측 주민들은 각각의 네트워크를 형성해 자신의 주장을 관철시키기 위해 다각도로 노력을 했다. 수몰지역 주민 등의 적극적 추진 세력과 파주, 문산 등 하류지역의 소극적 찬성 주민들을 중심으로 하는 찬성 그룹은 2001년 가을, 주민대책위원회를 구성했다. 찬성 주민들은 상대적으로 거주 기간이 짧거나 토지를 소유하지 못한 주민들로 대체로 충분한 보상이 있다면 굳이 반대할 필요가 없다는 입장을 가지고 있었다. 찬성 주민들은 반대 주민들에 비해 사업이 조기 진행될 수 있도록 하는 적극적인 행동은 하지 않았고, 사업이 진행될 것이라는 가정 하에 2001년부터 배나무와 장미, 개를 기르면서 보상비를 더 많이 받고자 했다.

철원, 포천, 연천지역을 중심으로 하는 댐 건설 인접 지역 주민들은 지역 NGO, 철원군(지자체) 등 반대 그룹과 네트워크를 구성해 댐 건설을 저지하기 위해 조직적으로 반대운동을 펼쳤다. 2002년 초, 찬성 측의 주민대책위에 대응해 제1대책위원회를 만들었고, 포천시, 연천군 주민들은 댐 건설 반대 구호를 하며 환경영향평가 주민설명회 등을 무산시키거나 각 해당 부처에 호소문 발송, 궐기대회, 래프팅 시위 등을 진행했다. 2002년 12월, 대선이 치러지기 전, 환경연합과 연합해 대통령 후보에게 친환경적이고 지속 가능한 사회를 만들어 달라는 요구서를 보내기도 했다.

나. 지역NGO

'연천포럼', '한탄강네트워크' 등 지역NGO들은 반대하는 지역주민들과 함께 한탄강댐 건설 반대운동의 중심적인 역할을 담당했다. 지역NGO들은 '환경운동연합', '댐반대 국민행동 준비위원회' 등의 중앙 NGO 단체, 전문가들과 연계해 시위, 궐기대회 등의 물리적인 반대뿐만 아니라 댐 반대의 논리를 만들고, 홈페이지 개설, 토론회 개최 등 각 언론매체에 홍보해 댐 건설의 문제점을 알리고자 했다. 특히, 다양한 이슈를 사회에 알림으로써 댐 건설을 지연시키고자 했다.

③ 제3자: 언론(중앙・지방)

초기의 언론 동향을 살펴보면, 한겨레를 제외하고 조선일보, 중앙일보, 동아일보 등 전국을 대상으로 하는 중앙언론의 기사에서는 대부분 한탄강댐 건설이 필요하다는 의견이었다. 한탄강댐 건설계획을 경제성 측면에서 파악한 것으로서 댐건설 조직 측의 의견에 힘을 실어주었다. 또한 한탄강댐 건설 갈등문제를 크게 이슈화하지 않았다. 중앙언론에서는 한탄강댐 건설계획이 수립되기 이전부터 철원, 연천 등의 일대의 홍수 및 가뭄 등에 대해 대대적인 보도를 하면서 한탄강댐 건설의 기대 효과에 대해 홍보했다. 특히, 추가적인 댐건설 없이는 수자원 확보가 어렵다는 보도를 내면서 댐건설 정책조직 주장의 근거를 지지하는 기사를 실었다.

강원도민일보, 강원일보 등 강원지역 신문은 한탄강댐 관련 내용을 거의 매회에 실으면서 한탄강댐 건설의 문제점을 제기하고, 반대 입장과 관련된 기사를 주로 실었다. 때로는 강원도 및 시군 지자체의 반대 입장 표명을 요구하기도 했다. 강원지역 신문은 반대하는 지역주민들을 뒤에서 지원해 주는 역할로서 한탄강댐과 관련된 사건 대부분을 보도해 지역주민들에게 알렸다.

2) 노무현 대통령 당선 이후

① 정부

가. 댐건설조직

댐건설조직은 기존의 댐 건설의 효과 및 필요성을 주장하고, 사업을 강행하려던 방법에서 벗어나 기존의 댐 계획을 수정하고, 지원 대책을 늘리는 한편, 주민 및 시민단체를 설득하기 위한 방법을 강구했다.

수자원공사는 기존의 이수(利水) 및 치수(治水) 중심의 댐 건설 방식이 아닌 환경 피해를 최소화하기 위한 환경친화형 댐 건설 개념을 도입하기로 했다면서 사업설명회를 개최하고, 지역협의회를 구성 운영해 지방자치단체, 환경단체, 지역주민 등의 의견을 최대한 수렴하겠다는 계획을 발표했다. 또한, 2003년 3월에는 친환경 분야에 공사비의 약 20% 수준인 550억 원가량을 투입해 수질보전대책도 세울 방침이라고 밝혔으며, 2003년 9월에는 당초 홍수 조절 목적 이외에 생활용수나 농공업용수 등의 용도도 포함되어 건설이 추진되었으나 홍수 조절용으로만 활용할 것이며, 댐 주변에 생태공원을 조성하는 등 친환경적으로 건설하겠다는 계획을 발표했다.

또한 댐 건설지역 주민들을 위한 마을정비사업비와 댐 주변 지역경제 활성화를 위한 지원사업비를 대폭 늘리기로 했다. 건설 기간 중에는 490억 원의 정비사업비를 지원한 뒤 준공 후에는 운영 중인 댐의 수익금 일부(용수수입 15%, 발전수입 3%)를 매년 지원하고, 댐 주변 지역에 레저 및 수상스포츠시설과 자연 생태교육장을 조성하는 방안을 강구했다.

그 밖에도 댐건설조직은 임인택 건교부 장관의 지시에 따라 주민들 및 시민단체를 설득하기 위한 작업을 중점적으로 시작했다. 2003년 8월 수몰지 보상을 시작으로 2003년 9월에는 2개 지방 일간지에 각각 '한탄강댐이 건설되어도 철원지역 상수원보호구역 지정과 홍수 피해는 없습니다'라는 광고를 실어 주민들에게 한탄강댐의 효과를 홍보했다.

나. 협의기관

국방부는 노무현 대통령 당선 이후, 한탄강댐 건설계획에 대해 협의했던 것을

2003년 1월 27일에 대체시설 확보에 막대한 재원이 필요함을 이유로 건설교통부에 사업의 타당성을 재검토해달라는 공문을 보냄으로써 한탄강댐 건설계획 찬성 입장을 유보했다. 이에 대해 한탄강댐 건설을 반대하는 주민 및 지역신문에서는 한탄강댐의 문제로 인한 재검토 요청이며, 그로 인해 많은 부분을 재조사할 수 있게 되었다고 환영하는 한편, 이를 반대운동에 적극적으로 활용했다.

다. 국회의원

국회의원들은 2002년의 국정감사와는 달리 2003년 9월 25일에 실시된 국회 건설교통위의 국정감사에서 한탄강댐 건설에 대해 대부분 비판적인 질문을 제시했다. 민주당 김영환 의원의 경우, "한탄강댐은 경기 북부지역의 수해를 줄이기 위한 댐으로 2000년 12월 최초 용역보고서에서 100년 빈도 2일 사용 강우량을 471mm로 잡았다가 2002년에는 568mm로 수정, 보완하는 등 일관성이 없다"며 "이는 댐에 대한 당위성을 강조하기 위해 확률 강우량을 높인 것 아니냐"고 질문했고, "댐 상류에 동양 최대의 사격장(다락대사격장)이 있어 사격장에서 배출되는 중금속이 댐을 크게 오염시키고 그 오염된 물이 임진강으로 흘러들어 크게 오염시킬 가능성이 있다"며 심도있는 검토가 필요하다고 지적했다. 또한 통합신당 송영진 의원은 "한탄강댐 등 국책사업이 수년간 지연되면서 국가적으로 막대한 손실이 발생되고 있다"며 "경기 북부지역의 치수 대책 수립이 시급성을 고려해 수자원공사가 합리적인 방안을 찾아야 한다"고 의견을 제시했다(연합뉴스, 2003.9.25).

② 주민

가. 지역주민

2003년부터는 댐 결사 반대를 외치던 주민들이 더욱 활발하고 필사적으로 활동했다. 반대운동은 궐기대회, 불매운동, 타당성 조작에 대한 고발, 국민감사 청구, 이장 사퇴 등 다양한 방법으로 진행되었다. 한탄강댐건설 반대대책위는 2003년 1월 14일 대통령인수위를 방문해, 한탄강댐 건설계획의 문제점과 대안에 대한 건의서를 제출했다. 건의서에서 "철원, 연천, 포천주민들은 한탄강댐 홍수 조절 능력에 대한 의심과 현무암 지대인 댐 건설 지형의 안전 타당성에 대한 논란이 많다"고 주장했다. 이를 뒷받침하기 위해 철원지역 주민들, NGO 등은 한탄강댐 건설에 대한 오랜 조사를 토대로 건설계획 자체의 부실과 오류를 밝히고자 노력했고, 2003

년 8월에는 타당성 용역이 조작되었다는 근거를 발견하고, 댐건설조직의 환경영향평가 보고서의 수치 조작과 과대 예산 책정 등의 문제를 제기해 한탄강댐 건설에 참여한 당사자들을 고발했다. 또한, 공동대책위는 감사원에 타당성 등에 대한 의혹을 제기해 주민들의 서명을 받아 국민감사를 청구했다.[9]

수자원공사의 주장을 무비판적으로 보도한 조선일보의 불매운동과 수자원공사의 광고를 실은 강원일보 등의 지방 일간지의 구독 거부운동을 전개하기도 했으며, 철원지역 107개리 이장들이 한탄강댐 건설 방침에 항의하기 위해 행자부에 사퇴서 제출 뒤 삭발하는 모습을 보이기도 했다.

그러나 다른 한편으로는 댐 결사 반대를 외치던 주민들의 의견이 찬성과 반대로 나뉘기 시작했다. 사업 결정이 지연되면서 반대하기는 하지만, "정부가 밀어붙이면 어쩔 수 없으니 보상이라도 제대로 받자"는 주민들이 나타나기 시작한 것이다.

나. 지역NGO

지역NGO들은 한탄강댐 반대대책위와 연계해 각종 시위, 궐기대회 등에 적극적으로 참가하고, 토론회 및 공청회 등에 참가해 댐건설 반대운동을 추진했다. 그와 동시에 댐 건설 자체의 기술적 타당성, 경제성, 환경성, 안전성 등 기술적 합리성의 문제를 제기해 댐 건설 추진 과정을 지연시키고자 했다(윤원근, 2006: 97).

한탄강네트워크는 2003년 12월 1일 한탄강댐 백지화를 위한 3개군 공동대책위원회와 함께 한탄강네트워크 사무소 앞에서 천막농성을 벌이며 댐건설 반대운동을 전개했으며, 연천포럼도 연천군 전곡읍 수자원공사 한탄강댐 사무소 앞에서 1인 피켓시위, 연천 통현리 천막 농성, 전곡읍 가두방송 등을 실시했다. 특히, 한탄강네트워크의 이철우 사무처장은 언론 인터뷰 및 기고를 통해 한탄강댐 건설의 문제점을 부각시키기 위해 노력했다. 2003년 3월 14일의 정경뉴스 인터뷰에서 "계곡의 절경이 희귀동물과 어우러진 자연생태계이며, 선사 유적지가 흩어져 있는 천혜의 관광지를 댐 건설로 파괴할 수 없다. 남북한 접경지대로 보기 드물게 자연환경이 매우 잘 보전되어 있는 곳이다"라며 한탄강댐의 환경적 가치를 지적했을 뿐만 아니라 "최근에만 30여개의 천연동굴이 발견된 현무암지대로 수압에 취약하다. 댐

9) 철원군민은 인접 지역인 경기도 연천·포천 주민 등 모두 1518명이 서명한 감사청구서에서 "건교부와 수자원공사는 한탄강댐 건설을 추진하는 과정에서 기본적인 수치마저도 틀리고 예산 낭비를 초래하고 있다"고 주장했다.

건설로 수몰되는 다락대사격장 일대에서 나오는 화약, 중금속, 분진 등으로 인한 수질오염은 어떻게 할 것이냐"고 반문하고 댐 건설의 안전성, 수질오염 가능성의 문제를 제기했다.

③ 제3자

가. 언론(중앙・지방)

한탄강댐 건설계획에 관해 이전까지 경제성의 논리에 의해 찬성과 관련된 기사를 많이 실었던 중앙언론들이 점차 한탄강댐 건설 갈등에 대해 주목하면서 다양한 시각의 기사가 증가했으며, 특히 경제적인 관점에서 사회적인 관점으로 바뀌어 사회문제적인 측면에서 다루었다. 언론에서는 주민 및 환경단체들이 반대하는 이유, 주민과 정부의 현황 등의 기사를 실었다. 강원도민일보, 강원일보 등 강원지역 신문은 지속적으로 한탄강댐 진행 상황에 대해 주민들에게 알리며, 반대를 지지하는 기사를 주로 실었다.

나. NGO

환경운동연합, 녹색연합, 녹색미래 등 환경단체는 댐반대국민행동이라는 연대를 형성하고, 지역NGO와 함께 댐건설조직의 계획 및 대응에 하나하나 근거를 찾아 반대 논리를 펼쳤다. 또한 댐 건설을 저지하기 위해 국민들의 신임 및 지지도를 담보로 대통령 및 정치인들에게 댐 반대를 지지하도록 유도했다.

댐반대국민행동은 2003년 1월 31일 성명을 내고 "수자원공사가 최근 한탄강댐 건설을 위해 550억 원의 비용을 들여 환경대책을 수립하겠다고 밝힌 것은 생태계 파괴를 스스로 인정하는 행위"라며 댐 건설 백지화를 요구했다. 또한 "댐이 건설되면 한탄강의 뛰어난 자연환경과 천연기념물 어름치 등 수많은 동식물의 서식처가 수장될 수밖에 없다"고 주장하며 한탄강댐 환경보전의 필요성을 주장했다. 2003년 10월 17일에는 정부가 한탄강댐 건설계획을 철회하지 않고 강행할 경우 대통령 불신임 운동을 전개하겠다고 밝히며, 내년 총선에 앞서 한탄강댐 건설에 앞장선 정치인을 대상으로 낙선운동도 전개하겠다고 밝혔다.

3) 갈등 조정 기제 도입

2003년 12월 19일, 노무현 대통령이 지속가능발전위원회에 절차적 합의 결론 도출을 지시한 후, 2004년 2월 17일에 정진승(단장), 박수선 등 지속가능발전위원회 6인이 갈등관리단을 구성했다. 갈등관리단은 2004년 2월 17일부터 5월 11일까지 지역주민, 환경단체 등의 의견을 청취하고 한탄강댐 갈등 조정 프로세스를 환경단체, 건설교통부, 찬성 및 반대 주민에게 설명한 후, 한탄강댐 문제 조정을 위한 관련 당사자회의를 마련했다. 관련 당사자 회의 구성원은 찬반 주민대표 각 4인, 환경단체 대표 각 3인, 조정위원 4인 등 총 15인으로 이들은 준비회의에서 회의 진행 방향과 절차에 대한 사전 약속을 준수할 것을 전제로 조정당사자회의에 참석했다. 조정회의는 2004년 6월 2일 제1차 회의를 시작으로 2004년 11월 2일 최종 결론에 이르기까지 16차에 걸쳐 쟁점 사항을 조정했다.

표 7-10 한탄강댐 갈등 조정을 위한 당사자회의 단계 및 내용

구분	일시	내용
1~2차 조정회의	6월 2일~9일	사전 약속
3차 조정회의	6월 16일	입장 교환: 당사자 상호간 문제와 원인 토론, 인식 공유
4차 조정회의	6월 23일	조정 절차에 대한 합의: 차이점과 유사점 정리 및 논의 순서 정하기
5~9차 조정회의	6월 30일~ 7월 28일	분야별 논의 - 갈등 조정 참여대표단별 발표, 이견 정리, 토론, 합의점과 이견 정리 - 분야별 기술적(전문적) 검토를 위한 소회의 운영
10~13차 조정회의	8월 4, 5, 12일	문제 해결을 위한 대안 탐색
14~15차 조정회의	8월 25일~	문제 해결 방식 합의 및 결정
16차 조정회의	8월 27일	합의문 작성

출처: 김재근(2009).

① 1~2차 회의

1~2차 회의에서는 조정회의에서 논의될 내용과 진행 사항 등에 관한 관련 당사자의 설명회를 인정하나 갈등 조정 기간 중 한탄강댐 건설에 관한 찬반 집회나 시위 등 비신사적인 일체의 행위를 삼간다고 합의하는 등 조정 대표자와 조정자가

지켜야 할 기본 예의, 조정위원회의의 역할과 운영 방법, 회의의 진행 방법, 만장일치에 의한 합의 등 갈등준비단에서 정한 합의의 절차, 방법에 대해 참석자 간에 합의했다.

② 3차 회의

3차 회의에서는 각 참여자별로 서로의 주장을 듣고, 공유하는 시간을 가졌다. 댐 건설조직은 범정부적으로 수립한 다양한 수해 방지 대책 중 하나가 한탄강댐임을 알리고, 댐 건설을 건설교통부가 미리 확정해놓고 짜맞추기식으로 추진한 것이 아님을 주장했다. 또한 환경영향평가 등 절차는 적법하게 이행했으며, 수치 변경은 용역기관, 사용 자료의 종류와 방법에 따라 차이가 날 수 있음을 설명했다.

반대 주민은 지금까지 댐 건설을 기정사실화한 뒤, 주민을 배제한 채 사업을 추진했으며, 사업 추진 절차와 투명성에 문제가 있어 건교부 주장을 신뢰하기가 어렵다는 의견을 내놓았다. 그리고 건설교통부가 홍수 조절용 댐으로 건설한다고 했지만, 용수 공급용으로의 전환 가능성을 배제할 수 없으며, 상류 지역의 피해에 대해서는 관심을 가지지 않고 있다고 이야기했다.

찬성 주민은 건설교통부 및 수자원공사가 18회에 걸쳐 설명회를 진행했기 때문에 참여와 투명성 등에는 문제가 없으며, 반대 측에서 정치적인 이유로 참여를 거부한 것이라고 주장했다. 아울러 합의한 내용에 대해서는 승복하고, 기술적 판단과 토론은 전문가들에게 의뢰하는 것이 좋다는 의견을 내놓았다.

환경단체는 반대 주민과 같은 입장에서 사업 시행 결정 시점의 명확성과 예산회계법 시행령(9조 2항)에 따라 법률적 절차와 전문적 자문을 시행했는가에 대해 질문하고, 관련 자료에 정직성과 정확성이 없다고 주장했다. 예비타당성 조사도 사업자가 임의로 지정해 실시했으며, 임진강 수해 원인 분석과 수해 방지 대책에 대한 평가가 다시 진행되어야 한다고 주장하며, 댐 건설 외의 수해 방지 대책 강구를 주장했다.

3차 회의를 통해 각 참여자들은 서로의 입장을 공유하고 4차 회의에서 사업 추진 절차에 관한 사항, 수해 원인을 포함한 홍수량 산정 및 홍수 조절 효과, 다른 대안과의 비교를 포함한 환경영향, 주민 영향, 대안 검토를 논의하기로 합의해 서로를 완전히 설득할 수는 없지만, 앞으로의 조정 가능성을 보여주었다.

③ 4차 회의

4차 회의에서는 크게 네 가지의 합의를 이루는 성과를 거두었다.

첫째, 건설교통부는 향후 댐 건설과 관련해 공정하고 투명한 기회와 절차에 따라 지역주민과의 사회적 합의를 이루기 위한 노력을 하는 등 제도 개선을 위해 지속적으로 노력한다.

둘째, 한탄강댐 추진 과정에서의 법적·행정적 절차의 타당성 및 적법성을 세부적으로 검토하기 위한 소위원회를 구성한다는 것이다. 댐 건설 절차상의 문제가 합의되지 않고 계속 대립되자 찬반 양측 조정 대표자 1인과 양측이 추천하는 전문가 각 1인으로 구성되는 소위원회를 통해 절차상의 문제를 논의하기로 합의한 것으로 새로운 갈등 조정 방법을 만들어 낸 것이라고 할 수 있다.

셋째, 시민단체 측이 제기한 한탄강댐의 홍수 조절 효과 등 기술적 측면의 문제점에 대해 앞으로 홍수량 산정 및 홍수 조절 효과 분야에 대해 논의할 때 다루어질 수 있음을 확인했다.

넷째, 갈등조정소위원회는 한탄강댐조정회의에 영향을 미칠 가능성이 있는 활동을 자제해 줄 것을 지역구 국회위원에게 공문으로 요청하기로 한다는 것이다.

④ 5~9차 회의

5~9차 회의에서는 각 분야별로 기술적, 전문적 검토가 진행되었다. 댐 건설의 기술적·타당성 여부 쟁점에 대한 합의를 도출하지 못하자 찬반 양측은 제시된 수치의 정확성 여부를 검토하고 확인함으로써 댐계획의 기술적 타당성을 검증하기로 하고, 2~3인의 외부 전문가가 참여해 기술적 사항을 토론하는 것에 합의했다. 또한 7차 홍수량과 관련한 조정회의에서도 전문가 중심의 논의를 계속했으며, 9차 조정회의인 환경성의 문제에서도 전문가가 활용되었다.

합의 도출 과정을 살펴보면, 합의 과정에 전문가 참여시 쟁점에 대한 조정이 쉽게 나타나고 있음을 볼 수 있으며, 조정회의 과정에서 기술소위원회 등 각종 소위원회가 구성되었다. 전문가가 조정회의에 직접 참여하고 다른 참여자들이 질의, 토론하기도 하는데 댐 건설 관련 외부 전문가 참여 시 기술적 판단을 근거로 문제에 대한 합의, 미합의가 분명하게 나타나고 문제 해결 방향이 효율적으로 결정되는 경향을 볼 수 있다(윤원근, 2005: 120).

⑤ 10~13차 회의

10~13차 회의에서는 문제 해결을 위한 대안 탐색을 시도했다. 관련 당사자 대표단, 조정소위원회 위원 전원을 참가하도록 했지만 자율 참가를 원칙으로 실시했다. 이 회의에서는 한탄강댐 문화재 지표조사, 주민 영향, 댐을 만들지 않을 때의 대안 만들기에 대해 주제 발표와 토론으로 진행되었다.

10~13차 회의에서는 몇 가지 조정 과정의 특성이 나타나는데, 첫째, 찬·반 대표들의 자율에 의한 집중 합숙, 공동조사를 통한 대안 모색, 제3의 전문가그룹에 의한 대안 검토 등 다양한 기법을 활용해 합의를 모색했다. 둘째, 찬반 양측은 공동조사, 대안의 탐색 과정에서 정보의 공유와 이를 통한 문제의 해결을 위해 공동으로 노력했다.

⑥ 14~16차 회의

조정 과정 동안 조정소위원회에서는 핵심 쟁점 사항들에 대해 단계적인 합의를 거쳐 관련 의제들을 압축해 쟁점 사항에 대한 논의를 심화시키고 합의를 위해 노력했다. 그럼에도 불구하고 대안들의 타당성에 대한 합의가 이루어지지 않자 관련 당사자 대표는 한탄강댐 갈등조정소위원회에 문제 해결에 대한 최종결정권을 위임했다.

이때 조정회의의 합의 사항은 크게 여섯 가지이다. 첫째, 조정회의는 2004년 9월 1일자로 이를 해체하며, 조정소위원회에 최종결정권을 위임한다. 둘째, 조정소위원회는 천변 저류와 제방안, 분수로와 제방안, 한탄강댐안, 한탄강댐과 천변 저류안, 전문가가 제시하는 기타 대안을 검증한다. 셋째, 대안 검증 시 사회적 수용성, 홍수조절 효과, 경제성, 환경성, 안정성, 기타 필요한 사항을 확인한다. 넷째, 한탄강댐 건설 철회 시 수몰 주민의 요구 사항을 수렴해 지원하는 방안을 강구한다. 다섯째, 한탄강댐 건설 대안 선택 시 철원군 주민을 대상으로 주민투표를 실시해 주민의 동의를 구한다. 여섯째, 대표단은 최종 결정에 이견이 있더라도 그 결정을 수용한다.

2004년 8월 27일 제16차 회의를 끝으로 조정당사자 회의는 폐지되고 조정소위원회는 2004년 11월 2일의 최종 합의문에서 최종 대안으로 천변 저류와 새로운 홍수조절용댐 건설안을 결정했다.

제 4 절 결론

한탄강댐 사례는 오랜 기간 동안 다양한 이해관계자가 갈등을 겪었던 사례이며, 각 이해관계자마다 여러 대응전략이 나타나고, 새로운 갈등 조정 기제를 도입했던 사례로서 시사하는 바가 크다고 할 수 있다.

첫째, 정책을 담당하는 댐건설조직의 사업을 진행하는 방식, 다른 이해관계자에 대한 인식 및 대응전략의 변화가 나타났다. 초기 댐건설조직은 주민 의견 수렴 및 참여를 법적 근거에 따른 절차로 형식적으로 받아들였으며, 댐 건설의 홍보와 지원금으로 사업을 진행하고자 했다. 그러나 반대하는 측이 적극적으로 조직을 구성하고, 댐 건설의 타당성에 근거를 제시하며 이의를 제기하고, 전문가 · 언론 등을 통해 반대 여론을 조성하게 되자, 적극적으로 설득 및 홍보했으며, 타협을 위해 계획을 조정하기까지 했다. 즉, 주민 및 다른 이해관계자들을 건설 과정의 하나의 참여자로 인식하게 된 것이다.

둘째, 협의기관이 중립 및 방관자적인 입장에서 중재자 및 참여자로서의 역할을 수행하고자 했다. 국방부의 경우는 초기에 보상받은 부분을 협의하고, 이후의 상황에서는 일절 관여하지 않고자 했다. 그러나 중간에 갈등이 고조되면서 댐 건설 타당성조사에 이의를 제기하면서 하나의 참여자로서의 입장을 명확히 했다고 볼 수 있다. 환경부는 댐 건설 계획에서 환경적인 측면에서 갈등이 나타나고, 환경영향평가 협의를 해야 하는 상황에서 댐건설조직과 주민, NGO 단체 등 찬반 양측의 종합토론회 등을 주도적으로 개최하면서 갈등을 조정하는 역할을 하고자 했다. 이는 환경부가 기존의 중립적인 혹은 국책사업에 호의적이었던 입장을 벗어나 주요 참여자로서 활동하고자 했음을 알 수 있으며, 동시에 환경부의 역할이 커졌음을 알 수 있다.

셋째, NGO 단체 및 지역주민의 경우, 조직적이고 체계적인 활동이 나타났다. 댐 건설 갈등 과정에서 찬성 및 반대를 표명하는 주민 및 NGO 단체들은 체계적으로 조직을 구성하고, 점차 연대를 형성하면서 댐 건설 과정에서 법과 강력한 권위를 가진 정부의 정책을 제재하기 위해 다양한 전략을 펼쳤다. 특히, 궐기대회나 반대운동 외에 다수의 전문가와 지방자치단체를 동원해 댐 건설의 타당성 조사를 자체적으로 의뢰하고, 다른 정부기관인 감사원에 감사청구를 실시하는 등 주민 및 NGO단체들이 좀 더 조직적이고 전략적으로 대응했음을 알 수 있다.

넷째, 조정 기제를 통한 갈등 조정이 이루어졌음을 알 수 있다. 조정 기제를 도입하기 전에는 각자의 주장만을 주장해 불신과 갈등이 계속되었다. 갈등 조정 기제 도입 후, 상호 조정 및 설득을 통해 하나씩 서로 합의가 나타나게 되었다. 물론 갈등 조정 기제가 모든 걸 다 해결해 줄 수는 없지만, 갈등 발생 시 이를 조정할 수 있는 가능성을 보여준 것이라고 할 수 있다.

한탄강댐 건설 갈등 사례를 살펴본 결과, 국책사업을 실시할 경우에는 각 이해관계자 간의 갈등 조절이 성공을 위한 주요 요건이 될 것으로 보인다. 그렇기 때문에 예방하고 조정할 수 있도록 초기 계획 수립 시 정보를 공유하고, 각계각층에서 공개된 논의를 할 수 있도록 하는 것이 필요하다. 이에 대한 하나의 방법으로서 정책 및 사업 초기(사업 진행 여부를 결정하기 전)에 환경적 영향을 검토하고, 이를 주민에게도 공개해 의견 수렴을 할 수 있도록 환경영향평가제도 내에서 전략환경영향평가라는 절차를 도입했지만, 국책사업에서 전략환경영향평가 실시에서 공개된 정보를 가지고 주민이나 전문가들이 문제를 파악하고, 분석하기에는 어려움이 따른다고 할 수 있다. 초기 계획 수립 시 각 이해관계자가 타당성 분석부터 공동으로 참여해 서로의 목적과 목표를 공유할 수 있도록 하는 것이 필요하다.

또한, 갈등 상황에서 정부의 역할에 대해 고민하고 국회를 포함한 중앙정부의 입장을 명확히 할 필요성이 있다. 갈등 논의 초기에 국회 감사에서는 댐 건설에 대해 찬성을 했다가 이후에 갈등이 커지면서 댐 건설의 문제점을 지적하면서 반대를 하는 등 입장이 계속 변했고, 그 외 중앙정부는 어떤 공식적인 입장도 표명하지 않았다. 이로 인해 댐건설조직과 주민은 각자의 주장만 할 뿐 어떠한 중재도 불가능해지는 상황이 나타났다. 이후 갈등 조정 기제를 대통령의 지시로 도입한 후, 점차 갈등이 조정되는 것이 나타났는데, 갈등 발생 시 이에 대한 정부의 즉각적인 조치와 입장을 표명해 갈등이 조정될 수 있도록 하는 것이 중요하다.

참고 문헌

강상규(2005). 정책갈등, 공공숙의, 그리고 제도 변화: 조직화와 제도화 과정으로서 정책결정 과정에 대한 이해. 한국정책학회 하계학술대회 발표논문집.

국무조정실(2003). 국책사업 타당성조사 및 영향평가 제도 개선.

국무총리실 수질개선기획단(2000). 「물관리백서」.

국토연구원(2005). 국책사업 갈등관리와 합의 형성 세미나.

김선희(1998). 대형 프로젝트의 평가와 과제. 「국토연구」, 204: 112-119.

______(2005). 국책사업에 대한 사회합의 형성 시스템 구축 방안. 국토연구원.

김순양(2004). 권위주의 정치 체제와 정책 네트워크. 「한국행정논집」, 16(3): 429-456.

김재근·채종헌(2009). 정책갈등의 제3자 갈등조정 효과. 「분쟁해결연구」, 7(1): 5-40.

김현주·박용규·강신겸(1998). 「대형 국책사업의 효율적 추진 방안」. 삼성경제연구소.

김환석(2005). 「참여적 의사결정의 의의와 활용 방안」. PCSD 공공갈등과 참여적 의사결정 포럼 자료집.

나태준·백재희(2004). 「갈등 해결의 제도적 접근: 현행 갈등 관련 제도분석 및 대안」. 한국행정연구원.

대통령자문 정책기획위원회(2003). 「갈등 해결 방안 연구」.

______(2003). 「참여정부의 환경정책」.

______(2004). 「갈등관리 교육 프로그램 개발 및 연구 활성화 방안 연구」.

대통령자문 지속가능발전위원회(2003). 「갈등관리시스템 구축 방안 연구보고서」.

______(2004). 「공공분쟁 및 갈등 관련 제도개선 지침안」.

______(2004). 「갈등관리시스템 구축 방안 연구보고서」.

______(2004). 「갈등관리기본법 및 법·제도 개선」.

______(2005). 「공공갈등관리의 이론과 기법」.

문태훈(2001). 보전과 개발을 둘러싼 중앙부서 간의 환경갈등 원인과 저감 방안에 관한 연구. 「한국행정학보」, 35(1): 1-18.

박재룡·박용규·김선빈(2005). 「대형 국책사업의 시행착오와 교훈」. 삼성경제연구소.

박재희·정유진(2004). 「중앙행정부처의 갈등관리 방안」. 한국행정연구원.

윤근섭·송정기(1997). 수자원 이용에 따른 지역 이해의 구조에 관한 연구. 「한국사회학」, 31(1): 195-221.

윤원근(2005). 수자원정책 과정의 거버넌스 분석. 서울시립대학교 박사학위 논문.

이민창(2002). 환경 NGO의 정책과정 참여와 정책변동. 「지방정부연구」, 6(1): 29-49.

이상헌(2003). 한국의 근대화와 물 운동의 발전. 「공간과 사회」, 19: 88-139.

______(2004). 지속가능발전위원회의 지속가능성 제도화 평가. 「동향과 전망」, 64-184.

이영희(2004). 과학기술·환경갈등과 시민참여. 한국과학기술학회 하계 학술대회발표 논문집.

이창훈(2004). 환경갈등의 예방 및 해소 방안. 경제사회연구회 소관연구기관 공동 워크숍 결과보고서.

정진승(2005). 공공정책 갈등이론 및 사례검토. 「공공정책」, 2: 172-202.

조성배·문영기·데무라 카츠히코(2008). 한탄강댐 건설에 따른 갈등흐름 분석과 합의 형성의 의미. 「주거환경」, 6(1): 69-85.

주경일(2003). 프레임분석을 통한 수자원 갈등 각 이해집단의 의미 구성 이해. 한국행정학회 하계학술발표 논문집.

주재복·홍성만(2003). 수자원 개발의 이해갈등과 정책조정기제의 변화. 「지방행정연구」, 17(1): 241-271.

최홍석·홍성만(2004). 수자원 공급의 거버넌스 변화분석. 「한국행정논집」, 16(1): 49-79.

최홍석·홍성만·주경일(2003). 사회적 갈등의 근거이론적 이해. 「한국행정학보」, 37(4): 169-191.

함영주(2010). 집단갈등 해소 방안으로서의 소송대체분쟁 해결 방안. 「저스티스」, 121: 676-712.

홍성만(2001). 정부기관과 비정부조직(NGO)의 정책경쟁조건 탐색. 「행정과 정책」, 7(2): 172-202.

______(2002). 정부와 비정부조직의 정책경쟁과 합의형성 과정. 「한국행정학보」, 36(1): 21-40.

찾아보기

저자 소개

공동성(孔東聲) : 미국 애리조나주립대학교에서 행정학 박사를 취득하고(1990), 미국 캘리포니아주립대(SJSU) 교수로 재직했으며(1991~2005), 현재 성균관대학교 국정관리대학원 행정학과 교수로 재직하고 있다. 주요 관심 분야는 성과관리, 재무행정, 국정관리 등이다. 최근 저서로는 『성과관리: 한국 제도편』(2013), 『성과관리: 외국 제도편』(2013), *Public Governance and Management: Lessons for Developing Countries*(2012), *Citizen Participation: Innovative and Alternative Modes for Engaging Citizens*(2011) 등이 있다(dkong@skku.edu).

정문기(丁文基): 미국 플로리다주립대학교에서 행정학 박사학위를 취득하고(논문: Local Land Use Choices: An Empirical Investigation of Development Impact Fees in Florida, 2004), 현재 성균관대학교 행정학과·국정관리대학원 교수 및 도시발전연구소의 소장으로 재직하고 있다. 미국 텍사스대학교(샌안토니오)(2004~2007)에서 조교수로 근무했다. 주요 관심 분야는 지방자치 및 지방재정, 지역 개발 및 지속가능 발전, 정부간 관계 등이다. 최근 논문으로는 "Voluntary Environmental Programs and Corporate Economic Performance"(2014), "문화경쟁력과 창의성이 도시경제에 미치는 영향분석"(2013), "협력과 지역경제개발 프로그램 채택"(2013) 등이 있다(mgjeong@skku.edu).

김보미: 성균관대학교 건축공학과를 졸업하고(2007), 국정관리대학원에서 석사를 취득한 후(2009), 경기개발연구원(2009~2010), 한국환경정책·평가연구원(2011)에서 연구원으로 재직했다. 이후 동 대학원에서 박사과정을 수료한 후, 현재 동아시아연구원의 여론분석센터 연구원으로 재직하고 있다. 주요 관심 분야는 도시 및 환경행정, 환경 갈등 등이다(spring43@ hanmail.net).

김선아(金善婀): 성균관대학교 국정관리대학원에서 행정학 석사학위를 취득하고, 동 대학원 박사과정을 수료했다. 주요 관심 분야는 인적자원관리, 조직 행태, 리더십, PSM, WLB 등이다. 최근의 주요 연구 논문으로는 "Determinants of Job Satisfaction and Turnover Intentions of Public Employees: Evidence from US Federal Agencies"(2014), "시민의 삶의 질 선행 요인 규명에 관한 연구: 일반 가구와 저소득층 가구의 비교를 중심으로"(2014) 등이 있다. 또한 최근 저서로는 『조직과 인간관계』(2015), *Public Management: A Case Handbook*(2014) 등이 있다(seona1203@skku.edu).

김재근(金載根): 성균관대학교 국정관리대학원에서 행정학 박사학위를 취득하고(2011), 현재 한국산업기술평가관리원 책임연구원으로 재직 중이다. 주요 관심 분야는 과학기술, 연구개발(R&D)정책 및 성과평가 등이다. 주요 논문으로는 "유비쿼터스 공공서비스의 시민수용 요인"(2011), "과학기술 진흥 수단으로서 테크노파크 사업의 운영성과 평가"(2013), "정부지원 산업기술 R&D의 공동연구 현황 및 내실화를 위한 개선 방향"(2014) 등이 있다(jaekeun76 @keit.re.kr).

김진열(金鎭烈): 성균관대학교에서 행정학 석사학위를 취득했고(2011), 동 대학원에서 박사과정을 수료했으며, 현재 성균관대학교 도시발전연구소 연구원으로 재직 중이다. 주요 관심 분야는 도시 및 지역경제, 지방행정 및 재정 등이다. 주요 논문으로는 "창조산업의 집적이 지역경제에 미치는 영향분석"(2012), "도시경제 성장을 위한 창조산업의 활성화 및 정책적 노력"(2014) 등이 있다(judgelaw@skku.edu).

김진영(金眞永): 성균관대학교 국정관리대학원에서 행정학 박사를 취득하고, 현재 성균관대학교 거버넌스연구센터 선임연구원으로 재직 중이다. 주요 관심 분야는 성과관리, 민관협력, 거버넌스 등이다. 최근 논문으로는 "민간에 대한 국고보조사업의 집행 부진 원인/유형 분석"(2013), "고등교육 학자금 지원정책이 학자금 부담 경감 및 학업성취도에 미치는 영향 분석"(2014) 등이 있다(jkim59star@gmail.com).

유민이(劉敏利): 성균관대 국정관리대학원에서 행정학 석사를 취득하고, 현재 동 대학원에서 박사과정을 수료했으며, 경북여성정책개발원 성별영향분석평가센터의 전문연구원으로 재직 중이다. 주요 관심 분야는 거버넌스, 시민 참여, 사회자본 등이다. 최근 논문으로는 "층간소음 문제 해결 과정의 메타거버넌스"(한국지방자치학회보, 2014), "근로장려세제의 노동 공급 효과 분석"(한국정책분석평가학회지, 2014), "재난구호 봉사활동의 참여 유형과 메커니즘"(한국행정학보, 2013), "사회자본의 정부 성과 인식에 대한 영향"(한국정책학회보, 2012) 등이 있다(mykkiyol@skku.edu).

이규명(李圭明): 성균관대학교 국정관리대학원에서 행정학 석사학위를 취득했고(2012), 동 대학원에서 박사과정을 수료했으며, 현재 성균관대학교 도시발전연구소 연구원으로 재직 중이다. 주요 관심 분야는 도시 및 지역경제, 지방행정, 정부 간 관계 등이다. 석사 논문은 "창조산업이 수도권 지역경제 성장에 미치는 영향 분석"(2012)이며, 최근 논문으로는 "도시경제 성장을 위한 창조산업의 활성화 및 정책적 노력"(2014) 등이 있다(joanna@skku.edu).

이순철(李順喆): 성균관대학교 국정관리대학원에서 행정학 석사학위를 취득하고(2012), 현재 동 대학원 박사과정에 재학 중이다. 주요 관심 분야는 거버넌스, 지역 발전, 지속가능 발전, 정책 수단 등이다. 주요 논문으로는 "비선호시설 입지갈등 과정의 메타거버넌스 분석"(2012) 등이 있다(soonchul@skku.edu).

장기철: 성균관대 국정관리대학원 석사과정에 재학 중이며, 2009년 행정고등고시를 합격해 현재 방송통신위원회 행정사무관으로 근무하고 있다(troop04@hanmail.net).

한국 거버넌스 사례연구

펴낸날 / 제1판 제1쇄 2015년 5월 26일
엮은이 / 공동성 · 정문기 외
펴낸이 / 임춘환
펴낸곳 / 도서출판 대영문화사
주소 / 서울특별시 용산구 청파로 61길 5(청파동 1가) 제일빌딩 2층
등록 / 1975년 12월 26일 제3-16호
전화 / (02)716-3883, (02)714-3062
FAX / (02)703-3839
홈페이지 / http://www.dymbook.co.kr

ISBN 978-89-7644-527-8

〔값 15,000원〕